本书出版得到鲁东大学商学院出版经费资助

俄罗斯地区营商环境与中资进入的区位选择研究

徐昱东 著

Eluosi Diqu Yingshang Huanjing Yu
Zhongzi Jinru De Quwei Xuanze Yanjiu

中国社会科学出版社

图书在版编目（CIP）数据

俄罗斯地区营商环境与中资进入的区位选择研究/徐昱东著．—北京：中国社会科学出版社，2019.9
ISBN 978-7-5203-5255-0

Ⅰ.①俄… Ⅱ.①徐… Ⅲ.①投资环境—研究—俄罗斯 Ⅳ.①F151.2

中国版本图书馆 CIP 数据核字（2019）第 216296 号

出 版 人	赵剑英
责任编辑	卢小生
责任校对	周晓东
责任印制	王　超
出　　版	中国社会科学出版社
社　　址	北京鼓楼西大街甲 158 号
邮　　编	100720
网　　址	http://www.csspw.cn
发 行 部	010-84083685
门 市 部	010-84029450
经　　销	新华书店及其他书店
印刷装订	北京市十月印刷有限公司
版　　次	2019 年 9 月第 1 版
印　　次	2019 年 9 月第 1 次印刷
开　　本	710×1000　1/16
印　　张	17.5
插　　页	2
字　　数	261 千字
定　　价	90.00 元

凡购买中国社会科学出版社图书，如有质量问题请与本社营销中心联系调换
电话：010-84083683
版权所有　侵权必究

序

近年来，中国的对外投资额不断增加，尤其是自 2014 年首次成为资本净输出国以来，中国对外投资增长的势头十分迅猛。对比之下，俄罗斯作为中国最大的陆地接壤国家，其经济在由计划经济体制向市场经济体制转型过程中，原计划经济时期建设的很多基础设施老旧亟待更新，以摆脱资源依赖型经济发展模式，发展创新型经济，尤其是近几年因乌克兰危机引致的西方国家经济制裁背景下急需外国资本投入。一边是我国对外投资的迅猛增长，一边是俄罗斯对外资的急迫需求，按照惯常的思维，中国对俄罗斯的投资应该规模大、质量优、效益好，其实不然。这是由多种原因造成的，不能将之归结为某种单一原因。毋庸讳言，国内对俄罗斯投资环境以及中国在俄罗斯投资企业生存发展等状况研究的不足也是重要原因之一。加强中国对俄罗斯投资的各种研究，为国内投资者提供决策支持，理应成为当下学术、智库研究的一项重要工作，特别是在中国倡导的"一带一路"倡议与俄罗斯主导的"欧亚经济联盟"战略对接框架下，积极开展上述研究工作更显得尤为迫切。在上述背景下，徐昱东博士的《俄罗斯地区营商环境与中资进入的区位选择研究》的出版可谓恰逢其时，相信会为中资企业投资俄罗斯提供一定的借鉴和支持。在这里，我就全书的几个特点做一扼要介绍，以便读者更好地理解全书的内容。

首先，该书将俄罗斯投资环境的研究推到地区层面，弥补了将俄罗斯作为一个整体进行研究过于笼统的不足。重要的是，笔者分别利用俄罗斯各地区中小企业发展水平的数据和俄罗斯各地区营商环境评级数据对俄罗斯各地区的营商环境进行对比分析，从而得出了更具价值的区位信息。

其次，该书利用各地区投资潜力和投资风险两大类指标包含的十多个子指标构建的面板数据，采用系统 GMM 方法，探讨了影响俄罗斯各地区外国投资流入的因素；同时，考虑到空间因素对外资投资流入的影响，运用空间计量模型研究了俄罗斯地区对外国投资流入的影响因素，这与传统的忽视空间因素的计量分析相比，更贴近现实，解释力更强一些，极大地丰富了学界对外国直接投资俄罗斯动机的理解。

再次，该书考虑到同一个地区的营商环境，境内与境外投资者的感知会有所不同的情形。换言之，同一地区的营商环境对境内和境外投资者的吸引力可能是不一样的。该书利用俄罗斯各地区预算外投资的数据，对俄罗斯的各地区对国内外投资的吸引力进行了区分，并探讨了其原因所在，进而采用面板模型分析了国内外投资吸引力影响因素的差异性，这将为国外投资者提供重要决策信息，即在营商环境中哪些对外资"友好"，哪些相对不那么"友好"。

最后，我想强调的是，该书的主要分析和推演过程均基于权威数据，各种实证分析和量化分析手段得到充分运用，使该书本身的分析和论证更具可信性。同时，为后续进一步的延展性研究提供了一定的数据和实证基础。

一本著作的出版只是过往研究的阶段性总结，更可能意味着接下来会有更深入、更细致的探索。徐昱东博士的这本著作也体现了这个特点，书中提到的未来若干研究方向都极具吸引力，同时也充满了挑战。作为一名科研人员，推进研究的过程正是不断学习、积累、探索，不断挑战自我的过程，过程有时候是痛苦的，但每次成功后的喜悦却是千金不换的。期待着徐昱东博士在俄罗斯研究的道路上取得更丰硕的成果。

是为序。

崔日明

2018 年 6 月于沈阳

目 录

绪 论 ………………………………………………………… 1

第一章 俄罗斯营商环境研究概况 ……………………… 6

 第一节 俄罗斯总体营商环境 ………………………… 7
 第二节 俄罗斯地区营商环境 ………………………… 11

第二章 俄罗斯地区营商环境评价：间接法 …………… 15

 第一节 评价俄罗斯地区营商环境的间接法概述 …… 15
 第二节 统计模型选择 ………………………………… 16
 第三节 因子模型分析结果 …………………………… 22
 第四节 比较与综合分析 ……………………………… 26
 第五节 影响地区营商环境的因素 …………………… 30
 小 结 …………………………………………………… 42

第三章 俄罗斯地区营商环境评价：直接法 …………… 43

 第一节 评价俄罗斯地区营商环境的直接法概述 …… 43
 第二节 基于直接法的地区营商环境与区位选择 …… 48
 第三节 两类直接法比较：专家评级机构与战略
     倡议研究所的对比 …………………………… 71
 第四节 基于直接法和间接法比较的区位选择与规避 …… 76
 小 结 …………………………………………………… 82

第四章 俄罗斯地区营商环境与外国直接投资流入 ………… 84

 第一节 营商环境与外国直接投资流入之间的关系 ………… 84
 第二节 数据与模型构建 ………………………………… 85
 第三节 实证结果与分析 ………………………………… 89
 小　结 …………………………………………………… 93

第五章 俄罗斯地区外国直接投资流入影响因素分析 ………… 95

 第一节 外国直接投资流入影响因素研究文献述评 ………… 95
 第二节 数据与研究方法 ………………………………… 98
 第三节 俄罗斯地区外国直接投资流入水平的
    空间特征分析 …………………………………… 105
 第四节 俄罗斯地区外国直接投资流入水平的
    影响因素分析 …………………………………… 111
 小　结 …………………………………………………… 118

第六章 俄罗斯各地区对国内外投资吸引力的差异性 ………… 120

 第一节 文献综述 ………………………………………… 120
 第二节 俄罗斯各地区国内外投资吸引力比较 …………… 122
 第三节 俄罗斯各地区国内外投资吸引力差异的
    原因分析 ………………………………………… 131
 第四节 俄罗斯各地区国内外投资影响因素的
    差异性分析 ……………………………………… 139
 小　结 …………………………………………………… 152

第七章 中小型企业进入俄罗斯的区位选择：一个初步探讨 …… 154

 第一节 基于动态面板数据的分析 ……………………… 155
 第二节 中小企业的"三步走"进入策略 ………………… 166
 小　结 …………………………………………………… 176

第八章 中资企业进入俄罗斯的区位选择 ································ 178

第一节 在俄罗斯投资企业的总体投资特征 ···················· 179

第二节 在俄罗斯投资的地区选择分析 ························ 181

第三节 基于典型案例的个案分析 ···························· 185

第四节 中资进入俄罗斯的区位选择政策建议 ················ 202

小 结 ·· 215

第九章 俄罗斯对外国直接投资对中资企业投资俄罗斯的启示：文献综述视角 ·· 217

第一节 俄罗斯对外国直接投资简要回顾 ···················· 218

第二节 俄罗斯对外国直接投资影响因素、动机以及行业与区位选择 ······································ 220

第三节 国际金融危机对俄罗斯对外国直接投资的影响及前瞻 ·· 234

第四节 俄罗斯政府与跨国公司 ···························· 236

第五节 对中国企业赴俄罗斯投资的启示 ···················· 238

小 结 ·· 240

附 表 ·· 241

参考文献 ·· 248

后 记 ·· 271

绪　　论

随着经济全球化进程的不断推进，世界各国的经济联系和相互依赖程度在不断增加。一方面，国内建设需要国外资金投入；另一方面，各国的资本所有者也在积极寻求新的投资地区和投资项目。中国和俄罗斯作为两个地理上毗邻的大国在相互投资方面有着巨大的潜力；与传统的西方发达国家不同，作为由原来的计划经济向市场经济转型的中国和俄罗斯，都面临着发展资金短缺、企业国际竞争力不足以及国内营商环境亟待完善等问题。两个转型大国在吸引外资方面最初的主要目标国都集中在欧盟、美国、日本等西方发达国家或地区；在对外投资方面，中国的特点则是集中在资源和能源领域的大型项目上，投资主体主要是大型国有企业；俄罗斯对外投资的主体也多是第一产业（石油、天然气、矿业）和资源型制造业（有色金属、钢铁）的大型跨国公司。①

20世纪90年代初以来，经过20多年的发展②，中俄吸引对外投

---

① 俄罗斯在国外工业部门规模企业的主要竞争优势为：石油和天然气部门占国外资产总额的一半以上，钢铁和采矿业占25%。还有一些部门，如运输（占11%）、电信和零售业（8%）、机械（1%）、农业化学（1%）和电力（小于1%）等。参见王殿华《转型国家对外投资问题研究——俄罗斯对外直接投资的特征、优势及前景》，《俄罗斯中亚东欧研究》2010年第4期。

② 中俄两国正式启动有效的市场化改革的时点几乎同步，即都在20世纪90年代初期，尽管1978年党的十一届三中全会被普遍认为是改革开放的起点，但其间的进程在一定程度上有所反复，而1992年春天邓小平南方谈话以后才真正步入了市场化改革的轨道。也就是说，自那时起中国的改革开放才开始真正释放出自身的活力，通过本国的廉价劳动力等优势资源参与全球范围内的分工协作，同世界主要经济体的经贸活动才开始真正活跃起来；俄罗斯则在1992年年初启动"休克疗法"，开启了向市场经济转型的激进式进程。参见徐昱东、包艳《中俄汇率改革背景下的汇率变动对国内消费者价格传递效应的比较分析》，《金融理论与实践》2015年第10期。

资以及本国企业"走出去"的对外投资格局正在发生新的变化,市场经济在作为转型国家的中国和俄罗斯得到了较为充分的发展。中俄两国内部营商环境建设进步明显,吸引外资的质量大幅度提高。同时,随着两国国内企业国际竞争力的增强,两国对外投资的领域开始日益多元化,不再仅仅局限于资源能源等初级要素领域。在这种背景下,中国政府开始鼓励企业"走出去"。2008年国际金融危机爆发后,中国企业在世界范围内的投资增加尤为明显。但是,对其他新兴经济体的投资则远没有达到人们的预期。尽管中国企业"走出去"的国家或地区的选择也开始发生变化,国内投资者最大的担忧还是来源于市场化转型过程中的制度完善程度、相关法律法规的健全程度等与营商环境密切相关的一些因素。①

在俄罗斯对外国投资的需求来看,投资对俄罗斯本国经济发展的重要性日益凸显,俄罗斯要推动创新型经济发展,实现所谓"经济现代化"②,完成一系列发展战略的转换亟须投资推动,比如,经济现代化所需的大量基础设施改造、技术更新和研发资金等。据估测,根据俄政府制定的2020年现代化快速赶超战略目标,未来十多年间累计要投入2万亿美元以上的资金,其中,1/3须由外资来填补。同时,俄罗斯国内那些持有大量"石油美元"的资源型企业对投资国内的较低意愿甚至较大规模的资本流失则进一步扩大了俄罗斯现代化进程中出现的资金缺口。③

---

① 徐昱东、徐坡岭:《俄罗斯投资区位选择及其影响因素分析——基于俄罗斯各地区中小企业发展水平的视角》,《俄罗斯研究》2014年第4期。

② "经济现代化"是俄罗斯国内近年来高频出现的词汇之一,其官方提法最先出现在2008年11月17日政府出台的《2020年前俄罗斯联邦长期经济社会发展构想》中,随后又出现在梅德韦杰夫总统2009年9月10日发表的《俄罗斯,前进!》一文里。2009年11月,梅德韦杰夫总统在其年度国情咨文中具体阐述了俄罗斯经济现代化的含义,并提出了未来十年俄罗斯意图改变其参与国际分工层次、改变过于依赖资源出口局面、争夺更多高精尖技术领域里话语权的战略举措。

③ 2014年3月爆发的乌克兰危机引发的西方国家制裁导致国际评级体系调低了俄罗斯企业评级指标,致使俄罗斯企业面临债务危机,与此相关的是资本大量外逃,2014年7月9日俄罗斯央行公布的数据显示,已有450亿美元逃离俄罗斯,占俄罗斯GDP的近4%,而2014年9月开始的第三轮针对金融、能源和国防领域的制裁,不仅加速了资本外逃,而且切断了俄罗斯石油企业在西方融资的渠道。

在上述背景下，吸引外国直接投资对俄罗斯的经济发展已经变得不可或缺，其重要性日益提升。除去2014年因乌克兰危机等地缘政治紧张局势产生的投资者恐慌导致的外国直接投资锐减之外①，2000年以来，俄罗斯吸引外资的总体表现呈现出较为积极的态势，曾出现过两次大的跃迁式发展，一是2008年俄罗斯累计吸引外资2646亿美元，同比增长19.9%，为全球外商投资的中心之一；二是2013年俄罗斯吸引外国直接投资（FDI）同比增长83%至940亿美元，居全球第三位。② 这也充分反映出俄罗斯长期以来在吸引外国直接投资方面做出的努力；反映了俄罗斯在投资资金存在巨大缺口的压力下，对通过改善国内营商环境提升自身对外国直接投资的吸引力的道路和模式的探索，自20世纪90年代转轨之初主要通过向国外直接投资提供优惠条件和提高进口关税的所谓"胡萝卜加大棒"式简单的引资政策，到21世纪初俄罗斯对引资思路做出的重大调整：从片面强调提供优惠转为重视改善营商环境。比如，在取消给予外资的"超国民待遇"的同时，降低关税，简化外商投资程序，扩大外商投资领域，加强对外资的保护力度等（米军，2004）；再如，俄罗斯政府近些年出台的一系列旨在保障外国投资人权益和打造具有吸引力的营商环境的法律法规：逐步减少对外资经营活动的限制，使外国投资者享受本国投资者的待遇，即实行税收的"国民待遇原则"。同时，为加快吸引外资投向某些特定产业或地区，俄罗斯政府先后颁布了《俄联邦外国投资法》《俄联邦特别经济区法》等法律法规，甚至采取某些比国内企业

---

① 联合国贸易和发展会议2015年1月29日发布最新一期《全球投资趋势监测报告》分析指出，受全球经济疲软、政策不确定性和地缘政治风险等影响，2014年全球外国直接投资较2013年下降8%，降至约1.26万亿美元。就转型经济体而言，由于地区冲突以及西方对俄罗斯的制裁阻碍了外国投资，2014年这些经济体的外国直接投资流入量降幅高达51%，降至450亿美元；俄罗斯的外国直接投资流入量下降约70%，降至190亿美元左右。

② 参见联合国贸易和发展会议2014年2月6日发布的《全球投资趋势监测报告》。需要特别指出的是，2013年，无论是发达经济体、发展中经济体和转型经济体，还是苏联经济体，所有主要经济体组别的外国直接投资流入都出现增长，流入发展中经济体的外国直接投资达到创纪录的7780亿美元，占全球外国直接投资的54%。详细分析见联合贸易和发展会议（UNCTAD）2014年年度《世界投资报告》（*World Investment Report*）。

更优惠的税收减免政策;① 从组织上看,普京政府专门设立了隶属于俄罗斯联邦经济发展和贸易部的外国投资促进中心,专门负责引进外资工作,为投资者提供各种帮助;同时,还专门设立了企业主权益保护全权代表,而非只是外国投资者权益保护全权代表,它被赋予特殊诉讼地位:全权代表将获权在法庭上捍卫企业主的利益,审理他们的申诉意见,向国家政权机关提出建议,全权代表有权在法院判决下达前中止机关法令,作为保障措施,请求法庭快速中止官员行为等。

种种迹象表明,改善营商环境的成效还是较为明显的。如图1所示,2006—2013 年,俄罗斯营商环境在世界的排名越靠前,吸引的外国直接投资就越多;再如,2013 年,安永会计师事务所(Ernst & Young)评选世界外国直接投资受欢迎地区,俄罗斯排名第六。

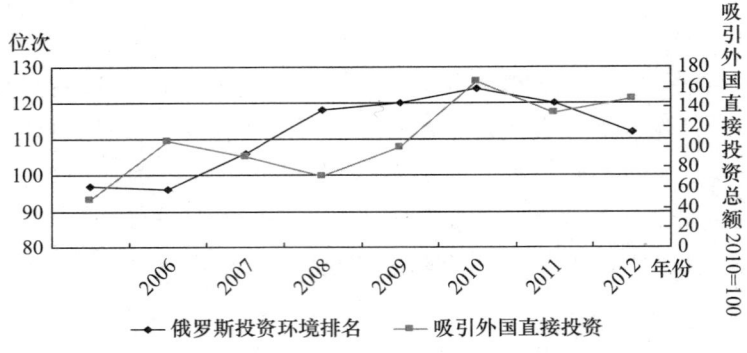

图1　2006—2013 年俄罗斯营商环境排名与吸引外国直接投资总额

资料来源:营商环境排名数据来自世界银行系列报告 Doing Business;外国直接投资数据来自历年《俄罗斯统计年鉴》。

---

① 商务部中国投资指南网,http://www.fdi.gov.cn/pub/FDI/dwtz/ggtzzc/oz/els/default.htm。

对中国而言，民间大量资金亟须"走出去"，在投资方向上，相对于西方发达国家和地区，包括俄罗斯在内的"金砖国家"应该成为重要的投资方向。在"一带一路"倡议下，俄罗斯作为亚洲基础设施投资银行（Asian Infrastructure Investment Bank，AIIB，简称亚投行）重要创始成员国，在"一带一路"建设中占据着重要的战略地位。2014年5月，中俄共同签署了《关于全面战略协作伙伴关系新阶段的联合声明》，标志着中俄两国全面战略协作伙伴关系进入了新的阶段。2015年5月8日，中俄两国元首签署《关于"丝绸之路经济带"建设和"欧亚经济联盟"建设对接合作的联合声明》，开启"一带一路"倡议与"欧亚经济联盟"对接进程[1]，将给中俄两国的合作特别是中资企业投资俄罗斯带来巨大的契机。当然，对一个国家的投资，最终还是要落到某个具体的地区。因此，考察俄罗斯各地区的营商环境，进而分析俄罗斯地区营商环境与外国直接投资流入之间的关系[2]、外国直接投资流入的影响因素、各地区对内外资吸引力的差异及其原因、内外资吸引力影响因素的差异等，对中国投资者具有重要的决策价值。本书就是在上述背景下展开研究的。

---

[1] 两年来，对接合作初见成效，中俄在能源、交通、航空航天等领域大项目合作硕果累累，哈萨克斯坦成为"一带一路"沿线国家产能合作的典范，中白最大经贸合作项目"巨石"工业园建设顺利推进，中吉、中亚的发展战略对接也呈现出新面貌。参见《述评："一带一路"和欧亚经济联盟对接的新机遇》，新华网，http://news.xinhuanet.com/world/2017-05/16/c_129605761.htm。

[2] 徐昱东：《俄罗斯各地区投资环境评价及投资区位选择分析》，《俄罗斯研究》2015年第1期。

第一章 俄罗斯营商环境研究概况

拟投资地区的营商环境是投资者进行对外投资决策的基本考虑,营造有竞争力的营商环境是各国成功吸引和持续扩大外国直接投资的必要保障。对于那些实行开放经济、愿意接受更多的外国投资以促进经济发展的国家或地区来说,良好的营商环境是非常重要的。2017年4月,俄罗斯政府向国家杜马提交的政府工作报告称,2016年,俄罗斯政府加大力度改善营商环境。俄罗斯在世界银行发行的"营商指数"排名中居第40位,居"金砖国家"之首,近五年排名累计提高80位。

一般来说,营商环境是指一个国家或地区为满足投资者在境内进行投资经营(包括资本与技术)并获得收益的各种客观条件的总和,这是一个包括多种因素、涉及范围相当广泛的复杂综合体。经济合作与发展组织(OECD)认为,影响营商环境的因素主要有以下六个,依次是:①市场因素,包括经济规模和成长潜力;②人力资源因素,包括劳动力的成本与生产力;③社会基础设施;④开放程度;⑤政策因素;⑥对投资的保护与促进。[①] 世界银行认为,影响营商环境的因素主要包括以下七种:①国际一体化程度,包括所有权中的外资比例、合资企业比例、产品市场进口比例;②国内市场的进入与退出障碍,包括地方保护、市场份额、过剩能力、分包比例;③劳动力灵活性,包括富余员工比例、非正式职工比例;④金融服务,包括融资可利用性;⑤技能与技术,包括受培训职工比例、员工素质指数、研发

---

① OECD, Main Determinants and Impacts of Foreign Direct Investment on China's Economy, Paris: OECD, 2000, pp. 11 – 16.

强度指数；⑥私人部门参与，包括管理者持有比例、非管理者的个人所持有比例、外资比例、上述三种混合比例；⑦政府效率，包括非正式支付即给政府及管理部门送礼贿赂占销售营业额的比例、企业高层领导花在接待政府官员上的时间、偷窃漏损和损害所造成的运输损失的比例。① 上述研究给出的营商环境构成因素，为进一步分析俄罗斯地区营商环境以及各种因素对外国直接投资流入产生的影响提供了非常宝贵的视角。

第一节 俄罗斯总体营商环境

目前，国内外研究俄罗斯营商环境②的成果大多局限于国家层面，除透明国际组织、美国传统基金会、世界银行、国际货币基金组织等若干国际组织③之外，我国也开始出现对俄罗斯整个国家的投资经营环境进行专门评估的报告，如中国出口信用保险公司自 2005 年起陆续发布的《国家风险分析报告》中就有"俄罗斯投资与经贸风险分析报告"；④ 再如，由商务部国际贸易经济合作研究院、商务部投资促进事务局、中国驻俄大使馆经济商务参赞处联合出版的《对外投资合

---

① 世界银行最近发布的《2016 年营商环境报告》涉及 10 个领域，分别是：开办企业、办理施工许可、获得电力、登记产权、获得信贷、保护少数投资者、纳税、跨境贸易、执行合同和办理破产。

② 值得说明的是，因为我们不是研制具体的营商环境指标，鉴于我们的研究目的，本书对营商环境和投资环境两个概念不做区分，在不同表达语境和表达习惯下会有不同的表述。

③ 包括书中提及的世界投资环境评估权威机构对 2009—2011 年俄罗斯投资环境进行的总体评价：俄罗斯国内企业生存与发展环境以及行政环境明显落后于世界大多数经济体。俄罗斯只在财政政策、贸易政策和自然资源管理三项指标上具有竞争力，其余评价指标均相对落后。参见李新、蒋君仙《俄罗斯投资环境：现状与改善措施》，《学习与探索》2013 年第 2 期。

④ 国家风险是指在国际经济活动中可能发生的、由于债务人所在国的某些国家行为引发的重大事件，使债务人拒绝或无法偿付国外债权人和投资者的债务，从而给国外债权人和投资者造成经济损失的风险。主要包括征收、战争、汇兑限制和政府违约风险等。国家风险不受企业或个人控制，也不易为企业和个人全面、及时的分析评价。

作国别指南》（俄罗斯）①，也对俄罗斯投资和经营环境从联邦整体层面做出了较为细致的介绍；也有专业的学术研究人员对俄罗斯整体营商环境做过专门论述，如曹志宏（2011）对俄罗斯法律环境、经营环境、社会治安环境等涉及投资、营商环境方面的定性论述；② 李新、蒋君仙（2013）则重点介绍了国际评级组织对俄罗斯营商环境的评价情况；③ 类似的还有借鉴国际竞争力研究机构④的做法，结合营商环境包含的国内经济、国际化程度、政府政策与运行、金融环境、基础设施、企业管理、科学技术和国民素质八个方面对俄罗斯营商环境进行定性分析；贺中辉（2015）综合考虑近年来全球经济增速放缓、亚太地区地缘政治环境恶化、俄罗斯国内经济政策失误等因素，指出了俄罗斯营商环境出现的较大转变；站在民间投资机构的角度，从俄罗斯整体营商环境的角度分析了俄罗斯的投资优势，探讨了俄罗斯的投资风险等。

还有一类研究从某一行业角度出发，围绕该行业的投资潜力展开相关营商环境方面的分析。相关研究主要集中在矿产资源领域，如何金祥（2015）在《俄罗斯矿产工业与矿业投资环境》一文中指出，俄罗斯仍然有极大的矿产资源开发潜力。在当前世界形势下，特别是俄罗斯矿业投资政策处于不断调整的情况下，我国应利用地缘优势、产业优势、中国和俄罗斯之间良好的政治与经贸关系，加强与俄罗斯在矿产资源开发领域的合作，特别是开发俄罗斯远东地区的矿产资源，促进俄罗斯远东地区的经济发展，并最终带动和加速我国东北地区的经济发展，达到双方互利共赢的局面。再如，胡杰、鹿爱莉

---

① 《对外投资合作国别指南》对中国企业尤其是中小企业赴俄罗斯开展投资合作业务时普遍关注的投资合作环境进行了客观介绍；针对中国企业到俄罗斯开展业务可能出现的各种问题给予了提示。

② 曹志宏：《俄罗斯投资环境及中国对俄直接投资问题研究》，《西伯利亚研究》2011年第5期。

③ 李新、蒋君仙：《俄罗斯投资环境：现状与改善措施》，《学习与探索》2013年第2期。

④ 即总部设在瑞士洛桑的国际管理发展研究院（International Institute for Management Development，IMD）。

(2006）也曾对俄罗斯矿业投资环境展开分析；李振超（2013）则从两国政治关系、经济互补性、区位优势、投资环境改善等方面分析了我国当前对俄罗斯矿产资源勘查开发投资的优势所在，并指出了所面临的法律风险、投资壁垒风险、腐败风险等问题，进而提出了进一步深化两国政治互信、加大财政资金支持引导力度、加强重点地区和重点矿种投资、完善投资方式等对策建议。

在营商环境研究方法方面，梳理既有的研究文献发现，大致可以将营商环境的研究方法分为以下两大类。

一类是构造刻画营商环境的指标体系。通过给具体指标赋值，安排相应权重，经过若干层次或阶段的处理，最后得出一个分值；然后，通过考察这个分值，考察某地区营商环境的变化（如国际透明组织、美国传统基金会、世界银行、国际货币基金组织等若干国际组织对包括俄罗斯在内的若干国家的投资经营环境的评价）。沿着这个路径国内外也有专门的相关研究，俄罗斯国内评级机构《专家》（Эксперт РА）对各地区营商环境的评价即基于各种指标组成的指标体系进行的。[①] 国内的如杨宝君、龚健（2002）通过设计俄罗斯国内投资环境评价指标体系，运用多因素综合评分分析法和层次分析法对指标体系进行综合评价；尹雪菲（2006）运用国际生产折中理论，分析了投资环境评价理论、指标体系和评价方法，并对影响外国直接投资流向的政治、经济、基础设施、法律政策等主要影响因素进行了实证分析，借鉴评价国别和地区投资环境的指标体系与量化模型，并运用该模型对俄罗斯投资环境进行了分析与评价，最后依据评价结果分析了俄罗斯投资环境的优势与不足，并提出了进一步改善俄罗斯投资环境的具体措施。

另一类是根据财税政策、法律法规甚至社会治安状况等基本要素的变动情况，定性分析营商环境的改善[②]，比如，宋魁和宋晓松

[①] 阎洪菊：《2004年俄罗斯地区投资环境评定及排行》，《俄罗斯中亚东欧市场》2005年第5期。

[②] 李新、蒋君仙：《俄罗斯投资环境：现状与改善措施》，《学习与探索》2013年第2期。

（2011）从宏观经济、国际化、政府政策、法律状况、金融状况以及基础设施、企业管理、科学技术、国民素质等角度，分别阐述了对俄罗斯投资环境的看法。靳会新（2004）则突出了经济持续增长、法律体系构建以及经济非官僚化运动的开展等对外来投资吸引力的提高起到的关键作用。不过，新近也开始出现量化层面的分析，如吕雪涵（2015）从定量的实证分析角度，选取1996—2013年的数据，利用ADF检验、协整检验、脉冲响应分析和方差分解方法实证分析我国对俄罗斯直接投资的影响因素，结果表明，俄罗斯的经济规模、研发投入以及美元对人民币汇率为主要影响因素，就构成了俄罗斯总体投资环境的重要方面。

基于上述研究背景，本书试图从多个角度、运用多种方法为国内企业选择合适的俄罗斯投资地区提供借鉴。也就是说，我们侧重于从营商环境角度考察分析赴俄罗斯投资的区位选择问题，而不是专门去研究投资区位选择问题。当然，针对专门的投资区位选择问题，传统的投资区位选择理论如区位论、产品生命周期理论、比较优势理论、国际生产折中理论、投资要素诱发理论等也能为我国企业"走出去"在俄罗斯选择合适的投资地区提供一定程度的理论框架指导。

除上述专门探讨营商环境的研究之外，还有一类研究从整体营商环境的若干子因素出发，探索影响外国直接投资流入的关键宏观因素，不过这类文献尚不多见。其中，从制度角度切入分析影响外国直接投资的诸种因素具有代表性的有：H. Broadman 和 F. Recanatini（2001）分析认为，私有化方式、对非竞争行业的公共援助的维持、腐败以及产权保护的缺乏等恶化了俄罗斯的营商环境。V. Popov（2006）研究发现，俄罗斯政府行政或制度能力低下是影响营商环境的关键所在，如无法有效地执行规章制度、腐败、不够民主等，那些被自然资源、相对较高的经济自由度、有利于外国直接投资的立法吸引到俄罗斯的外国投资者仍有可能被俄罗斯低下的国家制度能力"吓跑"。进而分析指出，在这种情况下，外国直接投资给俄罗斯经济带来的好处是相当脆弱的（除了国家投资和技术转让），是极容易被抵消掉的，如利润汇回本国、"急功近利"的投资者增多等。最后结论是：重塑政府制度能力即提高政府效率能达到一石二鸟的效果：吸引更多的和质量更高的外国直接投资，即有利于经济增长的外国直接投资。与"制度不完善"观点类似的一组研究是 Campos 和 Kinoshita （2003）以及 Zhuravskaya、Guriev（2010）和 Arbatli（2011）等通过对俄罗斯与其他转型经济和资源丰裕型国家的外国直接投资流入情况进行比较研究，发现俄罗斯欠佳的制度环境是导致俄罗斯较低的外国直接投资流入水平的主要原因。当然，除了制度，也有相关研究分析了更广泛的影响因素，比如，Iwasaki 和 Suganuma（2005）、Ledayeva 和 Linden（2006）等运用俄罗斯各地区外国直接投资流入的数据和其他宏观经济变量评估了地区外国直接投资流入的影响因素，普遍认为，市场规模、基础设施和自然资源是非常重要的驱动因素。此外，Ledayeva（2007）研究发现外国直接投资流入的空间依赖性非常重要。很显然，上述研究包含的营商环境因素还是偏少、略显零星，难免使研究结论流于片面。当然，上述关于影响外国直接投资流入的因素与前文述及的营商环境所包含的因素之间具有高度的包含与被包含关系，尽管多数情况下，这种"外国直接投资流入影响因素"说，并不总是冠以营商环境的"名头"。总之，上述研究对我们理解俄罗斯营商环境对外国直接投资的影响提供了多元化视角。

第二节　俄罗斯地区营商环境

相对俄罗斯联邦整体层面的研究，深入俄罗斯联邦主体层面的研究相对更少了，大致可分为以下三类：

第一类是针对与我国东北、西北地区接壤的俄罗斯地区的营商环境分析，尤以俄罗斯远东地区为多。如刘丁毓（2014）在当前俄罗斯正在加大对远东地区的开发和引资力度、远东地区"投资热"再次升温背景下，通过对俄罗斯远东地区营商环境的优势、劣势、机遇和挑战进行分析，从政府层面提出加强会晤谈判，提供政策解读、风险分析等相关服务，推动中俄间的文化交流，从企业层面提出应深入调研俄罗斯法律法规，拓宽对俄罗斯投资视野，借鉴西方投资经验等建议。再如，王树河（2012）分析指出，俄罗斯远东地区，自然条件优越、资源丰富，被称为自然宝库，为投资提供了资源保障和物质基础；其人力资源短缺，与我国形成互补，也符合俄罗斯开发远东地区的要求；中俄政治关系良好，互为战略性合作伙伴，也为双方开展经贸合作提供了政治保障，促进了双边经贸快速发展。李蓉（2009）分析了俄罗斯远东地区营商环境的改善，并着重指出，该地区的萨哈林州、萨哈共和国、哈巴罗夫斯克边疆区和滨海边疆区分别以丰富的矿产资源和相对良好的营商环境见长，并进一步分析了远东地区在吸引外资方面临的一些亟待解决的问题，以及这些问题对该区营商环境、引进外资能力的影响。此外，对同与中国接壤的俄罗斯西伯利亚联邦区的研究则少很多，这可能与该地区的中国投资较少有关。马丽（2011）从发展新疆经济的角度，指出世界第一大资源国俄罗斯在与新疆接壤的 8 个国家中具有重要地位，该地区与占有俄罗斯 80% 以上资源的西伯利亚联邦区的阿尔泰边疆区、克麦罗沃州、克拉斯诺亚尔斯克边疆区 3 个联邦主体毗邻，并定性分析了该联邦区营商环境的若干特点。类似的研究还有邹秀婷、D. B. 苏斯洛夫（2017）等。

第二类是专门针对俄罗斯某一地区营商环境的分析。如李蓉（2001）专门分析了克拉斯诺亚尔斯克边疆区的营商环境问题，指出该地区是俄罗斯重要的矿物资源基地之一，其丰富的燃料动力资源和矿产资源对国内外的投资者吸引力很大，同时，该边疆区还是西伯利亚地区的科研中心，拥有高科技领域的智力创新潜力。区内还有大型出口企业，国际市场对该地区出口商品的需求量多年来一直是稳增不减。所有这一切都为吸引外资开发该地区的自然资源，进而与毗邻地区共同参与经济全球化提供了有利条件。类似的研究还有 C. 比留科夫、肖辉忠（2017）等。

第三类是在地区层面对俄罗斯各地区的营商环境进行的分析。这一类分析目前从国内看还非常少见。从已有的文献看，大多以俄罗斯国内的评级机构《专家》给出的地区营商环境评级为基础展开，且多为截面分析。该机构定期出版俄罗斯各地区的营商环境排名信息。阎洪菊（2005）曾介绍过该机构给出的 2004 年俄罗斯各地区的投资吸引力排名，并就评级方法做了一个简要介绍。这有助于国内投资者了解俄罗斯地区营商环境评定方法及各地区的评级位次[①]，但因为仅仅是 2004 年的排行，缺乏动态跟踪，所以，对中国投资者的借鉴作用十分有限。[②] 揭昊（2014）以俄罗斯联邦统计局、俄罗斯国内评价机构以及福布斯发布的俄罗斯最佳商业城市排行榜等数据为基础，分别从俄罗斯联邦区、联邦主体、城市、经济特区等不同层面筛选出了投资价值较高的区域，但因采用的数据是截面数据而没有反映出最具投资价值地区的动态特征。

值得指出的是，近年来，国内外对俄罗斯营商环境的评价总体是较为积极的，甚至可以说是乐观的。不过，也有专门突出俄罗斯风险性的分析。如郑雪平（2010）指出，尽管目前俄罗斯整体营商环境已经明显改善，但是，由于法律法规尚不健全、金融体系脆弱、税法繁杂、官员腐败、两国文化差异较大等原因，中国企业对俄罗斯投资仍面临较大的国家风险、经济风险、法律风险、社会风险以及文化风险。因此，企业对俄罗斯投资一定要提高风险防范意识，做好可行性研究工作，并在企业内部形成统一的风险管理语言，准确把握企业经营中的各种不确定性，并采取恰当的方法转移、降低或规避风险。最近关于俄罗斯营商环境风险方面的分析主要集中在乌克兰危机、俄罗斯遭受西方制裁以来的负面影响上，焦点是政治风险。目前及未来在俄罗斯投资可能承担的政治风险应主要关注以下三个方面：[③] 首先，俄罗斯政策法规多变。国家法律、政府条例缺乏连续性，特别是针对外来投资方面的政策不够稳定，相关法律不够完善，总体法制环境有待改善。保险商和投资者数据供应商 Verisk Maplecroft 在《政治风险

[①] 阎洪菊：《2004 年俄罗斯地区投资环境评定及排行》，《俄罗斯中亚东欧市场》2005 年第 5 期。

[②] 徐昱东：《俄罗斯各地区投资环境评价及投资区位选择分析》，《俄罗斯研究》2015 年第 1 期。

[③] 任琳、伊林甸甸：《"一带一路"投资政治风险研究之俄罗斯》，参见中国网，http://opinion.china.com.cn/opinion_51_129651_3.html。

动态指数（2015）》研究报告中指出，俄罗斯在风险指数中排名第21位，一大原因是俄罗斯"越来越激进的外交政策"。俄罗斯在乌克兰问题上的主张及其与西方国家的关系处理可能在未来多年对其经济发展造成持续阻碍。其次，俄罗斯政治腐败问题根深蒂固，政府政策效率不高，这对投资者来说增加了很多不确定性。国际反腐败非政府组织"透明国际"发布的《2010年国际腐败感知指数报告》显示，俄罗斯在接受调查的178个国家和地区中排名第154位，属于腐败指数较高的国家。俄罗斯的投资信誉因此受到影响，致使其在世界资本竞争中处于劣势。最后，俄罗斯社会环境治安问题突出，黑社会等组织犯罪活动较为猖獗。来自海外的投资公司和人员从事经营活动，容易受到治安问题干扰，人身和财产安全亟须保障。俄罗斯黑社会组织数量多、规模大，并且逐渐向政治、经济领域渗透。据统计，俄罗斯约有4万家公司和银行受其势力控制。俄罗斯黑帮势力给社会治安环境造成极大的隐患，这是俄罗斯国内犯罪率居高不下的重要原因之一。

总体来说，虽然面对诸多负面困扰，俄罗斯的市场发展潜力仍有改善前景。综合考虑，政府和企业对俄罗斯的营商环境应持谨慎的乐观态度。国际信用评估机构穆迪把俄罗斯主权信用评级从BAA1级下调至BAA2级[①]，也许是一个注脚。

---

① 美国穆迪投资者服务公司于2014年10月17日下调俄罗斯信用评级至投资级别的倒数第二级，即从BAA1级下调至BAA2级。理由是俄罗斯经济增长前景暗淡，以及因反制西方制裁而导致外汇储备减少。

第二章　俄罗斯地区营商环境评价：间接法

从不同的角度开展对俄罗斯地区营商环境的评价会得出不同的排名结果，给出的地区选择建议当然也就不同。本章以俄罗斯国家企业问题系统研究所（НИСИПП）发表的系列报告《俄罗斯地区小企业发展动态》的数据为基础，通过俄罗斯各地区中小企业发展水平间接地反映各地区的营商环境。相对大型企业，这对中小型对外投资者可能更具启发价值。

第一节　评价俄罗斯地区营商环境的间接法概述

我们重点关注的营商环境问题不是俄罗斯联邦整体层面的，而是俄罗斯联邦地区层面的。在方法上突出量化分析，以量化分析为主，定性分析为辅；可以将地区营商环境评价方法划分为两大类：一类是直接对俄罗斯各地区的营商环境或投资吸引力进行排名，这里称为直接法；另一类则是通过能够反映俄罗斯地方营商环境的指标间接地进行评测，可称为间接法。为了让读者更容易理解基于两种方法展开的分析，接下来，我们给出有关这两类基本方法的一个扼要评述（有关直接法的概述将放在第三章第一节展开）。

所谓间接法，是指从中小企业发展水平的角度衡量俄罗斯各联邦主体的营商环境水平。选择这种间接的方式，主要是基于以下考虑：一是中小企业作为整个经济生态的重要环节，它的变化对于俄罗斯各联邦主体的经济社会具有"一叶知秋"之"叶""春江水暖鸭先知"

之"鸭"的地位和作用，其对于研判整个俄罗斯经济社会发展形势都是十分必要的。二是俄罗斯幅员辽阔，联邦主体众多，中国企业到俄罗斯去投资设厂，与俄罗斯企业开展经济合作，离不开区位选择和研判的现实问题，因而需要理论界提供具体的指导。从目前国内相关机构发表的相关报告来看，如商务部发表的《国别贸易投资环境报告》的俄罗斯部分等，尚缺乏对各地区的深入分析。三是俄罗斯各地区中小企业发展及其影响因素本身对我国各地区的中小企业发展也有十分重要的借鉴意义。总之，中小企业相对于大型或巨型企业对营商环境的变化反应更为敏感，通过衡量其发展水平，可以间接地反映各联邦主体的营商环境及其变动情况。进一步地，本章还通过2012年截面数据构造出回归模型，从实证角度分析了影响中小企业发展的若干因素。

第二节 统计模型选择

一 因子分析模型

因子分析是将大量的彼此可能存在相关关系的变量转换成较少的、彼此不相关的综合指标的一种多元统计方法。它的基本目的，是用少数几个因子去描述许多变量之间的关系，被描述的变量是可以观测的随机变量，而这些因子是不可观测的潜在变量。因子分析综合评价法由于具有因子命名清晰度高、易于解释、评价结果客观等优点，因此我们认为，在对特定时期不同地区的中小企业发展水平进行综合评价时，因子分析综合评价法是一种较好的选择。

因子分析的模型描述如下：

设：

（1）$X = (X_1, X_2, \cdots, X_p)^T$ 是可观测的 $p \times 1$ 随机向量，X 的协方差矩阵 $Cov(X) = \Sigma$；

（2）$Z = (Z_1, Z_2, \cdots, Z_m)$ $(m \leq p)$ 是不可测的 $m \times 1$ 标准化正交公共因子向量，即假定 $E(Z) = 0$，$Cov(Z) = I$；

(3) $\varepsilon = (\varepsilon_1, \varepsilon_2, \cdots, \varepsilon_p)^T$ 是 $p \times 1$ 的特殊因子向量（或误差向量），并假定 $E(\varepsilon) = 0$，$Cov(\varepsilon) = \varphi = diag(\varphi_1, \varphi_2, \cdots, \varphi_p)$，$Cov(Z, \varepsilon) = 0$。

在以上假定下，模型为：

$$\begin{cases} X_1 = b_{11}Z_1 + b_{12}Z_2 + b_{13}Z_3 + \cdots + b_{1m}Z_m + \varepsilon_1 \\ X_2 = b_{21}Z_1 + b_{22}Z_2 + b_{23}Z_3 + \cdots + b_{2m}Z_m + \varepsilon_2 \\ X_3 = b_{31}Z_1 + b_{32}Z_2 + b_{33}Z_3 + \cdots + b_{3m}Z_m + \varepsilon_2 \\ \cdots \\ X_p = b_{p1}Z_1 + b_{p2}Z_2 + b_{p3}Z_3 + \cdots + b_{pm}Z_m + \varepsilon_2 \end{cases} \quad (2.1)$$

写成矩阵形式为：

$$X = BZ + \varepsilon \quad (2.2)$$

模型（2.1）或者模型（2.2）即为因子分析模型，也称为正交因子分析模型，其中，矩阵 $B = (b_{ij})$（$p \times m$ 阶）称为因子载荷矩阵，b_{ij} 称为第 i 个变量 X_i 在第 j 个因子 Z_j 上的载荷，它是 X_i 与 Z_j 的协方差或者相关系数，它表示 X_i 依赖 Z_j 的程度；在实际应用中，常常通过 $X = (X_1, X_2, \cdots, X_p)^T$ 的样本相关系数矩阵 R 来导出因子载荷矩阵，故该模型也称为 R 型正交因子分析模型。

使用 R 型因子分析方法的步骤如下：

（1）标准化原始数据，消除变量之间在数量级和量纲上的不一致。

（2）求得标准化数据的相关系数矩阵。

（3）提取并确定因子，得到因子载荷矩阵。提取因子的方法很多，常用的有主成分分析法、最小二乘法、极大似然法、最小残差法等，一般采用主成分分析法。当提取的 m 个因子包含的数据信息总量即其累计贡献率不低于 85% 时，可取 m 个因子来反映原来的可观测变量。

（4）通过因子旋转，得到旋转后的因子载荷矩阵。若所得到的 m 个因子无法确定实际意义，或者实际意义不是很明显，这时需要将因子进行旋转以获得较为明显的实际含义，一般常采用最大方差旋转法来求得旋转后的因子载荷矩阵。

（5）计算因子得分，即通过将公共因子表示为原来可观测变量的线性组合，来计算各样本的公共因子得分。常用的方法有回归分析估计法、巴特莱特（Bartlett）估计法、汤姆森（Thomson）估计法等，一般常采用多元回归分析方法来计算因子得分，采用回归分析估计法时，因子得分函数为 $Z_m = B'_m R^{-1} X$（B'_m 为旋转后的因子载荷矩阵，其中，$\beta m = B'_m R^{-1}$ 为因子得分系数向量）。

（6）计算综合分数，并按照综合得分大小排序。以各因子的方差贡献率为权重，由各因子得分的线性组合得到综合得分函数，即 $F = w_1 Z_1 + w_2 Z_2 + \cdots + w_m Z_m$，其中，$w_i$ 为旋转后因子的方差贡献率，根据上式计算出综合得分后，就可以对所有样本进行综合得分排序，从而完成对样本的综合评价过程。①

二 指标选取及数据来源

为综合反映评价俄罗斯各联邦主体中小企业发展水平，在选取指标时，应兼顾中小企业的数量、规模和效益等各种指标。指标的选择必须具有经济意义，具有可测量性、可控性和实用性。因此，本书选取了每十万居民注册小企业数 X_1、就业人数占总就业人数比重 X_2、工人人均产值（单位：千卢布）X_3、各地区居民人均小企业产值占全俄罗斯人均小企业产值比重 X_4、工人人均固定资产投资（单位：千卢布）X_5、各地区居民人均小企业固定资产投资占全俄罗斯人均小企业固定资产投资比重 X_6、工人人均纳税额（单位：卢布）X_7、各地区居民人均小企业纳税额占全俄罗斯小企业人均纳税额比重 X_8，共计 8 个指标，来衡量俄罗斯各联邦主体的中小企业发展水平。以上各指标的具体数据，根据俄罗斯国家企业问题系统研究所公布的系列报告《俄罗斯各地区小企业发展趋势年度报告》的统计数据整理而得。② 我们选取了 2003—2013 年的截面数据，遵循因子分析法的基本原理

---

① 有关因子分析模型的介绍有许多版本，结合本书研究的目的和便利性原则阐述。

② 数据可从 http://www.nisse.ru/analitics 网站获得，由于俄罗斯联邦主体范围的变化以及某些联邦主体的数据缺失等原因，本书在 2003—2013 年时间段内的研究对象共计 80 个联邦主体。

和步骤，具体计算过程借助 SPSS17.0 统计软件因子分析程序完成①，分析历年俄罗斯各地区中小企业发展的相对水平及其变动。

三 因子的确定及命名

以 2006 年的数据为例，遵循因子分析法的基本原理和步骤，通过对俄罗斯 80 个地区 8 项指标 2006 年数据的综合分析计算，得到相关矩阵 R 的特征值、贡献率和累积贡献率后，选择 4 个因子，它们反映的信息量已占总信息量的 89.61%，这 4 个因子作为综合因子，信息损失只有 10.39%。由选出的 4 个因子得到因子载荷矩阵，并使用最大方差旋转法旋转，得到旋转后的因子载荷矩阵（见表 2 – 1）。

表 2 – 1　　　　　　　　　　因子载荷矩阵

	F_1	F_2	F_3	F_4
X_1	0.883	0.037	0.106	0.066
X_2	0.902	0.135	-0.258	0.015
X_3	0.369	0.099	0.849	0.026
X_4	0.902	0.142	0.327	0.015
X_5	-0.056	0.974	0.098	0.021
X_6	0.320	0.918	-0.061	0.109
X_7	-0.511	-0.071	0.679	0.157
X_8	0.045	0.091	0.086	0.987
贡献度（%）	36.39	23.18	17.34	12.70

从表 2 – 1 可知，因子 F_1 在以下 3 个指标上有相对较大的载荷：每十万居民注册小企业数 X_1、就业人数占总就业人数比重 X_2、各地区居民人均小企业产值占俄罗斯人均小企业产值比重 X_4。这些指标反

---

① 限于篇幅，仅以 2006 年的数据为例给出 2006 年俄罗斯各地区中小企业发展水平综合排名的获取过程，参见下文的"因子的确定及命名"部分，其他各年度的排名不再详细赘述。此处 2006 年的数据包括 85 个联邦主体，因为车臣共和国的某些原始统计数据的获取比较困难，而乌斯季—奥尔登斯基布里亚特民族自治区和埃文基自治区的部分数据缺失等原因，这里暂不研究这三个地区。

映了中小企业的相对数量和经营情况的相对质量,故可以称为相对数量和质量指标;因为 F_2 在以下两个指标上有相对较大的载荷:工人人均固定资产投资(千卢布)X_5、各地区居民人均小企业固定资产投资占俄罗斯人均小企业固定资产投资比重 X_6。这两个指标分别从小企业就业的工人数和当地居民数的角度衡量了小企业的相对投资规模,可以称为投资因子;因为 F_3 的相对较大载荷指标是工人人均产值(千卢布)X_3、工人人均纳税额(卢布)X_7,而 F_4 为各地区居民人均小企业纳税额占俄罗斯小企业人均纳税额比重 X_8,这三个指标衡量均为中小企业的效益情况,不同的是,X_8 衡量的是地区相对于全国的水平,因此,F_3 被称为绝对效益因子,F_4 被称为相对效益因子(见表2-2)。

表 2-2　　　　　　　　　因子构成及命名

因子序号	高载荷指标	因子命名
因子1	X_1:每十万居民注册小企业数	相对数量及质量因子
	X_2:就业人数占总就业人数比重	
	X_4:各地区居民人均小企业产值占俄罗斯人均小企业产值比重	
因子2	X_5:工人人均固定资产投资(千卢布)	投资因子
	X_6:各地区居民人均小企业固定资产投资占俄罗斯人均小企业固定资产投资比重	
因子3	X_3:工人人均产值(千卢布)	绝对效益因子
	X_7:工人人均纳税额(卢布)	
因子4	X_8:各地区居民人均小企业纳税额占俄罗斯小企业人均纳税额比重	相对效益因子

这样,将8个变量简化为4个彼此独立的因子,从而可以构造出一种简单的因子得分。先对每个因子找出载荷较大(绝对值大于0.6)的变量系数,再对所有观测指标标准化后得到因子得分情况:

第一个因子得分情况:$F_1 = 0.883X_1 + 0.902X_2 + 0.902X_4$

第二个因子得分情况：$F_2 = 0.974X_5 + 0.918X_6$

第三个因子得分情况：$F_3 = 0.849X_3 + 0.679X_7$

第四个因子得分情况：$F_4 = 0.987X_8$

由表2-3可以看到，第一、第二、第三和第四个因子占综合因子比重分别为36.39%、23.18%、17.34%和12.70%。可见，衡量俄罗斯各联邦主体中小企业发展水平的第一、第二个因子贡献率比较高，第三、第四个因子贡献率比较低。换言之，相对数量和质量、小企业投资情况对各地区中小企业的发展水平影响最大，其次是收益情况。相对效益也有一定影响，但较前三个因子，其影响要小得多。

表2-3　　　　　　　　　　　总方差分解

因子	初始值			平方载荷提取因子			平方载荷旋转因子		
	合计	百分比（%）	累计百分比（%）	合计	百分比（%）	累计百分比（%）	合计	百分比（%）	累计百分比（%）
1	3.207	40.082	40.082	3.207	40.082	40.082	2.911	36.390	36.390
2	1.659	20.743	60.825	1.659	20.743	60.825	1.854	23.177	59.567
3	1.412	14.646	78.471	1.0412	14.646	78.471	1.387	17.338	76.905
4	0.891	11.135	89.606	0.891	11.135	89.606	1.016	12.702	89.606
5	0.482	6.020	95.627						
6	0.226	2.824	98.450						
7	0.066	0.826	99.276						
8	0.058	0.724	100.000						

资料来源：由SPSS17.0软件运算生成。

综合因子得分公式：$F = 36.39\% F_1 + 23.18\% F_2 + 17.34\% F_3 + 12.70\% F_4$。由该公式可得出俄罗斯各联邦主体中小企业发展水平因子评分和排序。

第三节　因子模型分析结果

根据上述因子分析模型运算结果，2003—2013 年俄罗斯各联邦主体中小企业发展水平名次情况如表 2-4 所示。依时间轴依次往下考察，会发现表 2-4 的四个典型特征。

表 2-4　2003—2013 年俄罗斯联邦主体中小企业发展水平名次情况

地区	2003年	2004年	2005年	2006年	2007年	2008年	2009年	2010年	2011年	2012年	2013年
俄罗斯联邦	27	26	19	20	26	28	22	27	26	25	25
阿加布里亚特民族自治区	67	65	77	74	72	14	32	58	41	22	—
阿尔泰边疆区	47	48	43	25	48	66	62	66	67	66	17
阿穆尔州	41	51	48	57	40	68	74	68	68	68	56
阿汉格尔斯克州	64	61	64	65	58	47	37	47	70	63	65
阿斯特拉罕州	43	45	63	58	67	27	48	41	36	23	70
别尔哥罗德州	45	33	34	46	32	64	61	59	54	46	34
布良斯克州	72	73	65	68	68	61	24	12	34	48	42
弗拉基米尔州	18	34	23	42	43	5	26	64	62	53	52
伏尔加格勒州	44	39	29	33	38	31	70	51	65	57	53
沃洛格达州	21	31	28	38	49	40	14	15	29	16	60
沃罗涅日州	25	42	32	31	35	33	7	29	3	5	22
莫斯科市	4	4	2	2	10	3	1	1	1	2	2
圣彼得堡市	2	2	4	4	3	58	57	48	66	67	1
犹太自治州	73	64	68	60	69	79	77	74	77	79	73
伊万诺沃州	33	47	35	35	56	19	15	16	13	9	9
伊尔库茨克州	55	49	45	29	31	62	65	56	47	49	49
卡巴尔达—巴尔卡尔共和国	76	77	81	81	81	71	78	80	79	80	78
加里宁格勒州	5	1	1	1	8	3	14	18	6	7	

续表

地区	2003年	2004年	2005年	2006年	2007年	2008年	2009年	2010年	2011年	2012年	2013年
卡卢加州	13	12	12	15	20	22	20	11	19	21	31
堪察加边疆区	17	43	27	30	19	25	39	28	9	24	14
卡拉恰伊—切尔克斯共和国	79	81	80	78	80	80	69	73	74	78	71
克麦罗沃州	34	24	20	17	18	30	18	39	27	20	37
基洛夫州	68	62	66	66	64	23	43	17	14	8	15
科斯特罗马州	65	60	62	67	42	59	49	25	39	35	43
克拉斯诺达尔边疆区	24	18	7	6	8	7	6	9	8	18	11
克拉斯诺亚尔斯克边疆区	59	59	42	39	50	34	29	40	35	31	41
库尔干州	78	74	74	72	66	42	40	34	49	65	72
库尔斯克州	71	57	58	54	60	32	58	63	64	62	54
列宁格勒州	23	30	54	53	61	24	44	3	48	56	64
利佩茨克州	42	35	15	22	53	45	46	52	40	15	5
马加丹州	1	5	6	13	13	39	30	4	10	37	6
莫斯科州	7	6	5	8	5	9	13	6	11	33	36
摩尔曼斯克州	46	46	39	32	54	43	66	70	55	69	62
下诺夫哥罗德州	15	10	3	9	14	15	2	8	2	3	3
诺夫哥罗德州	29	28	47	55	55	35	21	13	16	43	57
新西伯利亚州	9	14	10	10	4	1	5	10	4	4	4
鄂木斯克州	20	20	9	11	9	20	25	32	12	14	10
奥伦堡州	66	72	72	73	73	57	54	43	46	59	67
奥廖尔州	58	68	36	48	41	51	50	44	63	50	61
奔萨州	35	29	37	23	33	26	11	7	7	12	16
彼尔姆州	8	22	30	26	30	17	41	53	44	34	32
滨海边疆区	32	25	22	27	23	41	55	49	59	32	27
普斯科夫州	28	17	24	44	47	65	63	37	5	7	47
阿迪格共和国	70	75	73	75	70	36	34	45	28	54	40
阿尔泰共和国	69	71	70	49	29	73	9	26	69	64	69
巴什科尔托斯坦共和国	52	40	31	28	36	10	27	18	23	28	28

续表

地区	2003年	2004年	2005年	2006年	2007年	2008年	2009年	2010年	2011年	2012年	2013年
布里亚特共和国	56	66	61	63	63	70	67	71	76	71	77
达吉斯坦共和国	74	78	69	77	79	78	73	77	71	74	35
卡尔梅克共和国	80	80	79	80	78	81	79	81	81	77	79
卡累利阿共和国	26	27	14	19	22	67	52	46	25	41	55
科米共和国	10	11	17	14	7	38	35	61	56	55	58
马里埃尔共和国	49	44	44	34	34	55	33	50	53	17	13
莫尔多瓦共和国	75	76	75	76	71	49	36	42	52	60	19
萨哈共和国（雅库特）	48	56	57	70	57	74	72	76	73	72	68
北奥赛梯共和国	39	69	76	64	77	69	76	78	80	73	75
鞑靼斯坦共和国	22	23	18	18	21	21	16	22	17	1	18
图瓦共和国	77	79	78	79	76	53	71	79	75	76	80
哈卡斯共和国	63	70	67	69	74	76	75	72	78	75	76
罗斯托夫州	16	16	11	7	11	4	17	20	24	26	30
梁赞州	31	36	49	43	59	16	53	36	42	42	44
萨马拉州	14	13	13	12	15	12	28	38	50	27	29
萨拉托夫州	54	53	52	52	52	54	64	69	58	61	66
萨哈林州	12	19	41	21	25	48	31	30	20	38	39
斯维尔德洛夫斯克州	38	21	8	5	12	11	12	62	43	13	12
斯摩棱斯克州	53	54	33	50	17	13	10	7	6	11	8
斯塔夫罗波尔	62	55	71	71	75	60	60	55	60	58	51
坦波夫州	61	67	40	41	37	18	8	23	32	29	20
特维尔州	51	50	53	59	62	56	47	24	37	47	48
托木斯克州	11	8	16	3	2	2	4	2	22	30	46
图拉州	60	58	60	61	51	50	42	31	33	36	21
秋明州	19	15	56	62	46	52	45	57	30	39	24
乌德穆尔特共和国	50	52	55	47	28	29	51	35	45	44	50
乌里扬诺夫斯克	57	63	59	51	65	37	19	21	21	19	26

续表

地区	2003年	2004年	2005年	2006年	2007年	2008年	2009年	2010年	2011年	2012年	2013年
哈巴罗夫斯克边疆区	37	32	25	36	27	72	68	33	61	51	63
汉特曼西斯克民族自治区	6	7	38	56	16	63	59	67	38	52	33
车里雅宾斯克州	30	38	21	24	24	44	56	65	51	45	45
楚瓦什共和国	40	37	46	40	44	46	38	60	57	40	38
楚科奇自治区	—	9	51	16	39	75	81	54	72	81	74
亚马尔—涅涅茨民族自治区	3	3	26	45	6	77	80	75	15	70	59
雅罗斯拉夫州	36	41	50	37	45	6	23	19	31	10	23

注：①为了方便比较各联邦主体与俄罗斯平均水平的差异，表中第一行给出了俄罗斯联邦作为一个整体参与各联邦主体排名的名次。②考虑到俄罗斯各联邦主体的合并情况以及数据的可获得性等原因，表中数据未包含科里亚克民族自治区、涅涅茨自治区、印古什共和国、泰梅尔民族自治区与赤塔州、车臣共和国、科米彼尔米亚克自治区、乌斯季奥尔登斯基布里亚特自治区、外贝加尔边疆区等联邦主体的数据。③2013年因为数据获取的原因，用前两个季度的数据来代替。

第一，2008年国际金融危机对俄罗斯各联邦主体的冲击是不一样的，莫斯科市、克拉斯诺达尔斯克边疆区、下诺夫哥罗德州、斯摩棱斯克州等地区抗冲击能力较强。传统优势区域中，圣彼得堡市抗冲击能力最弱，其次是伏尔加格勒州、彼尔姆州。中等发展水平地区中，卡累利阿共和国与科米共和国受经济危机影响较重。

第二，各地区恢复能力也不一样，恢复速度最快的地区当属马加丹州等地。

第三，从发展的稳定性上看，莫斯科州、新西伯利亚州等地区最为稳定；堪察加州、马加丹州与雅罗斯拉夫州等地区最不稳定。

第四，从相对数量及质量因子、投资因子、绝对效益因子、相对效益因子上考察，相对数量及质量因子解释程度最大，与总得分的偏离较小；投资因子得分高的地区投资驱动型特征明显，更多反映的是资本密集型产业的集聚，反映了投资人对未来预期的乐观性。绝对效益因子更多反映的是外贸依赖型企业的特点，地区间差异反映出地区间开拓市场能力的差异。

综合来看，抗冲击能力较强的地区里，莫斯科州等地区科技型中小企业的数量和比重较大；克麦罗沃州、堪察加州、马加丹州以及雅罗斯拉夫州等地区的恢复能力具有波动性。这类地区虽然自然资源较为丰裕，但最近几年外部市场驱动的能源型投资特征特别明显，所以说，其波动仍属于外源性波动。而托木斯克州、下诺夫哥罗德州、新西伯利亚州等地区既无地理优势，又无自然资源优势，但总体表现良好，排名较为靠前，与该地区的科技力量、人力资本的培育有关，这也是当地制度优势的集中反映，建议中国企业重点关注。莫斯科市、加里宁格勒州等地区表现较为优异且较为平稳，这与当地中小企业长期奉行业务开展的当地化、本土化战略导向有关。另外，俄罗斯的大企业大多集中在石油、天然气等能源行业，围绕大企业的配套协作型中小企业与生产型服务业领域的中小企业，与俄罗斯大企业的变动密切相关。如果结合2007年之前的数据会发现一些更微妙的特征。限于篇幅不再赘述。

需要特别注意的是，通过对历年数据的考察发现，有几个地区良性发展的态势特别明显，需要引起特别关注，尽管有的地区至今仍处于全俄罗斯平均水平附近，它们是沃洛格达州、沃罗涅日州、基洛夫州、奔萨州以及斯摩棱斯克州。

另外，如果采用考虑到季节性变动的季度数据，就会发现，那些受季节影响较为明显的北方地区，如摩尔曼斯克等地，这对于中国企业投资俄罗斯的季节选择或季节性考虑无疑应具有重要意义，限于篇幅在此不再赘述。

第四节 比较与综合分析

考察整个联邦层面的数据会发现有如下趋势（见图2-1）：2006—2013年，俄罗斯中小企业总体发展水平曾有小幅度下滑，然后回升，2013年又小幅回落。这与国际透明组织、美国传统基金会、世界银行等国际组织对俄罗斯投资经营环境的评价是高度一致的。另外，从具体各联邦区营商环境的相对水平来看，与中国商务部公布的中国到俄罗斯投资设厂开展有效经营的企业选择的区位也是高度一致的。①

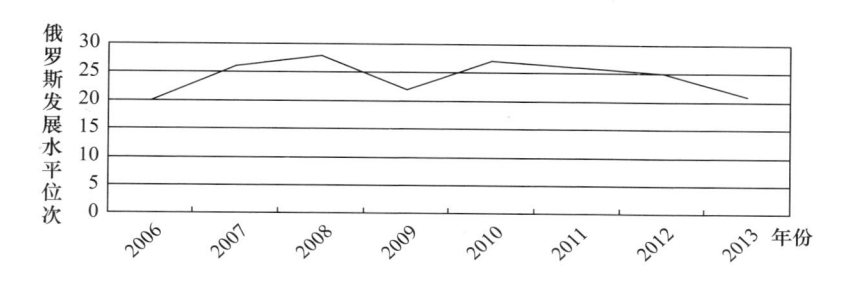

图 2-1　俄罗斯中小企业发展水平变化趋势

资料来源：Национальный институт системных исследований проблем предпринимательства（НИСИПП）公布的系列报告：Динамика развития малого предпринимательства в регионах России. Ежеквартальный информационно - аналитический доклад。

从俄罗斯各大联邦区来看，远东地区虽然与中国具有地理毗邻的优势，但除去能源领域的投资带动外，商业领域的中小企业并不发达。但随着投资促进的发展，生产服务型中小企业的发展趋势明显趋好，这对中国东北相关地区的中小企业经营者可能是个利好。另外，我国西北地区如新疆维吾尔自治区毗邻的西伯利亚联邦区、乌拉尔联邦区的几个地区如新西伯利亚州、托木斯克州等，发展总体良好，但我国新疆地区本身在中小企业活力方面存在欠缺。②

我们比较俄罗斯国内生产总值与中小企业产值增长率之后发现，后者除 2005 年有一个大幅度的跃升外，其他年份增长幅度并不大，具体如图 2-2 所示。2008—2010 年的变化，反映出中小企业更容易受到外部冲击的影响，这也体现出整个营商环境变动的特点。

---

①　本段阐述的目的在于印证本书采取的从中小企业角度分析俄罗斯营商环境变化的合理性，最终关注的不仅是俄罗斯联邦整体营商环境的变化，更重要的是俄罗斯联邦各地区营商环境的变化趋势及其原因，便于中国投资者进行区位选择时参考。

②　在樊纲等编著的《中国市场化指数年度报告》中表现得特别明显。

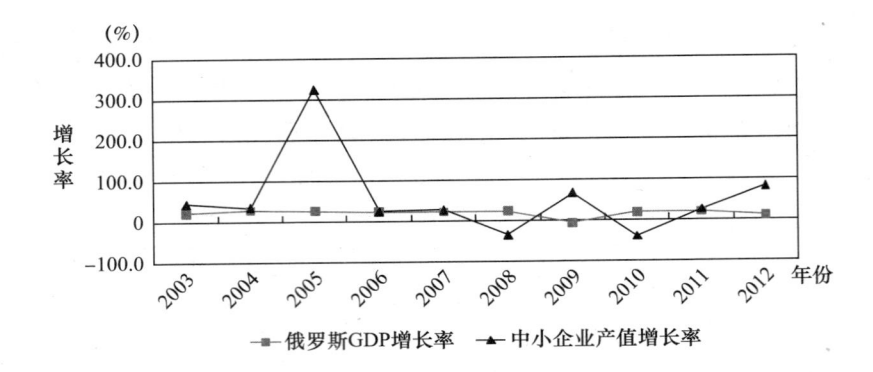

图 2-2　俄罗斯 GDP 增长率与中小企业产值增长率比较

资料来源：俄罗斯固定资产投资数据来自历年《俄罗斯统计年鉴》，俄罗斯统计局出版。中小企业固定资产投资数据来自俄罗斯国家企业问题系统研究所（НИСИПП）公布的系列报告：Динамика развития малого предпринимательства в регионах России. Ежеквартальный информационно - аналитический доклад。

从全俄固定资产投资与中小企业固定资产投资增长情况来看，如图 2-3 所示，有两个重要拐点值得注意，即 2010 年和 2012 年。显

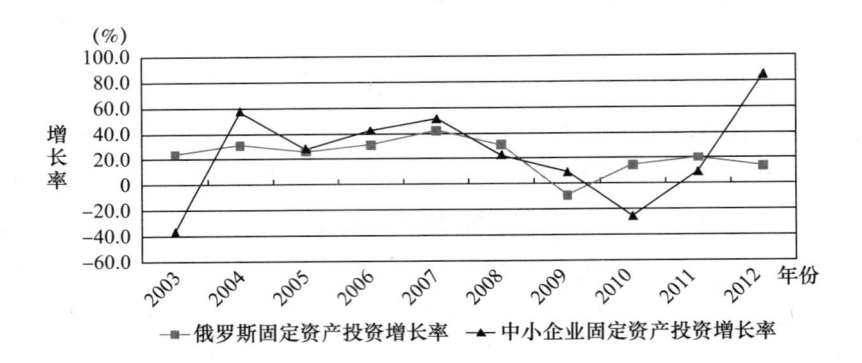

图 2-3　中小企业与俄罗斯固定资产投资增长率比较

资料来源：俄罗斯固定资产投资数据来自历年《俄罗斯统计年鉴》，俄罗斯统计局出版。中小企业固定资产投资数据来自俄罗斯国家企业问题系统研究所（НИСИПП）公布的系列报告：Динамика развития малого предпринимательства в регионах России. Ежеквартальный информационно - аналитический доклад。

然，2010年俄罗斯固定资产投资增长率远高于中小企业固定资产投资增长率，说明联邦政府推动的大企业投资占主导地位；2012年则表现出有利于中小企业的态势，反映出2008年国际金融危机后联邦政府出台的调整性政策带来的变化。

将俄罗斯历年就业人数增长情况与中小企业吸纳就业人口增长情况比较分析发现，2008年国际金融危机之后，中小企业吸纳就业情况表现出与整体截然相反的态势，而且在2010年以后的几年表现出强劲增长的势头。如图2-4所示。

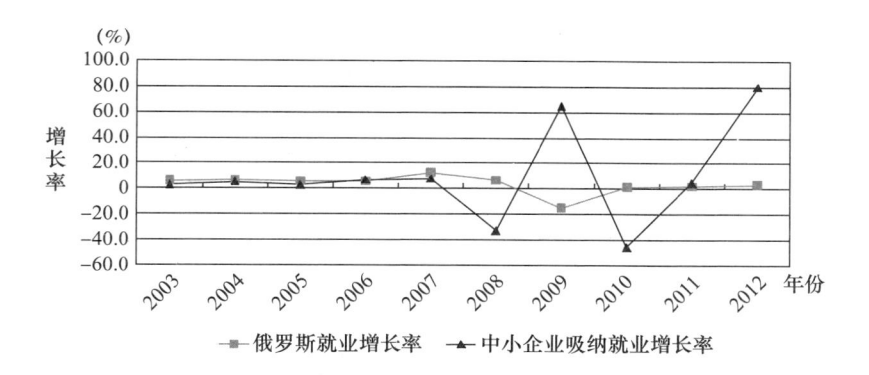

图2-4 俄罗斯就业人数与中小企业吸纳就业人数变动比较

资料来源：俄罗斯固定资产投资数据来自历年《俄罗斯统计年鉴》，俄罗斯统计局出版。中小企业固定资产投资数据来自俄罗斯国家企业问题系统研究所（НИСИПП）公布的系列报告：Динамика развития малого предпринимательства в регионах России. Ежеквартальный информационно - аналитический доклад。

另外，如果考察2003—2007年的情况就会发现，在这一阶段，两者表现出高度相关性，表明俄罗斯中小企业吸纳就业人口的功能已经越来越重要。同时，考察图2-3至图2-4发现，2009年比2008年投资减少，但就业、产出均出现增长，同期的宏观指标均下挫，反映出中小企业更容易受到短期因素如外部负面冲击、政府调控政策的影响；中小企业投资大幅减少的2010年也是就业人数大幅降低的一年，说明俄罗斯中小企业对投资的依赖性总的来看还是很强的，这在一定程度上反映出俄罗斯中小企业的发展容易受到大企业投资的挤压。总的来说，要发挥中小企业创新引擎的作用，实现大企业与中小企业的良性互动，作为一种创新经济生态出现，或许还有很长的路要走。

第五节　影响地区营商环境的因素

从上述2003—2013年的系列截面数据可以发现不同地区之间中小企业发展水平的差异和变化，那么，到底是哪些因素影响了各地区中小企业的发展呢？了解这些因素，对判断中小企业发展水平，进而研判各地区的营商环境，具有重要意义。

一般来说，影响俄罗斯中小企业发展的因素有很多，既有俄罗斯发展道路、文化、经营传统、意识形态、宗教信仰等长期因素的影响，又有税收、行政壁垒、法律制度、融资、基础设施等中短期因素的影响，对不同时期不同因素影响的探讨却受制于数据获取的局限，很难深入到量化层面。

相对于2000年之前的定性探讨[①]，2000年之后的研究则集中在中小企业发展受哪些因素的影响、政府扶持政策及其绩效方面的探讨，尤其是侧重于中小企业面临的制度环境方面的探讨。如有的研究认为，1994年以来，中小企业发展的停滞与以下五个方面的因素密切相关：①居民对权力机关的信任程度；②地区精英的保守程度或对民主改革的志趣；③居民在经营方面的偏好；④地区预算的充足程度或稀缺程度；⑤与传统部门相比，小企业在就业方面的优势。[②] 有的研

[①] 2000年之前的研究还停留在中小企业是什么、地位和作用如何、政府应不应该扶持等方面。早期俄罗斯各界对中小企业的认识与苏联时期政府主导的看法有关，如列宁的经典论述："几万个最大的企业就是一切，数百万个小企业算不了什么。"参见《帝国主义是资本主义的最高阶段（通俗的论述）》，《列宁全集》，人民出版社1990年版，第332页。

[②] Басарева, В., Институциональные особенности развития малого бизнеса в регионах России, 21.03.2014//http：//arn.eerc.ru/details/EERC Working Paper.aspxid=164，2014.03.10.

第二章 俄罗斯地区营商环境评价：间接法 / 31

究则直接指出，政府对小企业的征税过重、强力机关对小企业的管制过度以及非常随意的刑事调查等，都是制约俄罗斯中小企业发展的重要因素。① 此外，有的研究突出了俄罗斯中小企业在转型期遇到的制度制约因素。② 2008 年国际金融危机以后，联邦统计局开始出版《俄联邦小企业年鉴》，2009 年起更名为《俄联邦中小企业年鉴》。随着官方数据的推出，对中小企业的研究也开始由定性分析到简单的描述性统计，再到较为深入的计量分析。在这个过程中，俄罗斯学术期刊《统计问题》刊载过不少有关中小企业的简单统计分析。不过，那些较为深入的计量分析也仅限于对既有简单统计指标本身的回归分析等，如基于小企业数量、小企业吸纳就业人口数和每家小企业的平均就业人数三类时间序列数据（1999—2006 年），利用回归分析法对2007—2009 年的小企业发展情况（主要是指上述三类参数）进行预测等。③ 2008 年国际金融危机以后，结合新形势对中小企业地位、作用、社会意义的探讨又开始出现了。④ 国内的相关研究大多属于定性方面的探讨。从时间上看，2000 年以来，研究明显增多（熊玉珍，2003；宫艳华，2004；付岱山、宋海冰，2004；唐朱昌，2012），这类研究大多就中小企业发展对整个国民经济发展具有重要意义及其影响因素展开定性分析。定量的研究也逐渐增多（徐昱东、于娟，2008；徐昱东、徐坡岭，2009；徐昱东，2010），有关中小企业的专

---

① Ясин, Е., Чепуренко, А., Буев, В., Шестоперов О. Малое предпринимательство в Российской Федерации: прошлое, настоящее и будущее. М.: Новое изд – во. 2004. С. 27.

② Ореховский, П, Широнин, В., Малое и среднее предпринимательство в России//Общество и экономика, 2005. № 12. С. 49 – 85.

③ Смирнов, Н. В., Анализ общей динамики развития малого предпринимательства в России в начале XXI века. Рес. центр малого предпринимательства. Москва, 2007.

④ Крылова, Е. Б., Малое предпринимательство и занятость населения//Проблемы прогнозирования. 2009. № 1. С. 125 – 131.
Комков, Н. И, Кулакин, Г., Мамонтова, Н. Г., Анализ состояния малых предприятий в РФ и условий их развития.//Проблемы прогнозирования. 2011. № 2. С. 124 – 139.

题研究,如研究中小企业与技术创新的关系等①也开始出现,但数量仍然较少。上述研究为我们了解俄罗斯中小企业总体的发展状况提供了丰富的、多样化的角度,但是,对俄罗斯地区层面的中小企业发展影响因素的研究缺乏量化分析。②

基于上述文献背景和本书的研究目标,我们通过2012年的截面数据③,构造了有可能影响各地区中小企业发展水平的7个指标,通过计量分析发现并分析影响制约各地区中小企业发展的因素。

一 回归模型构建

（一）各联邦主体中小企业发展水平的测度指标④

对中小企业发达程度的测度,一般是采用多种指标综合而成。根据比较利益理论,我们借用区位商（LQ）⑤ 的概念,以现有统计提供的数据为基础,获取各地区中小企业的"相对份额"指标。据此,反映各地区中小企业的竞争力和发达程度的"区位商"指标是一个简单易行的指标,从地区经济发展的角度粗略地反映出中小企业在不同地区之间的相对重要程度和参与区际分工的程度、参与区际贸易的竞争能力、市场占有能力,体现了比较优势理论的内涵。

区位商指标定义为:

$$LQ_{ij} = \left(L_{ij} \Big/ \sum_j L_{ij} \right) \Big/ \left(\sum_i L_{ij} \Big/ \sum_i \sum_j L_{ij} \right) \tag{2.3}$$

式中,i 表示第 i 个地区,j 表示第 j 个行业（本书表示中小企业）,L_{ij} 表示第 i 个地区第 j 个行业的产出指标。LQ_{ij} 表示 i 地区 j 行业

---

① 戚文海:《论俄罗斯中小企业在技术创新中的地位与作用》,《东北亚论坛》2008年第5期。

② 2000年以来,国内外对俄罗斯中小企业研究的一个综述,参见徐昱东《俄罗斯中小企业发展研究》,中国社会科学出版社2010年版。

③ 2012年距离2008年国际金融危机间隔时间比较长,宏观经济指标较为稳定,故选择该年为例。

④ 本章第三节是围绕中小企业的质量和数量等指标,利用因子分析模型对俄罗斯各地区的中小企业发展水平予以数值化。本部分则借助区位商概念,从各地区中小企业产出相对水平角度给出中小企业发展水平。方法的选择均是基于说明问题的方便性,值得指出的是,两种方法就计算地区中小企业发展水平的结果而言是较为一致的。

⑤ 区位商的概念用作表示"中小企业地区发展的相对水平"的做法,参见吕勇斌《中小企业发展的区域差异性研究》,博士学位论文,华中农业大学,2005年。

的区位商。

这个区位商 LQ_{ij} 表示，i 地区 j 行业在本地区总产出中的份额与全国 j 行业占整个国民经济产出份额之比。区位商是通过测定各产业部门在各地区的相对专业化程度来间接地反映区域间经济联系的结构和方向。当各地区产出结构与全国产出结构存在差异时，意味着地区间存在地域分工和产品贸易。具体来说，当 $LQ_{ij} > 1$ 时，表明中小企业在该地区专业化程度超过全国，可以对外提供产品，大于 1 的部分意味着对区外市场的占领部分。LQ_{ij} 越大，专业化水平越高，产品流出地区以外的可能性就越大。当 $LQ_{ij} < 1$ 时，意味着中小企业在该地区只是一个自给性部门，其供给能力不能满足本区的需求，需要由区外输入产品。$LQ_{ij} = 1$ 时，意味着该地区的中小企业刚好可满足本区需求。

（二）模型构建

基于测算中小企业发展区位商方面的研究成果，考虑数据的可获得性，我们借鉴吕勇斌（2005）研究中国中小企业发展的地区差异及其原因时的模型形式[①]，构造如下计量经济模型，用 2012 年俄罗斯各联邦主体地区横截面数据测量影响中小企业发展地区差异的各重要因素的相对重要性：

$$LQ = \alpha_0 + \alpha_i X_i + D + \varepsilon \tag{2.4}$$

式中，被解释变量 LQ 表示各地区中小企业的发展水平。常数项 α_0 表示地区特定效应，X_i 表示重要的解释变量（见表 2-5）。D 表示地区虚拟变量，ε 表示随机误差项。因为截面数据容易受到外部冲击的影响，为减少这种冲击带来的波动性，我们将上述模型取对数，模型变为：

$$\ln LQ = \beta_0 + \beta_i \ln X_i + \delta D + \varepsilon \tag{2.5}$$

式中，被解释变量 $\ln LQ$ 表示各地区中小企业的发展水平，常数项 β_0 表示地区特定效应，$\ln X_i$ 表示重要的解释变量（我们将在下一部分加以详细说明），D 表示地区虚拟变量，ε 表示随机误差项。

---

① 吕勇斌：《中小企业发展的区域差异性研究》，博士学位论文，华中农业大学，2005 年。

表 2 - 5   中小企业发展水平影响因素数据集

地区	区位商	X_1	X_2	X_3	X_4	X_5	X_6
阿尔泰边疆区	1.28	0.44	4.7	0.337	0.87	4.09	0.08
阿穆尔州	0.70	0.86	4.2	0.379	0.74	0.55	0.10
阿尔汉格尔斯克州	0.72	1.15	2.6	0.281	0.75	0.37	0.35
阿斯特拉罕州	0.75	0.54	5.6	0.358	0.94	1.49	0.16
别尔哥罗德州	0.76	1.05	4.5	0.286	0.89	11.10	0.61
布良斯克州	1.54	0.44	4.7	0.425	0.86	5.18	0.25
弗拉基米尔州	1.44	0.59	3.9	0.343	1.14	5.82	0.26
伏尔加格勒州	0.74	0.63	5.6	0.346	1.05	2.48	0.28
沃洛格达州	0.80	0.86	4.5	0.274	0.76	1.87	0.46
沃罗涅日州	1.15	0.66	5.8	0.414	1.17	5.60	0.15
莫斯科市	1.08	2.62	0.7	0.698	1.80	39.09	0.90
圣彼得堡市	1.81	1.31	1.3	0.489	1.46	39.87	0.76
犹太自治州	0.75	0.71	4.4	0.306	0.52	1.05	0.05
外贝加尔边疆区	0.74	0.58	5.3	0.433	0.65	0.63	0.11
伊万诺沃州	2.28	0.40	3.7	0.299	0.96	5.78	0.20
伊尔库茨克州	1.20	0.83	4.4	0.409	0.81	0.52	0.36
卡巴尔达—巴尔卡尔共和国	0.74	0.32	12.1	0.313	1.14	9.78	0.05
加里宁格勒州	1.49	0.79	4.6	0.448	0.76	8.14	1.42
卡卢加州	1.47	0.74	3.5	0.294	0.83	5.77	1.07
堪察加边疆区	1.34	1.06	4	0.214	0.48	0.07	0.18
卡拉恰伊—切尔克斯共和国	0.93	0.33	15.6	0.246	0.80	5.49	0.17
克麦罗沃州	0.70	0.87	3.3	0.287	1.16	2.69	0.49
基洛夫州	1.83	0.48	3.7	0.352	0.84	2.09	0.18
科斯特罗马州	1.44	0.57	4	0.3	0.68	2.06	0.09
克拉斯诺达尔边疆区	1.34	0.76	7.9	0.426	1.24	7.75	0.35
克拉斯诺亚尔斯克边疆区	0.78	1.27	3.2	0.216	0.81	0.21	0.29
库尔干州	1.10	0.51	4.9	0.378	0.70	2.34	0.10
库尔斯克州	0.94	0.66	3.7	0.261	0.81	6.21	0.25

续表

地区	区位商	X_1	X_2	X_3	X_4	X_5	X_6
列宁格勒州	0.82	1.05	2.5	0.294	1.19	3.33	1.17
利佩茨克州	0.84	0.80	3.3	0.22	0.96	8.92	0.66
马加丹州	1.28	1.37	3.5	0.243	0.33	0.10	0.14
莫斯科州	1.41	0.94	2.9	0.487	1.37	12.86	0.45
摩尔曼斯克州	1.00	1.00	3	0.298	0.86	0.42	0.37
涅涅茨自治区	0.06	12.02	3	0.105	0.32	0.02	0.60
下诺夫哥罗德州	2.26	0.75	4.4	0.405	1.06	5.17	0.37
诺夫哥罗德州	1.09	0.80	3.9	0.316	0.70	3.54	0.36
新西伯利亚州	1.93	0.69	5	0.495	1.01	1.66	0.18
鄂木斯克州	1.05	0.71	5.3	0.293	1.06	1.79	0.06
奥伦堡州	0.59	0.87	4.6	0.218	0.98	2.95	0.17
奥廖尔州	1.26	0.55	3.7	0.38	0.75	6.22	0.10
奔萨州	1.32	0.50	4.7	0.395	1.00	5.09	0.05
彼尔姆州	0.93	1.02	4.1	0.333	1.00	2.18	0.27
滨海边疆区	1.00	0.87	3.4	0.453	0.97	1.62	0.41
普斯科夫州	1.44	0.49	2.1	0.413	0.62	5.03	0.42
阿迪格共和国	1.52	0.42	8.7	0.327	0.88	10.38	0.06
阿尔泰共和国	0.81	0.41	8	0.215	0.41	0.82	0.15
巴什科尔托斯坦共和国	1.23	0.73	4.4	0.347	1.34	3.51	0.36
布里亚特共和国	0.86	0.50	5	0.403	0.87	0.43	0.18
达吉斯坦共和国	0.52	0.35	17.5	0.42	1.46	6.86	0.06
印古什共和国	0.61	0.20	16.8	0.243	0.89	11.20	0.03
卡尔梅克共和国	0.42	0.31	8.6	0.183	0.53	0.80	0.07
卡累利阿共和国	1.27	0.77	3.9	0.324	0.75	0.81	0.34
科米共和国	0.52	1.48	4.2	0.262	0.74	0.26	0.18
马里埃尔共和国	1.42	0.44	5	0.242	0.96	3.60	0.13
莫尔多瓦共和国	1.26	0.45	2.9	0.29	0.88	4.73	0.08
萨哈共和国（雅库特）	0.43	1.55	4.8	0.252	0.72	0.06	0.29
北奥塞梯共和国	0.82	0.39	8.3	0.367	0.88	12.26	0.08
鞑靼斯坦共和国	0.90	1.08	3.5	0.35	1.35	7.64	0.52

续表

地区	区位商	X_1	X_2	X_3	X_4	X_5	X_6
图瓦共和国	0.38	0.35	7.4	0.269	0.55	0.28	0.01
哈卡斯共和国	0.52	0.67	5.8	0.298	0.64	1.39	0.62
罗斯托夫州	1.63	0.57	7	0.383	1.05	3.74	0.40
梁赞州	1.45	0.61	3.7	0.351	0.82	4.21	0.11
萨马拉州	1.00	0.82	3	0.379	1.15	5.07	0.32
萨拉托夫州	1.10	0.55	4.1	0.319	1.09	3.16	0.17
萨哈林州	0.43	3.71	4.5	0.153	0.57	0.38	0.84
斯维尔德洛夫斯克州	0.96	0.95	3.2	0.399	1.26	1.72	0.29
斯摩棱斯克州	1.50	0.58	3.7	0.355	0.73	4.92	0.28
斯塔夫罗波尔边疆区	1.53	0.45	9.9	0.386	1.12	4.30	0.14
坦波夫州	1.15	0.52	5.7	0.437	0.91	4.78	0.09
特维尔州	1.08	0.62	3.8	0.38	0.74	3.90	0.10
托木斯克州	0.95	0.96	3.8	0.348	0.89	0.41	0.07
图拉州	1.40	0.59	3.4	0.367	1.05	6.73	0.52
秋明州	0.35	3.45	2.9	0.25	0.85	0.29	0.46
乌德穆尔特共和国	0.97	0.70	3.3	0.26	1.00	4.24	0.14
乌里扬诺夫斯克州	1.34	0.55	3.8	0.401	0.95	3.33	0.11
哈巴罗夫斯克边疆区	0.81	0.91	2.2	0.416	0.77	0.15	0.20
汉特曼西斯克民族自治区	0.29	4.41	2.4	0.198	0.95	0.19	0.28
车里雅宾斯克州	1.17	0.71	3.2	0.335	1.14	2.06	0.30
车臣共和国	0.07	0.22	10.1	0.332	1.07	8.14	0.00
楚瓦什共和国	1.10	0.47	5.6	0.314	1.21	7.41	0.11
楚科奇自治区	0.22	2.51	3.3	13.5	12.31	0.91	0.12
亚马尔—涅涅茨民族自治区	0.16	4.93	2.2	26.1	33.19	5.71	0.09
雅罗斯拉夫州	1.47	0.74	3.6	40.9	50.89	256.41	0.15

注：2012年各地区的数据较为完整，这里用到的联邦主体也较为全面，联邦主体数目较表2-4中的要多。

二 回归结果分析

（一）变量选取与数据整理

前文述及中小企业的发展水平是由多种因素综合决定的，具体到联邦主体的地区层面，差异也是由多种因素综合决定的。我们选取经济发展水平 X_1、非正式就业水平 X_2、产业结构优化 X_3、行政负担水平 X_4、交通设施状况 X_5、经济国际化程度 X_6 6 个方面的因素来做实证分析①，具体代理指标及其含义见表 2-6。

表 2-6　　　　　　　　解释变量及其代理指标

解释变量	影响指标	代理指标含义
X_1	经济发展水平	人均 GDP（卢布/人）比俄罗斯人均 GDP
X_2	非正式就业水平	非正式就业人口数占总就业人口比重
X_3	产业结构优化	服务业附加值占各行业附加值总和比重
X_4	行政负担水平	行政管理人员占本地区具有劳动能力人口比重与俄罗斯行政人员占俄罗斯劳动能力人口比重的比值
X_5	交通设施状况	公路铺设密度（英里/千平方千米）比俄罗斯平均密度
X_6	经济国际化程度	外贸总额比地区产值
D	地区虚拟变量	虚拟变量 d_1 表示远东联邦区、西伯利亚联邦区、北高加索联邦区的 27 个联邦主体，虚拟变量 d_2 表示乌拉尔区的 6 个联邦区

对影响指标的解释如下：

（1）经济发展水平 X_1。经济发展水平是影响企业发展的重要的外部环境之一。一般来说，经济发展水平越高的经济体，其中小企业的发展水平越高。我们用当年价格计算的人均 GDP（卢布/人）比俄罗斯人均 GDP 来表示区域经济发展水平和区域经济实力。数据来源为《俄罗斯统计年鉴（2013）》。根据理论分析，该解释变量的系数应该为正。

（2）非正式就业水平 X_2。该指标反映了体制创新水平的高低。作为由计划经济体制向市场经济体制转型的大国，俄罗斯体制创新是各区域中小企业发展的重要推动因素之一，以往国内的相关研究用国

---

① 该模型的构建及指标选取受到国内许多有关中小企业区域差异影响方面研究成果的启发，如吕勇斌的《中小企业发展的区域差异性研究》，博士学位论文，华中农业大学，2005 年。

有及国有控股企业工业总产值与全部工业总产值（当年价）的比重来表示区域内中小企业的体制创新水平。限于俄罗斯相关数据的可获得性，在本书中用地区非正式就业人口数占法人企业吸纳就业、非正式就业、农场聘请就业、家庭就业①总和的比例来表示体制创新程度，即非正式就业人数越多，说明该地区体制创新缺乏活力。数据来源为俄罗斯联邦统计局出版的《劳动与就业年鉴（2013）》，该解释变量的系数的理论预期为负。

（3）产业结构优化 X_3。产业结构是经济区域内产业与产业之间的技术经济联系和数量比例关系，是社会分工和地域分工的产物。以往研究中多用区域内轻重工业的比例关系来反映一个地区的产业结构合理化程度，用区域轻工业产值占全部工业总产值比重来反映区域产业结构的优化水平。限于俄罗斯联邦各地区数据的可获得性，我们使用各产业附加值结构更能反映产业结构的优化状况。在本书中，用批发和零售业、机动车、摩托车、个人及家庭用品与个人对象；旅馆和餐馆；交通和通信；金融活动；房地产、租赁和商业活动五类经营活动的附加值占各行业附加值总和的比重来表示。数据来源于《俄罗斯统计年鉴（2013）》，该解释变量的系数的理论预期为正。

（4）行政负担水平 X_4。行政负担水平的提高往往会影响到行政辖区内物质资本的积累和人力资本的投资等相关决策。行政负担水平越重，说明企业运行成本就越高，不利于中小企业的发展。具体来说，我们用各地区行政管理人员②与本地区具有劳动能力人口比重和俄罗斯行政人员与俄劳动能力人口比重的比值来表示本地区行政负担水平。数据来源于《劳动与就业年鉴（2013）》。

（5）交通设施状况 X_5。交通历来是影响工业化进程的重要因素，近年来，这些传统因素的作用总体趋于下降，但若一个地区拥有相对较好的通信和运输网络等基础设施，就可能有较高的交易和运输效

---

① 这里的就业分为上述四类，所谓非正式就业是指在不具备法人资格的企业中从事的经营活动。
② 行政管理人员联邦主体机关的国家工作人员和自治地方的机关工作人员，包括立法、行政、司法机关与其他政府机构的工作人员等。

率，那么该地区较高的交易和运输效率就会使中小企业在工业增加值中占有更高份额。我们用公共道路铺设密度（英里/千平方千米）比俄罗斯平均密度来反映各地区交通便利程度的差异水平。考虑到一个地区内交通便利化程度提高以后，既可以降低区域内的运输费用，也可以降低该地区与其他地区间的运输费用；既有利于中小企业集中于此地，也有利于一些企业迁往别的地区。同时，由于交通运输状况在地区经济发展中的影响越来越小等因素，该解释变量的系数预期为正或接近于零。数据来源于《俄罗斯统计年鉴（2013）》。

（6）经济国际化程度 X_6。一般来说，地区经济的国际化水平或开放水平，是影响各地区经济增长的因素之一。落后地区经济开放度和国际化水平往往也低，对人们的理念、观念、管理、人力资本投资会产生不利影响。某地区的外资、外贸越活跃，市场化程度越高，企业管理水平也就越高，企业经济竞争力也就越好。我们用外贸总额比地区产值来表示地区国际化水平。由上述分析可预期该解释变量的系数为正。数据来源于《俄罗斯统计年鉴（2013）》。

（7）地区虚拟变量 D。我们用 d_1 和 d_2 代表地区虚拟变量（dummy variables），反映自然资源、地理条件以及其他不可观察的地区因素对地区间的经济增长差异造成的影响。具体来说，我们将远东联邦区、西伯利亚联邦区、北高加索区的 27 个联邦主体作为虚拟变量 d_1，因为该地区地处俄罗斯东部地区或西南边陲；把处于中部地区的乌拉尔区的 6 个联邦区作为虚拟变量 d_2。

（二）影响因素的统计检验与解释

根据俄罗斯统计局出版的《俄罗斯统计年鉴》和《劳动与就业年鉴》的原始数据，我们得出 $\ln X_1$、$\ln X_2$、$\ln X_3$、$\ln X_4$、$\ln X_5$、$\ln X_6$ 等各构造指标的值（初始的 $X_1 - X_6$ 值见表 2-5），代入构造的模型，通过 Stata12.0 运算得出以下估计方程：

$$\ln LQ = 1.436 - 0.707\ln X_1 - 0.340\ln X_2 + 0.637\ln X_3 - 0.052\ln X_4 -$$
$$(0.251) \quad (0.125) \quad (0.137) \quad (0.221) \quad (0.211)$$
$$0.016\ln X_5 + 0.294\ln X_6 - 0.008d_1 - 0.347d_2$$
$$(0.054) \quad (0.056) \quad (0.118) \quad (0.184)$$

样本数(n) = 83，R^2 = 0.665

模型总体估计结果与理论预期较为一致。$\ln X_1$、$\ln X_2$、$\ln X_3$ 与 $\ln X_6$、d_2 的系数的显著性水平分别为 0.000、0.015、0.005、0.000、0.064。

各变量的系数值及其符号在本书中的意义分析如下：

$\ln X_1$ 作为反映经济发展水平的指标，对中小企业发展水平的影响程度在各指标中是最大的，而且是负面影响。这与一般的理论预期值有些相悖，但却不难解释，因为俄罗斯经济的能源依赖型特征导致通常情况下反映经济发展水平的人均 GDP 等指标与西方其他发达国家有显著不同，即经济总量的大小与能源型企业（通常也是大企业）的发展有关，经济总量越大，能源型企业的优势地位和作用往往越明显，从而中小企业发展的水平就越低下。

$\ln X_2$ 反映某个地区的非正式就业水平。按照本书的定义，非正式就业人口占总就业人口比重越大，反映出体制创新水平越低，人力资源的潜力没有释放出来。模型中，该指标对因变量的影响方向为负，符合理论预期，因为非就业人数比重越大，反映出本地区影子经济可能越猖獗，正式体制对经济发展的激励越少，体制创新就越缺乏活力，就越不利于中小企业发展。

$\ln X_3$ 反映产业结构优化水平，其对中小企业发展水平的影响是正向的，且程度较强。产业结构日益优化，对中小企业的发展是有好处的，这与人们的直接观感也是一致的。这也是普京自 2000 年以来一直致力于重塑政企关系，通过系列产业政策努力提升经济创新水平的一个较好的注脚。

$\ln X_6$ 反映经济国际化程度。国际化程度对中小企业发展有着积极的正向促进作用。国际化程度对中小企业的影响过程，不仅在于影响中小企业的投资与研发，对地区居民的观念、知识、经营理念、管理手段等方面的市场促进型进步也发生着深远影响。从系数的大小来看，影响程度稍稍低于理论预期，这可能与实际参与外贸活动的中小企业的贸易总额占整个贸易总额比重偏小有关。换言之，中小企业对国际化的受益程度不及能源领域的大型企业。再考察引入的地区虚拟变量，具体为：设东部地区为 d_1，中部地区为 d_2；东部地区即远东联邦区、西伯利亚联邦区[①]共计 21 个联邦主体；中部地区为乌拉尔联邦区[②]，包括库尔干州在内的 6 个联邦主体。虚拟变量系数的显著性水平 d_1、d_2 依次为 0.946、0.064；加入地区虚拟变量后发现，东部地区和中部地区都不利于中小企业发展，这与我们前期的研究成果较为一致。从系数的绝对值来看，东部地区和中部地区相比，中部地区更不利于中小企业发展，这与人们直觉的观感不一致。结合前期研究成果，乌拉尔联邦区与远东地区相比，中小企业发展水平要高，但不及西伯利亚联邦区中小企业的发展水平。[③] 也就是说，本书中虚拟变量所代表地区的选择只是考虑到了地理邻近性。客观上说，包括自然条件以及其他无法观察的区域特点等因素对中小企业发展可能会产生较大影响，西伯利亚联邦区虽然在位置上不利于中小企业发展，但其他本书没有涉及的因素可能对中小企业的发展起到了重要的推动作用。最后看反映出的政策含义是：对各地区对中小企业推出的一系列扶持政策、措施而言，东部地区和中部地区都需要加强，尤其是远东地区。相对西部地区，地理位置的边远与扶持优惠的不足共同阻碍了中小企业的发展。

另外，代表行政负担水平、交通设施状况的变量 lnX_4、lnX_5，两者系数的显著性水平均未达到研究预期要求的水平。就系数的相对大小而言，两者与其他影响因素相比，影响非常微弱；说明与其他因素

---

① 该地区在纯粹地理意义上地处俄罗斯西南边陲，本书从传统东部地区中小企业发展较弱的意义上，将远东联邦区和西伯利亚联邦区并在一处。远东地区包括阿穆尔州、犹太自治州、堪察加州、科里亚克自治区、马加丹州、滨海边疆区、萨哈（雅库特）共和国、萨哈林州、哈巴罗夫斯克边疆区、楚科奇自治区 10 个联邦主体；西伯利亚联邦区包括阿尔泰共和国、阿尔泰边疆区、布里亚特共和国、外贝加尔边疆区、伊尔库茨克州、哈卡斯共和国、克拉斯诺亚尔斯克边疆区、新西伯利亚州、鄂木斯克州、托木斯克州、图瓦共和国 11 个联邦主体。

② 乌拉尔联邦区包括库尔干州，斯维尔德洛夫斯克州、叶卡捷琳堡、秋明州、秋明、汉特—曼西自治区、汉特—曼西斯克、车里雅宾斯克州、车里雅宾斯克、亚马尔—涅涅茨自治区 6 个联邦主体。

③ 2006—2013 年俄罗斯各联邦大区中小企业发展水平的平均排名从高到低依次是：中央、伏尔加、西北、南方、西伯利亚、乌拉尔、远东、北高加索。

相比，目前在俄罗斯，单纯的行政人员的负担和交通设施的正向影响几乎可以忽略不计。两者的系数均为正数，相对前者，后者容易解释，交通越发达，越有利于中小企业的发展。对行政负担的一般性解释，当然是行政负担越重，越不利于中小企业的发展，而具体到我们选取的反映这一因素的衡量指标而言，其代表性并不理想。就这个指标本身而言，有可能是因为俄罗斯的行政负担水平尚未达到成为中小企业发展负担的临界值的水平。

小　　结

目前，中国在俄罗斯投资的公司数量不断增加。[①] 从地区的实际分布来看，除了能源开采领域，大多处在投资营商环境较好的联邦主体辖区内。这在一定程度上印证了因子模型的分析结果。问题是：需要探求预期和现实差异的原因所在。除对俄联邦整体层面的探讨外，中小企业发展影响因素分析部分也做了有益的探索。相对于既有的大量的定性分析，这一部分基于截面数据的量化分析，更有说服力地指出，影响中小企业发展的诸多因素中，首要的还是受制度影响较大的因素，包括体制创新水平、产业结构优化、经济开放水平等，并且发现了不同因素影响程度的不同；通过地理虚拟变量，又更好地发现了地理位置对中小企业的重要性，即相对而言，东部地区和中部地区更不利于中小企业发展。如果将截面数据换成面板数据，各种影响因素的影响方向和程度会显示得更加清楚。同时，从其他潜在影响因素中提炼新的影响因素予以指标化等工作也会使研究更具解释力，这些也是本部分研究继续努力的方向。

---

① 根据商务部数据，截至 2015 年 10 月，经中国商务部核准并备案的在俄罗斯的中国企业达到 872 家，其中大部分为中小企业。

第三章 俄罗斯地区营商环境评价：直接法

上一章从俄罗斯地区中小企业发展水平角度分析了俄罗斯地区营商环境及其影响因素，但也要看到，由于俄罗斯经济结构和历史遗留问题的影响等原因，俄罗斯中小企业发展还处在一个较低水平上，从国际比较角度这一点尤为明显①，这使俄罗斯各地区中小企业发展水平间接地反映各地区营商环境水平的效果大打折扣。本章借助俄罗斯国内权威评级机构给出的直接评价俄罗斯各地区营商环境的数据，综合间接法下对俄罗斯各地区营商环境的评价会得到更具说服力的建议。

第一节 评价俄罗斯地区营商环境的直接法概述

直接评价俄罗斯各地区投资吸引力的代表性成果是俄罗斯《专家》评级机构做出的②③，即采用投资潜力与投资风险两项评定加综合配比法，首先对各地投资潜力和投资风险项下的子要素赋值，然后对同一项下子要素的分值进行排列，就会得出各地在该要素下的排

---

① 俄罗斯在中小企业发展方面的具体指标与欧美国家的比较，参见徐昱东《俄罗斯中小企业发展研究》，中国社会科学出版社 2010 年出版。

② 阎洪菊曾在 2005 年介绍过此机构给出的 2004 年俄罗斯各地区的投资吸引排名，并就评级方法做了一个简单介绍。参见阎洪菊《2004 年俄罗斯地区投资环境评定及排行》，《俄罗斯中亚东欧市场》2005 年第 5 期。

③ 该机构在俄信用评级领域具有权威地位。据其官方网站 2014 年 8 月 1 日发布的统计调查显示，该公司在俄罗斯的市场占有率达到 46%，其他公司的市场占有率依次为：HPA, 18%；Moodys, 10%；Fitch, 9%；S&P, 9%；Русрейтинг, 4%；AK&M, 4%。

名。同一项下各子要素分值相加后排列，就可得出各主体分别在投资潜力或投资风险评定中的位次。具体来说，一方面，对某地投资潜力项下子要素的总分值，用该地投资潜力占俄罗斯投资潜力的份额表示，并依份额大小进行地区投资潜力排名；另一方面，某地投资风险项下子要素总分值，以与俄罗斯联邦风险平均值的背离程度表示，依背离程度进行投资风险排名。地区投资潜力评定中设有9个单项潜力指标：① 劳动力潜力、消费潜力、生产潜力、财政潜力、制度潜力、创新潜力、基础设施潜力、资源潜力以及旅游潜力；等级分类标准是：地区潜力在俄罗斯联邦总潜力中占2.5%以上的为高等潜力，1.0%—2.5%的为中等潜力，1.0%以下的为低等潜力。地区投资风险评定中设有7个单项风险指标：法律风险、政治风险、经济风险、财政风险、社会风险、治安风险、生态风险；等级分类标准是：地区风险值为俄联邦平均风险值10%以下的为最小风险，10%—120%的为中度风险，120%—200%的为高度风险，200%及以上的为超高风险。每项子指标的具体含义如表3-1所示。

表3-1　　　　投资潜力和投资风险包含的子指标及内涵

投资潜力		投资风险	
劳动力潜力	地区劳动力供应状况及居民受教育程度	法律风险	地区调节经济关系的法律规范是否健全，如地方税、优惠政策等
消费潜力	地区居民实际购买力	政治风险	地区权力机关的稳定性、社会紧张程度及居民政治倾向的分化程度等
生产潜力	地区物质或产品生产能力	经济风险	地区经济发展速度和趋势
财政潜力	税源规模、预算收入及企业盈利水平	财政风险	地区预算平衡水平
制度潜力	地区市场机构健全程度及运行状况	社会风险	地区社会稳定状况

---

① 自1996年至今，投资潜力和投资风险各自包含的子指标均出现过变动，这9项指标从2005年沿用至今。

续表

	投资潜力		投资风险
创新潜力	地区科技发展水平及科技成果转化能力	治安风险	地区犯罪率、犯罪性质和程度
基础设施潜力	地区交通和运输便利状况及基础设施的完备程度	生态风险	地区环境污染程度
资源潜力	地区自然资源总量及自然资源对投资的保障程度	—	—
旅游潜力	地区自然—休闲设施、历史和人文项目、游客住宿和娱乐场所4个方面的发展程度	—	—

资料来源：根据俄罗斯评级机构《专家》出版的1996—2014年历年年度报告整理，http://www.raexpert.ru。

各联邦主体单项潜力或风险的分值，是采用统计方法和问卷调查方法得出的。统计主要由信用评级机构《专家》组织的专家组进行，问卷调查对象则包括俄罗斯投资者、外国投资者、商会和企业、银行协会以及其他民间独立研究机构的专家。按照特定公式进行计算，再按优者在先的原则排列，即得出投资潜力和投资风险的排名。最后根据投资潜力和投资风险的不同等级进行综合评定，并将综合评定分为若干等级，我们以2014年为例[①]，一共划分为13个等级，具体情况如表3-2所示。

---

① Эксперт РА评级等级的名称有所变化，1996—1997年两年的评级划分为9个等级，即1A（高等潜力—不明显的风险）、1B（高等潜力—中度风险）、1C（高等潜力—高度风险）、2A（中等潜力—不明显的风险）、2B（中等潜力—中度风险）、2C（中等潜力—高度风险）、3A（低等潜力—不明显的风险）、3B（低等潜力—中度风险）、3C（低等潜力—高度风险）。1998—2004年、2006年、2008年、2009年等10个年度均划分为12个等级，即便同样是12个等级，其称呼也略有不同，2010年至今则划分为13个等级。特别需要指出的是，无论如何划分，其基本方法没有变化，就本书研究的目的来说，上述变化对研究结论产生的影响较小。

表 3 – 2　　　　　　　　2014 年投资吸引力评级等级划分

等级	投资潜力和风险搭配	俄文
1A	最大潜力—最小风险	Максимальный потенциал—минимальный риск（1A）
2A	中等潜力—最小风险	Средний потенциал—минимальный риск（2A）
3A1	低等潜力—最小风险	Пониженный потенциал—минимальный риск（3A1）
3A2	轻微潜力—最小风险	Незначительный потенциал—минимальный риск（3A2）
1B	高等潜力—中度风险	Высокий потенциал—умеренный риск（1B）
2B	中等潜力—中度风险	Средний потенциал—умеренный риск（2B）
3B1	低等潜力—中度风险	Пониженный потенциал—умеренный риск（3B1）
3B2	轻微潜力—中度风险	Незначительный потенциал—умеренный риск（3B2）
1C	最大潜力—高等风险	Максимальный потенциал—высокий риск（1C）
2C	中等潜力—高等风险	Средний потенциал—высокий риск（2C）
3C1	低等潜力—高度风险	Пониженный потенциал—высокий риск（3C1）
3C2	不明显潜力—高度风险	Незначительный потенциал—высокий риск（3C2）
3D	下等潜力—超高风险	Низкий потенциал—экстремальный риск（3D）

资料来源：Эксперт PA，http：//www.raexpert.ru。

首先，每年评估时，各单项指标的比重有所不同，但大致顺序相似。为了让读者对此有个更加直观的认识，这里以 2014 年评级为例，给出了诸项子指标权重的大小顺序（先大后小）。投资潜力各项子指标权重大小的先后顺序为生产潜力、劳动者潜力、消费潜力、基础设施潜力、财政潜力、制度潜力、创新潜力、自然资源潜力和旅游潜力。投资风险的各项子指标权重大小的先后顺序为经济风险、财政风险、社会风险、行政管理风险、治安风险和生态风险。

其次，在数据来源方面，俄罗斯各地区营商环境评定中历年使用的数据来源相差无几，主要包括俄罗斯联邦国家统计委员会、财政部、经济发展和贸易部、中央银行、税务部、自然资源部、通信内务部、联邦保险监督管理局等机构和组织的数据，以及自然资源委员会数据库和《专家》评级机构数据库的数据。评定中还参考了各联邦主体政府网站发布的法律信息、地区发展战略和纲要以及各联邦主体按相关统计部门或上级职能部门的要求提供的补充数据等。

最后，需要特别指出的是，从 1996 年起，俄罗斯《专家》评级机构就开始对俄罗斯各地区的投资吸引力进行评级排名。在这个过程中，随着俄罗斯各地区经济社会发展的变化，地区投资潜力评定和投资风险评定中设置的单项指标均有所调整和变化。每次调整和变化的具体原因各不相同，以 2011 年度为例[①]，投资风险的 7 个单项指标中剔除了法律风险指标，理由是之前几年各地区有关投资方面的法律条文经重新修订后越来越合乎规范，评级专家组认为，没有必要再评价立法和法律方面的风险。投资风险中行政管理风险[②]指标的内容也发生了变化，即不再评价某地区"规划"的实施和完成情况，评价专家组认为，发生在俄罗斯的历次危机表明，那些中长期规划和发展战略实际上并不适用。另外，在财政风险方面，补充了联邦主体在发行国债方面的风险；在社会风险方面，不再统计地方罢工以及公用住宅方面的事故或故障等数据，因为，专家组认为，这两个统计指标已不再反映实际情况；而投资潜力[③]方面的变化颇具技术性，包括自然资源指标采用了自然资源部新近更新的数据；在创新潜力指标方面，不再考虑各地方科技园区的数量，评价专家组认为，这些园区只不过是一些不动产的堆积而已，实际上没有任何创新，因此，转而采用各地区的专利申请提交数量作为该指标的替代指标；在基础设施潜力方面，增补了互联网应用水平的评价；在消费和财政潜力方面，按实际购买力对总货币收入水平进行了修正，等等。

自 1996 年至今的每次变化和调整均保持在合理限度内，保证了历年评级的可比性。而且，就每年各地区的评价排行先后顺序而言，这种变化不影响其对于赴俄罗斯投资的参考和借鉴价值。

---

① 参见 Эксперт РА 出版的年度 Бюллетень，即 *Рейтинг инвестиционной привлекательности регионов России* 2010–2011 годов，16 декабря 2011 г.，Москва。

② 自 2006 年起，反映投资风险的单项指标中又增加了一个与政治风险相类似的指标即行政管理风险。自 2007 年起，将原有的政治风险指标剔除，行政管理风险指标得以保留至今。

③ 2005 年，在之前的劳动力潜力、消费潜力、生产潜力、财政潜力、制度潜力、创新潜力、基础设施潜力和资源潜力 8 个单项指标的基础上又增加了一个新的单项指标即旅游潜力。

第二节 基于直接法的地区营商环境与区位选择

一 直接法下地区营商环境比较与区位选择

根据俄罗斯信用评级机构 Эксперт РА 历年给出的《俄罗斯各地区投资吸引力评级》年度报告[①]，我们将投资吸引力（Инвестиционная привлекательность регионов）评级结果进行汇总，具体情况见表 3-3。

表 3-3 1996—2014 年俄罗斯各地区投资吸引力评级排行

地区	1996年	1997年	1998年	1999年	2000年	2001年	2002年	2003年	2004年	2005年
阿加布里亚特民族自治区	3C	3C	3C2	3C2	3C2	3C2	3C2	3C2	3C2	3B2
阿尔泰边疆区	1B	1B	2B	3B1	3B1	3B1	3B1	3B1	3C1	3C1
阿穆尔州	3C	2C	3B1	3B1	3B1	3B1	3C1	3C1	3B1	3C2
阿尔汉格尔斯克州	2B	2B	3B1	3B1	3B1	3B1	3B1	3B1	3B1	3B1
阿斯特拉罕州	2A	2A	3B2	3B2	3B2	3B2	3B2	3B2	3B2	3B1
别哥罗德州	1A	1A	2A	2A	2B	1A	3B1	2A	3B1	3B1
布良斯克州	2C	2C	3C1	3C1	3C1	3C1	3C1	3C1	3C1	3C1
弗拉基米尔州	1A	2A	3B1	3B1	3B1	3B1	3B1	3B1	3B1	3B1
伏尔加格勒州	1B	1B	2B	2B	2B	3B1	3B1	2B	2B	2B
沃洛格达州	2A	2B	3B1	3B1	3B1	3B1	3B1	3B1	3B1	3B1
沃罗涅日州	1A	1A	2B	2B	3B1	3B1	3B1	3B1	3B1	3B1
莫斯科市	1A	1A	1A	1A	1A	1A	1A	1A	1B	1B
圣彼得堡市	1A	1A	1A	1A	1B	1B	1B	1A	1B	1B
外贝加尔边疆区	—	—	—	—	—	—	—	—	—	—
犹太自治州	3B	3B	3B2	3B2	3B2	3B2	3B2	3C2	3C2	3C2

---

① 历年 Рейтинг Инвестиционной Привлекательности Регионов России。

续表

地区	1996年	1997年	1998年	1999年	2000年	2001年	2002年	2003年	2004年	2005年
伊万诺沃州	2A	3B	3B2	3B1	3B2	3B2	3B2	3B2	3C2	3B2
伊尔库茨克州	1C	1C	2B	2B	2B	2B	2B	2B	2C	2B
卡巴尔达—巴尔卡尔共和国	3A	3A	3B2	3B2	3B2	3B2	3B2	3B2	3C2	3D
加里宁格勒州	1A	2A	3B1	3A	3B1	3B1	3B1	3B1	3B1	3B1
卡卢加州	2B	2B	3B1	3B1	3B1	3B1	3B1	3B1	3B1	3B1
堪察加边疆区	2B	3B	3C2	3B2	3C2	3C2	3C2	3C2	3C2	3C2
卡拉恰伊—切尔克斯共和国	3B	3C	3C2	3C2	3C2	3C2	3C2	3C2	3C2	3C2
克麦罗沃州	1C	1C	2B	2B	2B	2B	2B	2B	2B	2B
基洛夫州	3B	3B	3B1	3B1	3B1	3B1	3B2	3B1	3B2	3B2
科米彼尔米亚克民族自治区	3C	3C	3B2	3B2	3C2	3C2	3C2	3C2	3C2	3C2
科里亚克自治区	3C	3C	3C2	3C2	3C2	3C2	3D	3D	3D	3D
科斯特罗马州	3B	3A	3B2	3B2	3B2	3B2	3B2	3B2	3B2	3B2
克拉斯诺达尔边疆区	1A	1A	2B	2B	2B	2B	2B	2B	2B	2B
克拉斯诺亚尔斯克边疆区	1B	1C	1C	2B	1C	2B	2C	2C	2B	2B
库尔干州	3C	3C	3C2	3B2	3B2	3B2	3C2	3B2	3C2	3C2
库尔斯克州	2A	2A	3B1	3B1	3B1	3B1	3B1	3B1	3B1	3B1
列宁格勒州	1B	1B	3B1	2B	3B1	2B	3B1	2B	2B	2B
利佩茨克州	2A	2A	3B1	3B1	3B1	3B1	3B1	3B1	3B1	3B1
马加丹州	2C	3C	3C2	3C2	3C2	3C2	3C2	3C2	3C2	3C2
莫斯科州	1A	1A	1B	1A	1B	1B	1A	1B	1B	1B
摩尔曼斯克州	2A	1A	3B1	3B1	3B1	3B1	3B1	3B1	3B1	3B1
涅涅茨自治区	3A	3B	3B2	3B2	3B2	3B2	3B2	3B2	3B2	3B2
下诺夫哥罗德州	1A	1A	2B	2B	2B	2B	2B	2B	2B	2B
诺夫哥罗德州	3A	3A	3B2	3A	3A	3A	3A	3A	3B2	3B2
新西伯利亚州	1A	1A	2B	2B	2B	2B	2B	2B	2C	2B
鄂木斯克州	2B	2B	2B	3B1	3C1	3B1	3B1	3B1	3B1	3B1
奥伦堡州	2C	1B	2B	3B1	3C1	3B1	3B1	3B1	3B1	3B1
奥廖尔州	2B	2A	3B1	3B1	3B2	3B2	3B2	3B2	3B2	3B2
奔萨州	2B	2A	3B1	3B1	3B1	3B1	3B1	3B1	3B1	3B1

续表

地区	1996年	1997年	1998年	1999年	2000年	2001年	2002年	2003年	2004年	2005年
彼尔姆州	1A	1B	2B	2B	2B	2B	2B	2B	2B	2B
滨海边疆区	2C	1B	2B	2B	2B	2C	2B	3C1	3B1	
普斯科夫州	3B	3B	3B2	3B2	3B2	3B2	3B2	3B2	3B2	3B2
阿迪格共和国	3B	3B	3B2	3B2	3B2	3B2	3B2	3B2	3B2	3B2
阿尔泰共和国	3B	3C	3C2	3B2	3B2	3B2	3B2	3B2	3B2	3B2
巴什科尔托斯坦共和国	1A	1A	2B	2B	2B	2B	2B	2B	2B	2B
布里亚特共和国	2C	2C	3B2	3B1	3B1	3B1	3C2	3B1	3B2	3B2
达吉斯坦共和国	3C	2C	3D	3D	3C1	3C1	3C1	3C1	3C1	3C1
印古什共和国	3B	3B	3D	3D	3D	3D	3D	3D	3D	
卡尔梅克共和国	—	3B	3C2	3B2	3B2	3B2	3B2	3C2	3C2	3C2
卡累利阿共和国	2B	2B	3B2	3B2	3B2	3B2	3B2	3B2	3B2	3B2
科米共和国	2C	2C	3B1	3B1	3C1	3B1	3C1	3C1	3C1	3C1
马里埃尔共和国	3A	3A	3B2	3B2	3B2	3B2	3B2	3C2	3C2	3C2
莫尔多瓦共和国	2C	2B	3B2	3B1	3B2	3B2	3B2	3B2	3B2	3B2
萨哈共和国	2C	1B	2C	2B	2C	2C	2C	2C	2B	2B
北奥塞梯共和国	2B	3C	3C2	3C2	3C2	3B2	3B2	3B2	3C2	3C2
鞑靼斯坦共和国	1A	1A	2A	2A	2B	2B	2B	2B	2B	2B
图瓦共和国	3B	2C	3C2	3C2	3C2	3C2	3C2	3C2	3C2	3C2
哈卡斯共和国	3B	2C	3C2	3B2	3B2	3B2	3B2	3B2	3B2	3B2
哈利姆格坦格奇共和国	3C	—	—	—	—	—	—	—	—	—
罗斯托夫州	1B	1B	2B	2B	2B	2B	2B	2B	2B	2B
梁赞州	1C	2B	3B1	3B1	3B1	3B1	3B1	3B1	3B1	3B1
萨马拉州	1A	1A	2B	2B	2B	2B	2B	2B	2B	2B
萨拉托夫州	1B	1A	2B	2B	2B	2B	2B	2B	2B	3B1
萨哈林州	2C	3C	3C2	3B2	3C2	3B2	3B2	3B2	3C2	3C2
斯维尔德洛夫斯克	1A	1A	1B	1B	1B	1B	1B	1B	1B	
斯摩棱斯克州	2C	2C	3B1	3B1	3C1	3B1	3B1	3B1	3B1	3B2
斯塔夫罗波尔边疆区	2A	2A	3B1	3B1	3B1	3B1	3B1	3B1	3B1	
泰梅尔自治区	3C	3C	3B2	3B2	3C2	3D	3D	3D	3C2	3C2

续表

地区	1996年	1997年	1998年	1999年	2000年	2001年	2002年	2003年	2004年	2005年
坦波夫州	3C	2B	3B2	3B1	3B1	3B1	3B2	3B1	3B2	3B2
特维尔州	1A	2A	3B1	3B1	3B1	3B1	3B1	3B1	3B1	3B1
托木斯克州	2A	2A	3B1	3B1	3B1	3B1	3B1	3B1	3B1	3B1
图拉州	1C	1C	3B1	3B1	3C1	3C1	3B1	3B1	3B1	3B1
秋明州	1C	1C	3C1	3B1	3B1	3B1	3C1	3B1	3B1	3B1
乌德穆尔特共和国	2B	2C	3C1	3B1	3B1	3B1	3B1	3B1	3B1	3B1
乌里扬诺夫斯克州	2B	2B	3B1	3B1	3B1	3B1	3B1	3B1	3B1	3B1
乌斯季奥尔登斯基布里亚特自治区	3C	3B	3C2	3B2	3B2	3C2	3C2	3C2	3C2	3D
哈巴罗夫斯克边疆区	1C	1B	3C1	3B1	3B1	3C1	2B	2B	2B	3B1
汉特曼西斯克民族自治区	2C	1C	1B	2B	1B	1B	1B	1C	1B	1B
车里雅宾斯克州	1B	1C	2B	2B	2C	2C	2C	2B	2B	2B
车臣共和国	3C	3C	3D	3D	3D	3D	3D	3D	3D	3D
赤塔州	3C	2C	3C1	3C1	3C1	3B1	3C1	3C1	3C1	3C2
楚瓦什共和国	2B	2B	3B1	3B1	3B1	3B1	3B1	3B1	3B1	3B1
楚科奇自治区	3C	3A	3C2	3C2	3D	3C2	3C2	3C2	3B2	3C2
埃文基自治区	3C	3C	3C2	3C2	3C2	3C2	3C2	3C2	3C2	3C2
亚马尔—涅涅茨民族自治区	3B	2B	2C	2C	2C	2C	2C	2C	2B	2B
雅罗斯拉夫州	1A	2A	3B1	3B1	3B1	3B1	3A	3A	3B1	3B1

地区	2006年	2007年	2008年	2009年	2010年	2011年	2012年	2013年	2014年
阿加布里亚特民族自治区	3B2	3C2	3C2	—	—	—	—	—	—
阿尔泰边疆区	3C1	3B1	3C1	3B1	3B1	3B1	3B1	3B1	3B1
阿穆尔州	3B1	3B1	3B2	3B2	3B2	3B2	3B2	3B2	3B2
阿尔汉格尔斯克州	3B1	3B1	3B1	3B1	3B1	3B1	3B1	3B1	3B1
阿斯特拉罕州	3B2	3C2	3B2	3C2	3B2	3B1	3B1	3B1	3B1
别尔哥罗德州	2B	3A	3B1	2B	2B	2A	2A	2A	2A
布良斯克州	3C1	3B1	3B1	3B1	3B1	3B1	3B1	3B1	3B1
弗拉基米尔州	3C1	3B1	3B1	3B1	3B1	3B1	3B1	3B1	3B1
伏尔加格勒州	2B	2B	3B1	2B	3B1	3B1	3B1	3B1	3B1

续表

地区	2006年	2007年	2008年	2009年	2010年	2011年	2012年	2013年	2014年
沃洛格达州	3B1	3B1	3B1	3B1	3B1	3B1	3B1	3B1	3B1
沃罗涅日州	3B1	3C1	3B1	3B1	3B1	3A1	3A1	3A1	3A1
莫斯科市	1B	1B	1B	1B	1B	1B	1A	1A	1A
圣彼得堡市	1B	1A	1B	1B	1B	1A	1A	1A	1A
外贝加尔边疆区	—	—	—	3C1	3C1	3C1	3C1	3C1	3C1
犹太自治州	3C2	3C2	3C2	3C2	3C2	3B2	3C2	3C2	3C2
伊万诺沃州	3B2	3C2	3C2	3B2	3B2	3B2	3B2	3B1	3B1
伊尔库茨克州	2B	2B	2B	2B	2C	2B	2B	2B	2B
卡巴尔达—巴尔卡尔共和国	3C2	3C2	3C2	3B2	3C2	3C2	3B2	3C2	3C2
加里宁格勒州	3B1	3A	3B1	3B1	3C1	3B1	3B1	3B1	3B1
卡卢加州	3B1	3B1	3B1	3B1	3B1	3B1	3B1	3B1	3B1
堪察加边疆区	3C2	3D	3C2	3C2	3C2	3C2	3C2	3C2	3C2
卡拉恰伊—切尔克斯共和国	3C2	3C2	3C2	3C2	3C2	3C2	3C2	3C2	3C2
克麦罗沃州	2B	2B	2B	2B	2B	2B	2B	2B	2B
基洛夫州	3B2	3B2	3C2	3B1	3C2	3B1	3B1	3B1	3B1
科米彼尔米亚克民族自治区	—	—	—	—	—	—	—	—	—
科里亚克自治区	3D	—	—	—	—	—	—	—	—
科斯特罗马州	3B2	3B2	3C2	3B2	3B2	3C2	3B2	3B2	3B2
克拉斯诺达尔边疆区	1B	2A	1A	1B	2B	1A	1A	1A	1A
克拉斯诺亚尔斯克边疆区	2C	2C	2B	2C	2B	1B	2B	2B	2B
库尔干州	3C2	3C2	3B2	3B2	3B2	3C2	3C2	3B2	3B2
库尔斯克州	3B1	3B1	3B1	3B1	3B1	3B1	3B1	3B1	3A1
列宁格勒州	3B1	3B1	3B1	3B1	3B1	3B1	3A1	3A1	3A1
利佩茨克州	3B1	3A	3A	3A	3A1	3A1	3A1	3A1	3A1
马加丹州	3D	3D	3D	3C2	3C2	3C2	3C2	3C2	3C2
莫斯科州	1B	1B	1B	1B	1B	1A	1A	1A	1A
摩尔曼斯克州	3B1	3C1	3B1	3B1	3C1	3C1	3C1	3B1	3B1
涅涅茨自治区	3B2	3B2	3C2	3C2	3C2	3B2	3B2	3B2	3B2
下诺夫哥罗德州	2B	2B	2B	2B	2B	2B	2B	2B	2B

续表

地区	2006年	2007年	2008年	2009年	2010年	2011年	2012年	2013年	2014年
诺夫哥罗德州	3B2	3B2	3B2	3B2	3B2	3B2	3B2	3B2	3B2
新西伯利亚州	2B	2B	2B	2B	2B	2B	2B	2B	2B
鄂木斯克州	2B	3B1	3B1	3B1	3B1	3B1	3B1	3B1	3B1
奥伦堡州	3B1	3B1	3B1	3B1	3B1	3B1	3B1	3B1	3B1
奥廖尔州	3B2	3B2	3B2	3B2	3B2	3B2	3B2	3B2	3B2
奔萨州	3B1	3B1	3B1	3B1	3B1	3B1	3B1	3B1	3B1
彼尔姆州	2B	2B	2B	2B	2B	2B	2B	2B	2B
滨海边疆区	3B1	3B1	3C1	3B1	2B	3B1	3B1	3B1	3B1
普斯科夫州	3B2	3B2	3B2	3B2	3B2	3B2	3B2	3B2	3B2
阿迪格共和国	3B2	3B2	3C2	3B2	3B2	3B2	3B2	3B2	3B2
阿尔泰共和国	3B2	3B2	3B2	3B2	3B2	3C2	3C2	3C2	3C2
巴什科尔托斯坦共和国	2B	2B	2B	2B	2B	2B	2B	2B	2A
布里亚特共和国	3B2	3B2	3B2	3B2	3B2	3B1	3C1	3B1	3B1
达吉斯坦共和国	3C1	3C1	3C1	3C1	3C1	3C1	3C1	3C1	3C1
印古什共和国	3D	3D	3D	3D	3D	3D	3D	3D	3D
卡尔梅克共和国	3C	3D	3D	3C2	3D	3C2	3C2	3C2	3C2
卡累利阿共和国	3C2	3C2	3B2	3B2	3B2	3C1	3B1	3B1	3C1
科米共和国	3B1	3B1	3B1	3B1	3B1	3B1	3B1	3B1	3B1
马里埃尔共和国	3C2	3B2	3B2	3B2	3B2	3C2	3B2	3B2	3B2
莫尔多瓦共和国	3B2	3B2	3B2	3B2	3B2	3B2	3B2	3B2	3B2
萨哈共和国	2B	2B	2B	3B1	3B1	3B1	3B1	3B1	3B1
北奥塞梯共和国	3B2	3C2	3C2	3C2	3C2	3C2	3C2	3C2	3C2
鞑靼斯坦共和国	2B	2B	2B	2B	2B	1A	1A	1A	2A
图瓦共和国	3C2	3D	3D	3D	3C2	3D	3D	3D	3D
哈卡斯共和国	3C2	3B2	3B2	3B2	3B2	3B2	3B2	3B2	3B2
哈利姆格坦格奇共和国	—	—	—	—	—	—	—	—	—
罗斯托夫州	2B	2B	2A	2B	2A	2A	2B	2A	2B
梁赞州	3B1	3B1	3B1	3B1	3B1	3B1	3B1	3B1	3B1
萨马拉州	2B	2B	2B	2B	2B	2B	2B	2B	2B

续表

地区	2006年	2007年	2008年	2009年	2010年	2011年	2012年	2013年	2014年
萨拉托夫州	3B1	3B1	3B1	3B1	2B	3B1	3B1	3B1	3B1
萨哈林州	3C2	3C2	3C2	3C2	3C1	3B1	3B1	3B1	3B1
斯维尔德洛夫斯克州	1B	1B	1B	1B	1B	1B	1B	1B	1B
斯摩棱斯克州	3B2	3B2	3B2	3B1	3B1	3B1	3B1	3B1	3B1
斯塔夫罗波尔边疆区	3B1	3B1	3B1	3B1	3B1	3B1	3B1	3B1	3B1
泰梅尔自治区	3C2	—	—	—	—	—	—	—	—
坦波夫州	3B2	3B2	3B2	3B2	3B2	3B1	3B1	3A1	3A1
特维尔州	3B1	3B1	3C1	3C1	3B1	3B1	3B1	3B1	3B1
托木斯克州	3B1	3B1	3B1	3B1	3B1	3B1	3B1	3B1	3B1
图拉州	3B1	3B1	3B1	3B1	3B1	3B1	3B1	3B1	3A1
秋明州	3B1	3B1	3B1	3B1	3B1	3B1	3B1	3B1	3B1
乌德穆尔特共和国	3B1	3C1	3B1	3B1	3B1	3B1	3B1	3B1	3B1
乌里扬诺夫斯克州	3B1	3C1	3B1	3B1	3B1	3B1	3B1	3B1	3B1
乌斯季奥尔登斯基布里亚特自治区	3C2	3D	3C2	—	—	—	—	—	—
哈巴罗夫斯克边疆区	3B1	3B1	3B1	3C1	3B1	3B1	3B1	3B1	3B1
汉特曼西斯克民族自治区	1B	1B	2B	2B	2B	2B	2B	2B	2B
车里雅宾斯克州	2B	2B	2B	2B	2B	2B	2B	2B	2B
车臣共和国	3D	3D	3D	3D	3C2	3D	3D	3D	3C2
赤塔州	3C1	3C1	3C1	—	—	—	—	—	—
楚瓦什共和国	3B2	3B2	3B2	3B1	3B1	3B1	3B1	3B1	3B1
楚科奇自治区	3C2	3C2	3C2	3C2	3C2	3C2	3C2	3C2	3C2
埃文基自治区	3D	—	—	—	—	—	—	—	—
亚马尔—涅涅茨民族自治区	2B	2B	2B	3B1	2B	3B1	3B1	3B1	3B1
雅罗斯拉夫州	3B1	3B1	3B1	3B1	3B1	3B1	3B1	3B1	3B1

资料来源：笔者根据俄罗斯评级机构《专家》出版的1996—2014年历年年度报告整理而得，http://www.raexpert.ru。值得注意的是，2014年新并入的两个联邦区及评级等级这里并没有加入，即克里木共和国（Республика Крым）投资吸引力评级为3B1、塞瓦斯托波尔市（г. Севастополь）投资吸引力评级为3B2。需要说明的是，1997年，哈利姆格坦格奇共和国（Республика Хальмг Тангч）更名为卡尔梅克共和国—哈利姆格坦格奇（1996年并无卡尔梅克共和国这一地区或称谓）。因此，1996年的数据是当年哈利姆格坦格奇共和国的数据。

然后，给投资吸引力的评级等级从高到低（从1A—3D）分别赋分值，等级越高，分数越高，然后将1996—2014年历年的得分加总，最后依总分分值从大到小进行排序，对应地区的投资吸引力即是由大到小排行。限于篇幅，这里只给出投资吸引力的部分位次，具体情况见表3-4。

表3-4　　俄罗斯各地区投资吸引力评级量化排名（部分）

位次	地区	位次	地区	位次	地区
1	莫斯科市	31	伊尔库茨克州	75	达吉斯坦共和国
2	圣彼得堡市	32	特维尔州	76	堪察加边疆区
3	鄂木斯克州	33	阿尔汉格尔斯克州	77	楚科奇自治区
4	莫斯科州	34	卡卢加州	78	卡拉恰伊—切尔克斯共和国
5	别尔哥罗德州	35	车里雅宾斯克州	79	赤塔州
6	克拉斯诺达尔边疆区	36	摩尔曼斯克州	80	马加丹州
7	鞑靼斯坦共和国	37	梁赞州	81	图瓦共和国
8	斯维尔德洛夫斯克州	38	楚瓦什共和国	82	乌斯季奥尔登斯基布里亚特自治区
9	利佩茨克州	39	乌里扬诺夫斯克州	83	阿加布里亚特民族自治区
10	罗斯托夫州	40	奥伦堡州	84	印古什共和国
11	巴什科尔托斯坦共和国	41	坦波夫州	85	科米彼尔米亚克民族自治区
12	下诺夫哥罗德州	42	滨海边疆区	86	泰梅尔自治区
13	萨马拉州	43	阿斯特拉罕州	87	车臣共和国
14	沃罗涅日州	44	克拉斯诺亚尔斯克边疆区	88	埃文基自治区
15	新西伯利亚州	45	图拉州	89	科里亚克自治区

注：为了节省表格空间，表中各联邦主体只给出简称，没有给出具体行政区划名称，如鄂木斯克州简称鄂木斯克（莫斯科州除外）。

资料来源：笔者根据Эксперт РА的投资吸引力评级报告整理计算而得。

由表3-4可以看出，莫斯科市等排名前15位的地区是最具吸引力的投资地区，而在达吉斯坦共和国、车臣共和国等15个地区则需要注意合理规避。排在中间的代表则是伊尔库茨克州、图拉州等地区。

同时，我们将历年评级报告中投资吸引力的两大子指标即投资潜力和投资风险的排名分别进行汇总，具体情况见表3-5和表3-6，再将每个地区从1996—2014年的历年排名位次进行加总，取平均数。最后根据平均排名位次的高低，得出投资潜力或投资风险的地区排名。

表3-5　1996—2014年俄罗斯各地区投资潜力评级排行

地区	1996年	1997年	1998年	1999年	2000年	2001年	2002年	2003年	2004年	2005年
阿尔泰边疆区	23	28	24	26	28	27	27	27	26	28
阿穆尔州	65	56	54	47	45	46	50	51	50	54
阿尔汉格尔斯克州	37	38	47	51	43	42	45	46	43	45
阿斯特拉罕州	53	58	61	61	58	55	56	56	56	56
别尔哥罗德州	7	9	20	20	22	21	24	24	25	24
布良斯克州	40	47	39	40	49	48	53	41	47	47
弗拉基米尔州	16	32	32	34	37	36	35	37	36	40
伏尔加格勒州	18	22	22	25	23	23	25	25	22	21
沃洛格达州	60	53	45	41	38	38	43	42	39	38
沃罗涅日州	17	24	27	24	27	26	26	26	28	25
犹太自治州	76	77	79	79	81	80	80	81	78	79
外贝加尔边疆区	77	70	68	68	67	68	68	70	69	70
伊万诺沃州	57	64	58	59	61	62	66	66	66	65
伊尔库茨克州	29	17	16	16	16	16	16	17	17	17
卡巴尔达—巴尔卡尔共和国	68	69	71	68	67	64	67	67	68	68
加里宁格勒州	27	39	41	42	42	35	32	35	37	33
卡卢加州	33	36	40	46	50	45	42	40	40	41
堪察加边疆区	71	75	79	81	81	81	82	81	82	
卡拉恰伊—切尔克斯共和国	78	75	76	76	76	77	76	76	76	
克麦罗沃州	12	5	11	10	13	13	14	13	13	15
基洛夫州	70	63	56	53	54	56	59	58	55	55
科斯特罗马州	66	71	70	69	70	70	69	70	69	69
克拉斯诺达尔边疆区	8	7	13	12	10	10	10	9	10	9
克拉斯诺亚尔斯克边疆区	24	10	5	6	6	7	8	7	11	
库尔干州	72	70	62	63	65	68	68	68	67	67

续表

地区	1996年	1997年	1998年	1999年	2000年	2001年	2002年	2003年	2004年	2005年
库尔斯克州	31	31	33	32	35	33	36	36	35	36
列宁格勒州	25	27	35	22	29	28	22	21	21	19
利佩茨克州	43	45	43	43	41	40	41	38	38	34
马加丹州	58	61	68	66	69	71	70	69	72	73
莫斯科市	3	1	1	1	1	1	1	1	1	1
莫斯科州	2	2	3	3	3	3	3	3	3	3
摩尔曼斯克州	36	23	28	31	26	30	30	32	32	32
涅涅茨自治区	85	85	88	89	85	84	85	85	85	84
下诺夫哥罗德州	19	13	10	9	14	9	8	7	6	6
诺夫哥罗德州	63	68	66	64	62	65	63	64	65	66
新西伯利亚州	13	14	19	19	18	19	19	19	18	18
鄂木斯克州	49	35	26	33	36	39	33	31	31	30
奥伦堡州	35	30	25	29	24	24	29	30	30	29
奥廖尔州	54	55	53	55	60	59	57	59	58	58
奔萨州	48	54	49	50	51	49	48	47	49	51
彼尔姆州	21	11	8	8	9	11	12	11	11	13
滨海边疆区	34	16	23	23	20	22	20	23	24	22
普斯科夫州	64	67	63	67	68	67	64	63	63	59
阿迪格共和国	73	74	74	73	74	72	73	72	75	74
阿尔泰共和国	83	83	82	83	82	82	82	83	83	82
巴什科尔托斯坦共和国	22	20	12	13	11	12	15	15	15	14
布里亚特共和国	51	50	57	58	57	58	58	57	57	60
达吉斯坦共和国	61	59	55	54	47	57	54	52	53	43
印古什共和国	75	79	77	77	78	77	76	77	79	78
卡尔梅克共和国	81	82	81	81	80	81	79	80	82	81
卡累利阿共和国	52	49	64	62	59	60	62	62	60	61
科米共和国	38	42	51	44	33	41	37	43	42	46
马里埃尔共和国	71	72	69	70	71	69	71	71	71	70
莫尔多瓦共和国	55	60	60	60	66	63	60	61	62	62

续表

地区	1996年	1997年	1998年	1999年	2000年	2001年	2002年	2003年	2004年	2005年
萨哈共和国	44	21	18	18	17	17	18	18	19	20
北奥塞梯共和国	42	62	67	65	63	61	61	60	64	64
鞑靼斯坦共和国	14	15	9	14	8	7	9	10	9	8
图瓦共和国	77	76	78	80	79	79	81	82	81	83
哈卡斯共和国	74	73	73	72	72	73	72	73	73	71
罗斯托夫州	5	6	14	11	15	15	13	12	12	10
梁赞州	15	37	44	45	52	51	51	45	48	50
萨马拉州	6	8	7	5	7	8	6	6	8	7
圣彼得堡市	4	3	2	2	2	2	2	2	2	2
萨拉托夫州	10	18	21	21	21	20	21	20	20	23
萨哈林州	56	65	65	71	64	66	65	65	61	63
斯维尔德洛夫斯克州	1	4	4	4	4	5	5	5	4	5
斯摩棱斯克州	41	44	50	52	53	52	52	54	54	52
斯塔夫罗波尔边疆区	46	34	31	28	30	29	31	29	27	26
坦波夫州	62	57	59	57	55	54	55	55	59	57
特维尔州	26	40	38	39	44	43	44	44	44	44
托木斯克州	50	51	46	56	48	47	40	49	45	39
图拉州	11	26	34	30	31	31	28	28	29	31
秋明州	20	19	30	35	32	32	39	34	34	35
乌德穆尔特共和国	32	41	37	36	39	37	38	39	41	42
乌里扬诺夫斯克州	39	46	42	38	40	44	46	48	46	48
哈巴罗夫斯克边疆区	28	25	29	27	25	25	23	22	23	27
汉特曼西斯克民族自治区	45	29	6	7	5	4	4	4	5	4
车里雅宾斯克州	9	12	15	15	12	14	11	14	14	12
车臣共和国	79	80	86	82	89	89	89	79	80	80
楚瓦什共和国	47	48	48	48	56	53	47	50	52	49
楚科奇自治区	80	78	80	74	73	74	74	74	70	72
亚马尔—涅涅茨民族自治区	69	43	17	17	19	18	17	17	16	16
雅罗斯拉夫州	30	33	36	37	34	34	34	33	33	37

续表

地区	2006年	2007年	2008年	2009年	2010年	2011年	2012年	2013年	2014年	
阿尔泰边疆区	26	24	26	27	28	24	26	28	27	26.32
阿穆尔州	49	48	56	58	55	67	65	66	67	55.21
阿尔汉格尔斯克州	42	43	45	45	45	50	47	45	48	44.58
阿斯特拉罕州	58	56	52	59	59	57	58	59	58	57.16
别尔哥罗德州	21	21	22	18	19	17	17	18	17	19.26
布良斯克州	47	49	47	44	43	45	41	43	43	44.9
弗拉基米尔州	43	40	38	38	38	36	36	36	37	35.63
伏尔加格勒州	20	20	20	19	22	19	22	22	23	21.74
沃洛格达州	37	37	41	42	52	53	55	52	56	45.37
沃罗涅日州	29	29	25	26	23	28	23	21	19	24.9
犹太自治州	79	78	80	80	81	81	79	79	79	79.26
外贝加尔边疆区	66	64	68	46	46	47	50	51	53	62.25
伊万诺沃州	61	61	62	66	64	61	60	57	57	61.74
伊尔库茨克州	17	17	16	17	17	18	18	17	18	17.42
卡巴尔达—巴尔卡尔共和国	68	68	68	63	67	60	61	61	61	66
加里宁格勒州	27	32	30	31	31	31	29	33	33	33.68
卡卢加州	48	47	40	39	39	34	32	32	31	39.74
堪察加边疆区	81	74	67	69	69	69	70	71	70	75.63
卡拉恰伊—切尔克斯共和国	75	75	76	76	72	75	74	76	76	75.63
克麦罗沃州	12	12	14	15	15	15	15	15	16	13.05
基洛夫州	55	53	55	54	58	58	57	58	59	57.16
科斯特罗马州	70	70	71	71	71	70	71	72	73	70.11
克拉斯诺达尔边疆区	6	6	5	5	4	5	4	4	4	7.47
克拉斯诺亚尔斯克边疆区	8	7	7	10	8	6	7	7	7	8.26
库尔干州	67	66	69	68	68	68	68	68	69	67.42
库尔斯克州	36	36	37	36	36	38	37	37	36	35.11
列宁格勒州	30	23	27	25	29	26	27	27	26	25.74
利佩茨克州	44	45	43	41	42	43	42	42	40	41.47
马加丹州	72	71	73	75	75	74	73	74	74	70.42

续表

地区	2006年	2007年	2008年	2009年	2010年	2011年	2012年	2013年	2014年	
莫斯科市	1	1	1	1	1	1	1	1	1	1.11
莫斯科州	3	3	3	2	3	2	2	2	2	2.63
摩尔曼斯克州	33	33	33	34	34	39	40	40	42	33.05
涅涅茨自治区	84	83	83	83	83	83	83	83	83	84.37
下诺夫哥罗德州	11	11	9	9	10	13	8	8	9	9.95
诺夫哥罗德州	63	62	63	67	60	65	64	63	64	64.05
新西伯利亚州	19	19	17	16	16	16	16	16	15	17.16
鄂木斯克州	25	31	31	29	33	30	30	31	32	32.37
奥伦堡州	31	28	29	28	27	29	28	30	30	28.68
奥廖尔州	60	63	60	61	63	62	63	64	62	59.26
奔萨州	52	52	48	47	44	52	49	44	41	48.68
彼尔姆州	7	8	13	8	9	11	13	13	13	11.05
滨海边疆区	22	22	21	21	18	22	20	20	20	21.74
普斯科夫州	62	60	64	62	61	64	66	65	63	63.79
阿迪格共和国	76	76	75	74	76	76	76	69	71	73.84
阿尔泰共和国	80	77	79	79	80	80	81	81	81	81.21
巴什科尔托斯坦共和国	15	15	15	14	12	9	10	10	11	13.68
布里亚特共和国	53	54	58	57	56	48	52	49	49	54.68
达吉斯坦共和国	41	38	34	35	35	33	33	26	29	44.16
印古什共和国	82	79	78	78	70	78	77	77	77	77.32
卡尔梅克共和国	83	82	82	82	79	82	82	82	82	81.26
卡累利阿共和国	57	57	59	65	66	59	59	60	60	59.63
科米共和国	39	41	46	50	51	46	44	48	50	43.79
马里埃尔共和国	71	72	72	73	74	71	72	73	72	71.32
莫尔多瓦共和国	65	65	65	64	62	66	67	67	66	62.95
萨哈共和国	18	18	19	22	24	20	19	19	21	20.53
北奥塞梯共和国	66	67	66	60	65	63	62	62	65	62.37
鞑靼斯坦共和国	10	10	8	7	7	7	6	6	6	8.95
图瓦共和国	81	80	81	81	82	79	80	80	80	80

续表

地区	2006年	2007年	2008年	2009年	2010年	2011年	2012年	2013年	2014年	
哈卡斯共和国	73	73	74	77	77	73	75	75	75	73.58
罗斯托夫州	13	14	11	11	11	10	11	11	8	11.21
梁赞州	51	50	50	51	47	49	53	53	51	47
萨马拉州	9	9	10	12	14	8	9	9	10	8.32
圣彼得堡市	2	2	2	3	2	3	3	3	3	2.42
萨拉托夫州	24	26	24	23	21	21	21	25	25	21.32
萨哈林州	64	64	53	55	53	56	51	50	55	60.11
斯维尔德洛夫斯克州	5	4	5	4	4	5	4	5	5	4.26
斯摩棱斯克州	56	55	54	53	50	55	46	56	46	51.32
斯塔夫罗波尔边疆区	23	27	23	24	26	23	24	24	22	27.74
坦波夫州	59	59	61	56	57	54	56	54	52	56.74
特维尔州	40	42	44	43	41	42	43	46	45	41.68
托木斯克州	38	39	39	48	48	41	45	47	47	45.42
图拉州	32	33	32	33	32	35	35	35	35	30.58
秋明州	34	30	35	32	25	25	31	29	28	30.47
乌德穆尔特共和国	46	46	42	40	40	40	39	39	39	39.63
乌里扬诺夫斯克州	50	51	49	49	49	51	48	41	44	45.74
哈巴罗夫斯克边疆区	28	25	28	30	30	32	34	34	34	27.84
汉特曼西斯克民族自治区	4	5	6	6	6	14	14	14	14	10.32
车里雅宾斯克州	14	13	12	13	13	12	12	12	12	12.68
车臣共和国	78	81	77	70	78	72	69	70	68	78.74
楚瓦什共和国	54	58	57	52	54	44	54	55	54	51.58
楚科奇自治区	69	69	70	72	73	77	78	78	78	74.37
亚马尔—涅涅茨民族自治区	16	16	18	20	20	27	25	23	24	23.05
雅罗斯拉夫州	35	35	36	37	37	37	38	38	38	35.37

注：位次由小到大表示投资潜力越来越小。

资料来源：笔者根据俄罗斯评级机构 Эксперт РА 出版的 1996—2014 年历年年度报告整理计算而得，http://www.raexpert.ru。

需要说明的是，乌斯季奥尔登斯基布里亚特自治区与伊尔库茨克州在 1996—2008 年，其投资潜力排名相差非常悬殊，前者平均位次为 84.6，后者平均位次为 17.4。且合并后，伊尔库茨克州的位次并无明显变化，因此，这里仅仅是删除乌斯季奥尔登斯基布里亚特自治区的数据，并没有进行算术平均。类似的情况还有埃文基自治区与泰梅尔自治区，这两个地区并入克拉斯诺亚斯克边疆区以后，后者的位次并无明显变化，且前两者与后者距离较大。1996—2006 年埃文基自治区、泰梅尔自治区、克拉斯诺亚斯克边疆区的平均位次依次为 85.9、78、8.9。因此，也未做平均处理，只是删除前两个地区。类似地，彼尔姆州（Пермская область）和科米彼尔米亚克自治区在 1996—2005 年的平均位次分别为 11.5、86.4；排名相差悬殊，且新的彼尔姆边疆区与之前的彼尔姆州位次保持平稳。因此，这里也只是删除了科米彼尔米亚克自治区未做平均处理。科里亚克自治区与堪察加边疆区位次相差并不是很大，做平均处理后信息失真程度可以接受。类似地，在计算由赤塔州和阿加布里亚特自治区合并而成的外贝加尔边疆区（Забайкальский край）投资潜力评级位次时，我们将 1996—2014 年的赤塔州和阿加布里亚特的同年评级排行位次进行合并，取平均而得。

表 3 – 6　　1996—2014 年俄罗斯各地区投资风险评级排行

地区	1996年	1997年	1998年	1999年	2000年	2001年	2002年	2003年	2004年	2005年
阿尔泰边疆区	49	54	48	61	45	55	49	56	74	72
阿穆尔州	82	61	47	52	51	52	65	66	53	68
阿尔汉格尔斯克州	38	49	44	71	62	43	44	46	27	25
阿斯特拉罕州	3	10	19	42	17	13	43	17	54	59
别尔哥罗德州	8	2	3	4	4	3	5	3	4	4
布良斯克州	59	76	68	84	84	75	73	71	66	70
弗拉基米尔州	6	17	11	12	28	36	12	15	58	62
伏尔加格勒州	34	34	21	23	29	34	30	29	37	35
沃洛格达州	22	47	12	27	35	6	11	9	7	10

续表

地区	1996年	1997年	1998年	1999年	2000年	2001年	2002年	2003年	2004年	2005年
沃罗涅日州	15	20	35	20	27	33	36	33	25	42
犹太自治州	47	43	41	39	54	64	76	73	76	73
外贝加尔边疆区	86	84	84	79	75	73	74	75	65	65
伊万诺沃州	14	45	40	32	42	50	33	40	73	55
伊尔库茨克州	74	64	66	62	58	69	65	61	74	69
卡巴尔达—巴尔卡尔共和国	9	6	42	49	38	35	46	57	70	85
加里宁格勒州	7	7	15	5	3	4	21	13	22	14
卡卢加州	52	35	23	22	26	26	20	19	18	23
堪察加边疆区	59	64	77	80	81	79	85	85	85	84
卡拉恰伊—切尔克斯共和国	48	80	81	83	81	84	84	85	84	81
克麦罗沃州	86	81	57	72	53	59	58	62	35	33
基洛夫州	26	36	61	41	39	28	26	24	33	44
科斯特罗马州	41	27	54	55	46	20	32	23	36	34
克拉斯诺达尔边疆区	17	9	25	18	6	7	14	10	19	16
克拉斯诺亚尔斯克边疆区	68	75	68	69	79	79	78	76	71	68
库尔干州	76	64	65	65	63	47	64	63	68	69
库尔斯克州	27	16	24	47	48	51	45	43	50	43
列宁格勒州	31	50	27	17	30	22	10	26	17	21
利佩茨克州	21	19	9	19	15	14	22	20	13	2
马加丹州	81	86	86	77	78	74	69	68	81	82
莫斯科市	4	1	2	1	1	2	2	6	15	9
莫斯科州	5	28	14	6	10	15	3	8	8	19
摩尔曼斯克州	20	24	30	30	16	39	37	37	34	41
涅涅茨自治区	29	32	17	26	9	45	7	39	26	46
下诺夫哥罗德州	2	5	13	8	13	18	15	7	9	8
诺夫哥罗德州	10	11	5	7	2	1	1	4	1	3
新西伯利亚州	13	18	63	62	58	46	54	38	64	37
鄂木斯克州	37	38	49	33	64	53	51	44	51	47
奥伦堡州	68	33	28	38	75	49	47	51	38	29

续表

地区	1996年	1997年	1998年	1999年	2000年	2001年	2002年	2003年	2004年	2005年
奥廖尔州	54	12	34	28	12	10	6	12	5	15
奔萨州	42	30	58	43	41	48	42	41	28	26
彼尔姆州	54	53	45	29	51	57	55	55	43	49
滨海边疆区	78	46	36	45	44	66	70	58	65	58
普斯科夫州	44	37	39	37	33	29	19	18	46	32
阿迪格共和国	46	51	55	56	40	24	39	48	32	38
阿尔泰共和国	58	75	79	54	52	40	35	34	60	45
巴什科尔托斯坦	19	8	38	24	8	21	17	11	10	13
布里亚特共和国	87	73	53	69	57	63	63	54	42	63
达吉斯坦共和国	70	85	88	87	83	83	80	81	85	84
印古什共和国	45	41	87	88	88	88	87	87	87	87
卡尔梅克共和国	71	59	80	51	56	56	57	74	78	78
卡累利阿共和国	40	31	26	31	31	27	31	35	47	54
科米共和国	65	77	50	67	68	67	67	72	75	66
马里埃尔共和国	18	22	37	44	47	57	60	60	69	65
莫尔多瓦共和国	66	55	22	14	19	37	27	45	11	11
萨哈共和国	60	53	72	57	66	71	74	69	49	52
北奥塞梯共和国	56	82	74	79	71	30	48	53	79	77
鞑靼斯坦共和国	1	4	4	3	5	9	9	5	6	5
图瓦共和国	50	69	78	76	79	80	82	84	83	83
哈卡斯共和国	57	72	73	74	59	68	59	55	31	24
罗斯托夫州	43	42	16	21	25	16	18	14	12	6
梁赞州	62	58	43	34	43	54	29	31	30	28
萨马拉州	23	29	10	15	23	38	28	16	21	20
圣彼得堡市	12	3	1	2	11	5	8	2	3	1
萨拉托夫州	51	15	6	13	7	12	23	28	23	27
萨哈林州	74	78	67	70	69	58	55	64	71	76
斯维尔德洛夫斯克州	28	26	45	35	49	61	52	47	52	36
斯摩棱斯克州	61	68	52	58	70	19	25	36	29	50

续表

地区	1996年	1997年	1998年	1999年	2000年	2001年	2002年	2003年	2004年	2005年
斯塔夫罗波尔边疆区	24	14	29	48	21	17	24	27	41	30
坦波夫州	67	52	32	40	36	41	50	50	48	57
特维尔州	25	21	8	9	22	11	13	42	24	31
托木斯克州	11	13	18	29	37	32	34	22	16	18
图拉州	64	71	56	53	65	70	61	59	61	48
秋明州	73	79	66	60	32	25	66	30	55	12
乌德穆尔特共和国	33	66	77	36	24	44	41	25	44	49
乌里扬诺夫斯克州	35	44	20	25	20	31	40	49	56	60
哈巴罗夫斯克边疆区	84	56	64	66	61	73	56	52	45	61
汉特曼西斯克民族自治区	63	65	46	63	50	60	62	65	40	40
车里雅宾斯克州	53	62	60	68	73	77	75	75	59	56
车臣共和国	88	89	89	89	89	89	89	89	89	89
楚瓦什共和国	36	48	33	16	23	16	21	20	17	
楚科奇自治区	79	25	76	85	87	86	85	78	43	71
亚马尔—涅涅茨民族自治区	39	60	75	81	86	85	83	83	39	39
雅罗斯拉夫州	16	23	7	10	14	8	4	1	2	7

地区	2006年	2007年	2008年	2009年	2010年	2011年	2012年	2013年	2014年	
阿尔泰边疆区	71	60	62	37	64	28	31	44	37	52.47
阿穆尔州	64	57	61	40	47	53	44	48	51	55.89
阿尔汉格尔斯克州	45	36	52	62	44	61	56	62	62	48.89
阿斯特拉罕州	59	69	60	70	53	34	40	43	29	38.63
别尔哥罗德州	2	5	7	14	11	2	1	2	8	4.84
布良斯克州	67	55	33	41	20	47	34	36	53	58.53
弗拉基米尔州	72	43	25	25	25	15	18	17	17	27.05
伏尔加格勒州	24	23	22	13	10	43	39	50	58	30.95
沃洛格达州	17	14	8	20	19	41	59	32	55	23.74
沃罗涅日州	40	68	18	7	3	23	9	6	3	24.37
犹太自治州	70	76	75	71	71	56	69	71	70	63.95

续表

地区	2006年	2007年	2008年	2009年	2010年	2011年	2012年	2013年	2014年
外贝加尔边疆区	63	65	76	74	72	73	73	72	72	73.53
伊万诺沃州	55	62	67	66	60	63	57	47	57	50.42
伊尔库茨克州	72	63	67	65	69	58	47	29	46	61.89
卡巴尔达—巴尔卡尔共和国	81	75	79	64	65	66	67	74	76	57.05
加里宁格勒州	13	3	5	33	76	42	33	28	22	19.26
卡卢加州	23	24	11	17	9	8	11	15	14	20.84
堪察加边疆区	83	83	80	78	74	76	79	75	78	78.16
卡拉恰伊—切尔克斯共和国	80	78	73	73	81	74	72	73	69	77.05
克麦罗沃州	25	28	53	44	54	37	50	56	60	52.79
基洛夫州	52	49	71	53	68	55	58	64	61	46.79
科斯特罗马州	35	37	65	59	59	71	66	63	59	46.42
克拉斯诺达尔边疆区	10	4	2	2	6	1	2	5	1	9.16
克拉斯诺亚尔斯克边疆区	75	64	46	68	45	36	46	46	39	62.95
库尔干州	74	73	54	52	46	68	70	66	65	63.79
库尔斯克州	42	40	23	23	16	26	41	13	9	33
列宁格勒州	26	16	37	57	56	7	8	1	5	24.42
利佩茨克州	5	2	1	1	1	3	3	3	2	9.21
马加丹州	83	80	83	79	75	77	74	70	73	77.68
莫斯科市	11	9	36	6	13	11	10	10	10	8.37
莫斯科州	4	11	14	31	26	4	5	9	6	11.89
摩尔曼斯克州	37	65	42	43	39	67	71	68	68	42.53
涅涅茨自治区	63	34	68	75	77	39	55	38	50	40.79
下诺夫哥罗德州	15	8	9	24	30	59	32	35	18	17.26
诺夫哥罗德州	8	6	47	19	31	32	43	37	41	16.26
新西伯利亚州	41	30	31	42	61	40	36	25	19	40.95
鄂木斯克州	28	46	19	10	27	21	17	30	25	36.32
奥伦堡州	27	20	13	28	33	18	23	33	34	36.05
奥廖尔州	14	25	26	45	42	62	49	59	52	29.58
奔萨州	30	45	38	5	7	46	42	27	28	35.11

续表

地区	2006年	2007年	2008年	2009年	2010年	2011年	2012年	2013年	2014年
彼尔姆州	19	22	49	55	52	49	52	57	48	47.05
滨海边疆区	54	52	64	56	62	50	30	34	35	52.79
普斯科夫州	43	19	35	38	32	45	60	65	64	38.68
阿迪格共和国	46	56	63	36	23	33	38	26	38	41.47
阿尔泰共和国	50	41	40	48	63	70	75	77	75	56.37
巴什科尔托斯坦	3	13	15	9	24	12	14	19	13	15.32
布里亚特共和国	49	48	50	58	55	57	68	67	66	60.11
达吉斯坦共和国	79	72	70	76	73	79	78	79	81	79.63
印古什共和国	86	84	84	82	83	81	81	81	82	80.47
卡尔梅克共和国	76	79	82	77	82	80	80	76	79	72.16
卡累利阿共和国	66	61	48	60	57	72	65	69	71	48.53
科米共和国	39	50	27	35	28	48	51	45	49	55.05
马里埃尔共和国	68	58	59	63	50	69	62	61	43	53.26
莫尔多瓦共和国	7	21	30	22	21	60	63	52	47	33.16
萨哈共和国	44	54	57	54	48	54	48	51	56	57.32
北奥塞梯共和国	61	74	72	69	66	75	77	80	74	68.26
鞑靼斯坦共和国	9	7	4	12	15	9	7	7	11	6.95
图瓦共和国	84	82	81	81	78	82	82	83	83	78.95
哈卡斯共和国	29	17	43	51	58	51	64	55	67	53
罗斯托夫州	6	15	3	3	2	6	12	8	15	14.89
梁赞州	32	31	6	30	12	38	20	24	23	33.05
萨马拉州	22	29	41	32	34	17	21	16	16	23.74
圣彼得堡市	1	1	20	4	4	5	4	4	4	5
萨拉托夫州	20	26	34	15	17	19	29	53	44	24.32
萨哈林州	69	70	69	72	70	13	22	23	31	59
斯维尔德洛夫斯克州	48	59	28	39	51	27	15	18	21	38.79
斯摩棱斯克州	34	33	32	29	29	52	45	54	42	43.05
斯塔夫罗波尔边疆区	21	18	12	16	8	14	25	21	32	23.26
坦波夫州	33	32	17	8	5	10	6	11	7	31.68

续表

地区	2006年	2007年	2008年	2009年	2010年	2011年	2012年	2013年	2014年	
特维尔州	36	39	66	67	35	35	61	60	54	34.68
托木斯克州	16	27	44	47	41	20	26	42	24	27.21
图拉州	57	51	16	26	22	22	13	12	12	44.16
秋明州	31	47	56	50	37	16	27	14	20	41.89
乌德穆尔特共和国	51	71	58	34	38	64	53	58	63	48.89
乌里扬诺夫斯克州	60	67	39	11	14	25	19	31	33	35.74
哈巴罗夫斯克	47	35	51	61	67	44	35	41	30	54.16
汉特曼西斯克民族自治区	58	42	29	27	36	24	24	20	27	44.26
车里雅宾斯克州	56	53	24	46	49	31	28	39	40	53.89
车臣共和国	87	85	85	83	79	83	83	82	80	86.11
楚瓦什共和国	18	12	10	18	40	65	54	49	36	28.95
楚科奇自治区	78	77	76	80	80	78	76	78	77	74.47
亚马尔—涅涅茨民族自治区	38	38	45	49	43	30	37	40	45	54.47
雅罗斯拉夫州	12	10	21	21	18	29	16	22	26	14.05

注：位次由小到大表示风险越来越高。

资料来源：笔者根据俄罗斯评级机构《专家》出版的1996—2014年历年年度报告整理计算而得，http：//www.raexpert.ru。需要说明的是，投资风险排行也涉及地区合并的问题，为了尽可能地将风险呈现出来，这里，将合并地区的风险排名位次均取简单算术平均数，与投资潜力排行的处理方式稍有不同。

为了更直观地进行对比，这里只给出部分排名位次情况的对比表格。投资潜力位次见表3-7，投资风险位次见表3-8。

投资潜力排名为投资者提供了更为丰富的区位选择机会，结合投资风险单项指标的排名（见附表2），某种程度上能达到在规避重大风险的同时又不会遗漏重大潜在机遇的效果。同理，考察表3-8反映出的投资风险位次排名，结合投资潜力单项指标排名，也能在某种程度上达到上述效果。

表 3-7　　俄罗斯各地区投资潜力排名位次（部分）

位次	地区	位次	地区	位次	地区
1	莫斯科市	34	加里宁格勒州	69	科斯特罗马州
2	圣彼得堡市	35	库尔斯克州	70	马加丹州
3	莫斯科州	36	雅罗斯拉夫州	71	马里埃尔共和国
4	斯维尔德洛夫斯克州	37	弗拉基米尔州	72	哈卡斯共和国
5	克拉斯诺达尔边疆区	38	乌德穆尔特共和国	73	阿迪格共和国
6	克拉斯诺亚尔斯克边疆区	39	卡卢加州	74	楚科奇自治区
7	萨马拉州	40	利佩茨克州	75	堪察加边疆区
8	鞑靼斯坦共和国	41	特维尔州	76	卡拉恰伊—切尔克斯共和国
9	下诺夫哥罗德州	42	科米共和国	77	印古什共和国
10	汉特曼西斯克民族自治区	43	达吉斯坦共和国	78	车臣共和国
11	彼尔姆州	44	阿尔汉格尔斯克州	79	犹太自治州
12	罗斯托夫州	45	布良斯克州	80	图瓦共和国
13	车里雅宾斯克州	46	沃洛格达州	81	阿尔泰共和国
14	克麦罗沃州	47	托木斯克州	82	卡尔梅克共和国
15	巴什科尔托斯坦共和国	48	乌里扬诺夫斯克州	83	涅涅茨自治区

注：表中位次越小表示投资潜力越大。另外，为了节省表格空间，表中的各联邦主体只给出简称，没有给出具体行政区划名称，如鄂木斯克州简称鄂木斯克（莫斯科州和犹太自治州除外）。

资料来源：笔者根据《专家》出版的投资吸引力评级报告中的投资潜力位次表格整理而得。

二　各地区营商环境的动态变化与区位选择

以上是通过对 1996—2014 年历年排名位次数据取平均数获得的总体信息。通过观察投资潜力和投资风险的历年排名行次变动，还可以得出俄罗斯地区营商环境变化的以下三个特点：

第一，莫斯科市、莫斯科州、斯维尔德洛夫斯克州、圣彼得堡市、克拉斯诺达尔边疆区、罗斯托夫州、鞑靼斯坦共和国 7 个地区在

表 3-8　　　　俄罗斯各地区投资风险排名位次（部分）

位次	地区	位次	地区	位次	地区
1	车臣共和国	34	乌德穆尔特共和国	69	斯塔夫罗波尔边疆区
2	印古什共和国	35	卡累利阿共和国	70	卡卢加州
3	达吉斯坦共和国	36	彼尔姆州	71	加里宁格勒州
4	图瓦共和国	37	基洛夫州	72	下诺夫哥罗德州
5	堪察加边疆区	38	科斯特罗马州	73	诺夫哥罗德州
6	马加丹州	39	汉特曼西斯克民族自治区	74	巴什科尔托斯坦共和国
7	卡拉恰伊—切尔克斯共和国	40	图拉州	75	罗斯托夫州
8	楚科奇自治区	41	斯摩棱斯克州	76	雅罗斯拉夫州
9	外贝加尔边疆区	42	摩尔曼斯克州	77	莫斯科州
10	卡尔梅克共和国	43	秋明州	78	利佩茨克州
11	北奥塞梯共和国	44	阿迪格共和国	79	克拉斯诺达尔边疆区
12	犹太自治州	45	新西伯利亚州	80	莫斯科市
13	库尔干州	46	涅涅茨自治区	81	鞑靼斯坦共和国
14	克拉斯诺亚尔斯克边疆区	47	斯维尔德洛夫斯州	82	圣彼得堡市
15	伊尔库茨克州	48	普斯科夫州	83	别尔哥罗德州

注：位次越小即越靠前表示风险越高。

资料来源：笔者根据《专家》出版的投资吸引力评级报告中的投资风险位次表格整理而得。

1996—2014 年的 19 年时间里，连续 19 次投资潜力排名进入前 15 位。类似地，克拉斯诺亚尔斯克边疆区、克麦罗沃州、下诺夫哥罗德州、彼尔姆州 4 个地区在 1997—2014 年 18 年时间里，连续 18 次进入投资潜力排名前 15 位；上述 11 个地区表现出较为稳定的投资潜力，这在各类危机背景下选择到俄罗斯投资的区位，具有非常重要的决策参考价值。

第二，马加丹州、达吉斯坦共和国、车臣共和国 3 个地区在 1996—2014 年的 19 年时间里，连续 19 次被列为投资风险最高的前 15 名。这在较大程度上表明，这 3 个地区的投资风险很难在短期内减小。

第三，利佩茨克州投资风险持续降低的趋势极为明显，位次由1996年的第21位上升至第2位；下诺夫哥罗德州投资风险存在持续恶化的趋势，由第2位下降至第18位。鞑靼斯坦共和国、圣彼得堡两地区的风险较小，前者连续19年、后者则除2008年排在倒数第20位外，有18年排名位次均在后15名之内。雅罗斯拉夫州，风险先减少后增加的趋势较为明显，不过，这种波动发生在风险较低的水平上。

第三节 两类直接法比较：专家评级机构与战略倡议研究所的对比

当前，对俄罗斯各地区投资吸引力进行评价的机构不止《专家》评级机构一家，还包括由商业俄罗斯（Деловая Россия）、俄罗斯工业企业家联盟（РСПП）、俄罗斯中小企业联合会（Опора России）、俄罗斯联邦工商会（ТПП РФ）、战略倡议研究所（Агентство стратегических инициатив）5家单位发起的"俄罗斯联邦主体投资环境状况国家评级"（Национальный Рейтинг состояния инвестиционного климата в субъектах Российской Федерации）。该评级的目标是：评价地区的各级政府机关在创建有利于企业经营环境和条件方面的努力程度。该评级的任务主要体现在三个方面：①发现地区层面同投资者合作方面的最佳实践；②创建促进地区政府机关相关工作的体系；③按照制定的标准和路线图对地区在改善投资方面的努力进行评价。数据来源于俄罗斯联邦和地方政府提供的资料以及对专家和企业家的访谈。按照该排行榜：地区投资吸引力的大小主要考虑两大方面：一是地区投资环境。在该地区从事经营互动是否足够轻松，具体包括规制环境、服务于企业经营的制度、基础设施和资源以及对小企业的扶持四个方面（见图3-1），这四个方面包含19个小的方面，具体到操作性指标共计54个。二是地区经济潜力，即该地区是不是企业下一步商业计划的目标地区。比如，需求增长的潜力和市场规模、行业竞争水平、生产要素的可获得性、该地区是否存在大型联邦政府推动的项目等。并且认为,地方政府是改善营商环境的重要环节。[①]

```
                    ┌─────────────────────────┐
                    │ 地方政府改善营商环境的努力方向 │
                    └─────────────────────────┘
          ┌──────────────┬──────────────┬──────────────┐
    ┌─────────┐  ┌──────────────┐ ┌──────────────┐ ┌──────────────┐
    │ 规制环境 │  │服务于企业经营的制度│ │ 基础设施和资源 │ │ 对小企业的扶持 │
    └─────────┘  └──────────────┘ └──────────────┘ └──────────────┘
```

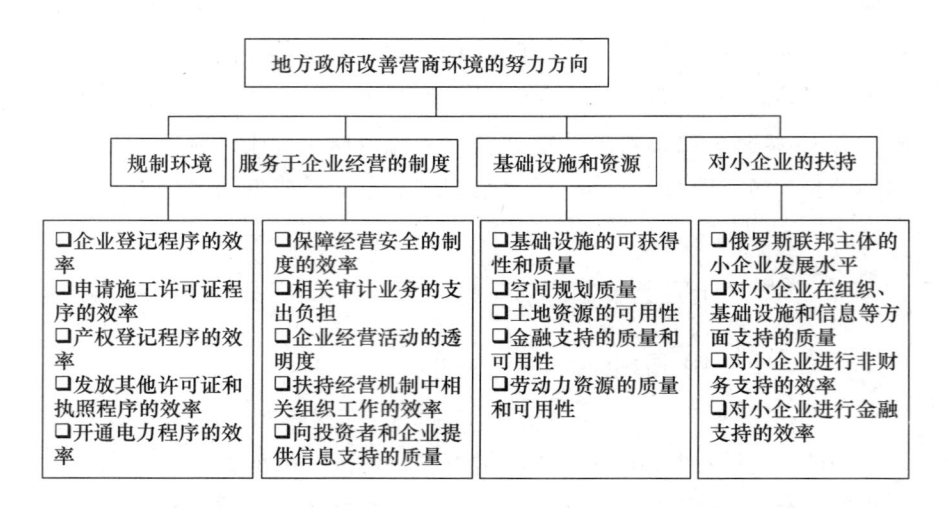

规制环境	服务于企业经营的制度	基础设施和资源	对小企业的扶持
□企业登记程序的效率 □申请施工许可证程序的效率 □产权登记程序的效率 □发放其他许可证和执照程序的效率 □开通电力程序的效率	□保障经营安全的制度的效率 □相关审计业务的支出负担 □企业经营活动的透明度 □扶持经营机制中相关组织工作的效率 □向投资者和企业提供信息支持的质量	□基础设施的可获得性和质量 □空间规划质量 □土地资源的可用性 □金融支持的质量和可用性 □劳动力资源的质量和可用性	□俄罗斯联邦主体的小企业发展水平 □对小企业在组织、基础设施和信息等方面支持的质量 □对小企业进行非财务支持的效率 □对小企业进行金融支持的效率

图 3-1 地方政府改善营商环境的努力方向

资料来源:"俄罗斯联邦主体投资环境状况国家评级"（Национальный Рейтинг состояния инвестиционного климата в субъектах Российской Федерации）, http://www.investinregions.ru/rating。

《专家》评级机构和战略倡议研究所等机构给出的排名的评价方法有较大差异,所以,给出的评级结果也大不相同。另外,相对于《专家》评级机构,"俄罗斯联邦主体投资环境状况国家评级"这项工作起步较晚,2014年才开始。当年仅对21个联邦主体进行排名,2015年扩展至76个地区,这里,我们以2015年为例,展示后者与前者相比的特点和具体差异。

2015年的地区评级具体所包含的地区:《专家》评级机构包括82个地区,"俄罗斯联邦主体投资环境状况国家评级"包括76个地区。前者包括犹太自治区、卡巴尔达—巴尔卡尔共和国、涅涅茨自治区、卡尔梅克共和国、克里米亚共和国、塞瓦斯托波尔市、楚科奇自治区7个地区,后者都没有包括在内;而后者包含图瓦共和国,前者没有

---

① http://www.investinregions.ru/rating/.

包含在内。这样，取两个排行榜均统计在内的联邦主体共计 75 个。两家评级机构对这 75 个地区的排名情况如表 3-9 所示。

表 3-9　俄罗斯地区投资环境不同机构的年度排名比较（2015 年）

名次	《专家》排名	战略倡议研究所排名	等次	规制环境	服务于企业经营的制度	基础设施和资源	对小企业的扶持
1	别尔哥罗德州	鞑靼斯坦共和国	Ⅰ	A	A	A	B
2	布良斯克州	卡卢加州	Ⅰ	A	A	C	A
3	弗拉基米尔州	别尔哥罗德州	Ⅰ	C	A	A	B
4	沃罗涅日州	坦波夫州	Ⅰ	B	A	B	C
5	伊万诺沃州	乌里扬诺夫斯克州	Ⅰ	B	A	C	C
6	卡卢加州	科斯特罗马州	Ⅱ	B	A	C	B
7	科斯特罗马州	克拉斯诺达尔州	Ⅱ	A	C	B	B
8	库尔斯克州	罗斯托夫州	Ⅱ	B	B	B	B
9	利佩茨克州	楚瓦什共和国	Ⅱ	A	C	B	B
10	莫斯科州	图拉州	Ⅱ	B	B	C	C
11	奥廖尔州	奔萨州	Ⅱ	D	A	C	A
12	梁赞州	汉特—曼西自治区	Ⅱ	C	B	B	A
13	斯摩棱斯克州	莫斯科市	Ⅱ	B	B	C	C
14	坦波夫州	沃罗涅日州	Ⅱ	B	B	B	C
15	特维尔州	秋明州	Ⅱ	D	A	C	B
16	图拉州	亚马尔—涅涅茨自治区	Ⅱ	B	B	C	B
17	雅罗斯拉夫州	车臣共和国	Ⅱ	D	A	B	C
18	莫斯科市	弗拉基米尔州	Ⅱ	B	B	C	C
19	卡累利阿共和国	库尔斯克州	Ⅱ	D	B	B	B
20	科米共和国	列宁格勒州	Ⅱ	B	B	C	B
21	阿尔汉格尔斯克州	克麦罗沃州	Ⅱ	C	A	C	C
22	沃洛格达州	莫斯科州	Ⅱ	B	B	D	B
23	加里宁格勒州	托木斯克州	Ⅱ	B	B	D	B
24	列宁格勒州	莫尔多瓦共和国	Ⅱ	B	A	C	D
25	摩尔曼斯克州	基洛夫州	Ⅱ	B	C	C	B
26	诺夫哥罗德州	圣彼得堡市	Ⅱ	D	B	B	B

续表

名次	《专家》排名	战略倡议研究所排名	等次	规制环境	服务于企业经营的制度	基础设施和资源	对小企业的扶持
27	普斯科夫州	奥廖尔州	II	B	B	B	E
28	圣彼得堡	车里雅宾斯克州	II	B	C	B	D
29	阿迪格共和国	马里埃尔共和国	II	C	A	C	D
30	克拉斯诺达尔边疆区	雅罗斯拉夫尔州	III	C	B	D	B
31	阿斯特拉罕州	沃洛格达州	III	B	C	D	B
32	伏尔加格勒州	堪察加边疆区	III	B	D	D	A
33	罗斯托夫州	摩尔曼斯克州	III	B	B	C	D
34	卡拉恰伊—切尔克斯共和国	利佩茨克州	III	D	B	D	B
35	北奥塞梯共和国	布良斯克州	III	B	B	B	D
36	车臣共和国	伊万诺沃州	III	C	B	C	C
37	斯塔夫罗波尔边疆区	阿斯特拉罕州	III	B	C	C	C
38	巴什科尔托斯坦共和国	阿勒泰州	III	C	B	D	C
39	马里埃尔共和国	卡拉恰伊—切尔克斯共和国	III	B	D	B	D
40	莫尔多瓦共和国	巴什科尔托斯坦共和国	III	B	D	B	D
41	鞑靼斯坦共和国	萨哈共和国	III	D	C	D	A
42	乌德穆尔特共和国	科米共和国	III	C	C	C	D
43	楚瓦什共和国	乌德穆尔特共和国	III	C	B	D	B
44	彼尔姆边疆区	卡累利阿共和国	III	B	C	D	C
45	基洛夫州	萨马拉州	III	E	B	C	B
46	下诺夫哥罗德州	下诺夫哥罗德州	III	C	B	B	B
47	奥伦堡州	斯维德洛夫斯克州	III	C	D	D	A
48	奔萨州	滨海边疆区	III	C	C	C	D
49	萨马拉州	哈卡斯共和国	III	D	C	C	C
50	萨拉托夫州	萨拉托夫州	III	B	C	E	C
51	乌里扬诺夫斯克州	布里亚特共和国	IV	B	D	D	C
52	库尔干州	斯塔夫罗波尔州	IV	C	D	C	C

续表

名次	《专家》排名	战略倡议研究所排名	等次	规制环境	服务于企业经营的制度	基础设施和资源	对小企业的扶持
53	斯维尔德洛夫斯克州	奥伦堡州	IV	C	D	B	D
54	秋明州	萨哈林州	IV	B	B	E	C
55	汉特曼西斯克民族自治区	阿尔汉格尔斯克州	IV	D	C	D	C
56	亚马尔—涅涅茨民族自治区	彼尔姆边疆区	IV	D	C	C	C
57	车里雅宾斯克州	新西伯利亚州	IV	D	D	C	C
58	阿尔泰共和国	阿迪格共和国	IV	D	D	B	B
59	布里亚特共和国	普斯科夫州	IV	E	C	B	D
60	哈卡斯共和国	斯摩棱斯克州	IV	C	D	D	D
61	阿尔泰边疆区	克拉斯诺亚尔斯克边疆区	IV	D	D	C	D
62	外贝加尔边疆区	鄂木斯克州	IV	D	D	E	C
63	克拉斯诺亚尔斯克边疆区	伏尔加格勒州	IV	B	E	C	E
64	伊尔库茨克州	哈巴罗夫斯克边疆区	IV	D	C	D	E
65	克麦罗沃州	诺夫戈罗德州	IV	D	D	D	D
66	新西伯利亚州	马加丹州	IV	E	B	D	B
67	鄂木斯克州	库尔干州	IV	C	D	C	E
68	托木斯克州	加里宁格勒州	IV	D	E	C	C
69	萨哈共和国（雅库特）	特维尔州	IV	D	C	D	D
70	堪察加边疆区	梁赞州	V	D	D	D	D
71	滨海边疆区	北奥塞梯—阿拉尼亚共和国	V	B	E	E	D
72	哈巴罗夫斯克边疆区	阿尔泰共和国	V	E	C	E	C
73	阿穆尔州	阿穆尔州	V	E	E	C	D
74	马加丹州	外贝加尔边疆区	V	E	E	E	D
75	萨哈林州	伊尔库茨克州	V	C	E	E	E

资料来源：《专家》排名数据来自该机构的官方网站，http://www.raexpert.ru/ratings；战略倡议研究所数据来自其官方网站：http://www.investinregions.ru/rating。

由表3-9可知，两种排名方法的前15名只有5个地区重合，即别尔哥罗德州、卡卢加州、科斯特罗马州、坦波夫州、沃罗涅日州。这种情况固然有年度数据的偶然因素，但更多地反映了两种评价方法的侧重点不同。这里，我们选择《专家》评级机构的排名，原因有两个：一是《专家》评级机构对俄罗斯各地区投资吸引力的排名历史较长，其从1996年开始至今已经20余年的时间，而且自本书关注的角度，其前后具有一致性；而战略倡议研究所的排名仅有2014年和2015年的数据，且2014年仅涉及20多个地区。二是根据后文对《专家》评级机构的历年排名的统计和根据俄罗斯企业问题系统研究所给出的各地区中小企业数据得出的各地区中小企业发展水平排名之间具有高度的一致性。

当然，战略倡议研究所在给出了最终排名之外，还包括等次划分①、具体子指标的等次划分等信息，感兴趣的读者可以根据文中提供的数据与《专家》评级机构给出的数据自行进行比较。限于篇幅，这里不再展开。

综上可知，我们选择的直接法测量俄罗斯各地区投资环境优劣以《专家》评级机构给出的数据为主要参考。

第四节 基于直接法和间接法比较的区位选择与规避

由表3-10可知，运用直接法和间接法获取的评价结果，对莫斯科市、鄂木斯克州、莫斯科州、克拉斯诺达尔边疆区、鞑靼斯坦共和国、斯维尔德洛夫斯克州、罗斯托夫州、下诺夫哥罗德州、萨马拉州和新西伯利亚州10个地区而言是较为一致的，排名均在前15名之内。

---

① 将75个样本地区划分为5个等级，Ⅰ等地区数有5个地区、Ⅱ等地区数有24个地区、Ⅲ等地区数有21个地区、Ⅳ等地区数有19个地区、Ⅴ等地区数有6个地区。

表 3-10　　俄罗斯各地区营商环境综合排名前 15 位比较

位次	地区名称（直接法）	备注1	地区名称（间接法）	备注2
1	莫斯科市	1	莫斯科市	1
2	圣彼得堡市	22	加里宁格勒州	22
3	鄂木斯克州	9	新西伯利亚州	15
4	莫斯科州	6	下诺夫哥罗德州	12
5	别尔哥罗德州	50	克拉斯诺达尔边疆区	6
6	克拉斯诺达尔边疆区	5	莫斯科州	4
7	鞑靼斯坦共和国	12	托木斯克州	27
8	斯维尔德洛夫斯克州	14	马加丹州	78
9	利佩茨克州	29	鄂木斯克州	3
10	罗斯托夫州	10	罗斯托夫州	10
11	巴什科尔托斯坦共和国	23	卡卢加州	34
12	下诺夫哥罗德州	4	鞑靼斯坦共和国	7
13	萨马拉州	15	奔萨州	30
14	沃罗涅日州	17	斯维尔德洛夫斯克州	8
15	新西伯利亚州	3	萨马拉州	13

注：备注 1 表示用间接评价法得到的该地区在俄罗斯营商环境排名中的位次。类似地，备注 2 表示用直接法表示的该地区的位次。另外，因为在采用间接法计算排名时，部分地区数据缺失，最后获取的地区和数量与直接法并不完全对应。因此，为了便于比较，这里均按照间接法包含的地区进行位次排定。

资料来源：根据俄罗斯评级机构《专家》出版的 1996—2014 年历年年度报告整理而得，http://www.raexpert.ru。

由表 3-11 可知，采用直接法和间接法得到的营商环境排名最后 15 位包括哈卡斯共和国、布良斯克州、阿尔泰共和国、卡巴尔达—巴尔卡尔共和国、萨哈林州、库尔干州、犹太自治州、北奥塞梯共和国、卡尔梅克共和国、达吉斯坦共和国、堪察加边疆区、楚科奇自治区、卡拉恰伊—切尔克斯共和国、马加丹州、图瓦共和国等，其中有 9 个地区是一致的。

表 3-11　俄罗斯各地区营商环境综合排名后 15 位比较

编号	位次	地区名称（直接法）	备注1	地区名称（间接法）	备注2
1	65	哈卡斯共和国	75	阿穆尔州	63
2	66	布良斯克州	56	阿尔汉格尔斯克州	33
3	67	阿尔泰共和国	60	库尔干州	70
4	68	卡巴尔达—巴尔卡尔共和国	78	斯塔夫罗波尔边疆区	26
5	69	萨哈林州	24	奥伦堡州	40
6	70	库尔干州	67	萨哈共和国（雅库特）	48
7	71	犹太自治州	74	布里亚特共和国	59
8	72	北奥塞梯共和国	72	北奥塞梯共和国	72
9	73	卡尔梅克共和国	79	达吉斯坦共和国	74
10	74	达吉斯坦共和国	73	犹太自治州	71
11	75	堪察加边疆区	25	哈卡斯共和国	65
12	76	楚科奇自治区	62	图瓦共和国	79
13	77	卡拉恰伊—切尔克斯共和国	77	卡拉恰伊—切尔克斯共和国	77
14	78	马加丹州	8	卡巴尔达—巴尔卡尔共和国	68
15	79	图瓦共和国	76	卡尔梅克共和国	73

资料来源：根据俄罗斯评级机构《专家》出版的 1996—2014 年历年年度报告整理而得，http://www.raexpert.ru。

通过两种方法的比较，发现两者获取的前 15 位和后 15 位包含的地区数量上分别存在 66.7% 和 60% 的重合情况，这在一定程度上说明前面我们以中小企业发展水平间接衡量营商环境的有效性。尤其值得注意的是，重合地区因为同时体现了两种基本方法的优点，因此可作为我们选择投资区位和规避投资区位的优先考虑对象。

同时，考虑到投资者偏好的差异性，不同的投资者关注的营商环境的具体指标，也会存在较大的差异性。

首先，我们在考察一般性的外国直接投资时发现，投资者往往较为看重俄罗斯的创新环境和制度环境。例如，谭蓉娟、李新对俄罗斯外国直接投资区位流向进行实证研究发现，创新能力是影响俄罗斯外国直接投资区位选择的主要因素之一。[①] 许倩倩则以俄罗斯为例,从转型国家比较典型的产权保护和政府干预度这两个制度因素入手进行分析指出,明晰界定和保护产权以及政府的正向干预行为对净化营商环境、促进外国直接投资增长的重要性。[②] 而直接法涉及的投资潜力子指标中恰好就含有创新子指标和制度子指标。这里,我们给出在这两个指标上排名前15位的地区,具体排名情况见表3-12。

表 3-12　俄罗斯各地区创新和制度指标排行名前 15 位的情况

位次	创新指标	制度指标
1	莫斯科市	莫斯科市
2	圣彼得堡市	圣彼得堡市
3	莫斯科州	莫斯科州
4	下诺夫哥罗德州	斯维尔德洛夫斯克州
5	斯维尔德洛夫斯克州	克拉斯诺达尔边疆区
6	鞑靼斯坦共和国	罗斯托夫州
7	新西伯利亚州	萨马拉州
8	萨马拉州	鞑靼斯坦共和国
9	罗斯托夫州	下诺夫哥罗德州
10	彼尔姆州	新西伯利亚州
11	巴什科尔托斯坦共和国	巴什科尔托斯坦共和国
12	沃罗涅日州	秋明州
13	卡卢加州	克拉斯诺亚尔斯克边疆区
14	萨拉托夫州	滨海边疆区
15	托木斯克州	彼尔姆州

资料来源:根据俄罗斯评级机构《专家》出版的 1996—2014 年历年年度报告整理而得,http://www.raexpert.ru。

---

① 另外一个因素是产业集聚程度,参见谭蓉娟、李新《俄罗斯 FDI 区位选择影响因素实证分析》,《东北亚论坛》2008 年第 9 期。
② 许倩倩:《转型国家制度因素对 FDI 影响的实证分析——以俄罗斯为例》,《现代管理科学》2013 年第 5 期。关于制度因素对包括投资环境在内的经济发展的重要性的论述,参见徐坡岭《试析俄罗斯经济持续增长的制度基础》,《俄罗斯研究》2006 年第 4 期。

比较创新和制度指标排名前 15 位的地区可以发现，莫斯科市、圣彼得堡市、莫斯科州等 11 个地区几乎是重合的。只有沃罗涅日州、秋明州等 8 个地区不同。如果前文提及的相关研究成果的结论是稳健的，那么，表 3-11 给出的排名就具有明显的实践指导意义了。

其次，就中国投资者而言，关注的营商环境因素除上述创新和制度因素之外，还有更加多元化的要求。不同行业、不同规模、不同所有制属性的企业对营商环境关注的侧重点是不同的。中小型民营企业[①]规模小、抗击风险的能力较弱，它们对包括社会、治安、行政管理等在内的各类风险因素[②]较为关注，同时，这类企业提供的往往是劳动密集型产品或服务，因而对劳动力、消费、基础设施等各项投资潜力指标关注较多。而大型国有企业[③]中有相当一部分企业投资俄罗斯的一个战略性动机是获取能源，因此，这类大型国有企业往往看重能源、资源类战略性资产，所以会对自然资源等潜力指标有较多的关注。又因为这类业务会产生较大的生态影响，所以这类企业也格外关注生态方面的潜力。为此，我们这里给出了涉及上述投资因素的排名前 15 位的地区，具体排名情况见表 3-13。

通过分析表 3-13 可以发现，较大投资潜力和较小投资风险重合的地区数目较少，这反映出投资影响因素的复杂性和多样性。中小型

---

① 据国家外汇管理局资本项目管理司统计，民营企业已占中国制造业"走出去"企业的 60%，达到 3000 多家，美国和欧洲已经成为民营企业海外并购的主要市场。

② 正是因为对境外投资的风险预估不足，才导致经营亏损乃至投资失败。多项数据和专业人士的分析也从一个侧面印证了中国对外投资的"水土不服"。中国矿业联合会常务副会长王家华曾指出，中国海外矿业投资，失败率大约在 80%。其中对铁矿的成功投资更寥寥无几。而中国出口信用保险公司总经理助理谢志斌在 2014 年莫干山会议上也指出，中国企业特别是民营企业"走出去"，70% 以上不盈利。尤其是对那些立志"走出去"的中小民营企业来说，必须对投资目标国的市场、法律、劳工等做充分的研究，必须好好补上风险防范这一课。参见《中国资本走出去》，《商周刊》2014 年 12 月 31 日。

③ 2013 年，中国约有 1.53 万家企业走出去，其中，国有企业约占 55%，它们对全球 156 个国家和地区的 5090 家境外企业进行直接投资，中国香港、东盟、欧盟、澳大利亚、美国、俄罗斯、日本 7 个主要经济体为投资集中区域。另外，2014 年后，中国会迎来对外投资的黄金 30 年。未来，中国的民营企业将会成为走出去的主力，相关内容参见王辉耀《中国企业国际化报告（2014）》，社会科学文献出版社 2014 年版。

表 3-13　　国有企业与民营企业对营商环境关注的差异性

位次	中小型民营企业 投资潜力 劳动力	中小型民营企业 投资潜力 基础设施	中小型民营企业 投资风险 治安	中小型民营企业 投资风险 行政管理	大中型国有企业 投资潜力 自然资源	大中型国有企业 投资风险 生态
1	莫斯科市	莫斯科市	奔萨州	克拉斯诺达尔	萨哈共和国	印古什共和国
2	圣彼得堡市	圣彼得堡市	利佩茨克州	科米共和国	克拉斯诺亚尔斯克边疆区	弗拉基米尔州
3	莫斯科州	加里宁格勒州	别尔哥罗德州	萨哈林州	亚马尔—涅涅茨民族自治区	特维尔州
4	萨马拉州	莫斯科州	沃罗涅日州	利佩茨克州	彼尔姆州	卡巴尔达—巴尔卡尔共和国
5	罗斯托夫州	库尔斯克州	坦波夫州	雅罗斯拉夫州	克麦罗沃州	楚瓦什共和国
6	斯维尔德洛夫斯克州	克拉斯诺达尔边疆区	阿迪格共和国	阿斯特拉罕州	伊尔库茨克州	车臣共和国
7	克拉斯诺达尔边疆区	北奥塞梯共和国	基洛夫州	楚瓦什共和国	汉特曼西斯克民族自治区	莫尔多瓦共和国
8	新西伯利亚州	图拉州	库尔斯克州	鞑靼斯坦共和国	别尔哥罗德州	伊万诺沃州
9	下诺夫哥罗德州	列宁格勒州	罗斯托夫州	坦波夫州	斯维尔德洛夫斯克州	卡拉恰伊—切尔克斯共和国
10	克拉斯诺亚尔斯克边疆区	别尔哥罗德州	梁赞州	沃罗涅日州	哈巴罗夫斯克边疆区	马里埃尔共和国
11	鞑靼斯坦共和国	利佩茨克州	楚瓦什共和国	罗斯托夫州	摩尔曼斯克州	别尔哥罗德州
12	萨拉托夫州	布良斯克州	萨拉托夫州	加里宁格勒州	布里亚特共和国	阿迪格共和国
13	克麦罗沃州	卡卢加州	涅涅茨自治区	莫尔多瓦共和国	马加丹州	乌里扬诺夫斯克州
14	巴什科尔托斯坦共和国	普斯科夫州	克拉斯诺达尔	阿迪格共和国	楚科奇自治区	阿尔泰边疆区
15	伊尔库茨克州	斯摩棱斯克州	摩尔曼斯克州	卡卢加州	阿穆尔州	库尔干州

注：位次越靠前投资潜力越大、投资风险越小。

资料来源：根据俄罗斯评级机构《专家》出版的 1996—2014 年历年年度报告整理而得，http://www.raexpert.ru。

民营企业可以在重点关注前文提出的投资者优先考虑的 10 个地区的基础上，结合自己的偏好，参考以下地区，即劳动力潜力和基础设施潜力均在排在前 15 名的地区和治安风险、行政管理风险较小且排在前 15 名的地区，前者包括莫斯科市、圣彼得堡市、莫斯科州、克拉斯诺达尔边疆区等 4 个地区；后者包括利佩茨克州、沃罗涅日州、坦波夫州、楚瓦什共和国、克拉斯诺达尔边疆区 5 个地区。对旨在获取战略资源的大中型国有企业而言，可以推荐的地区仅为克拉斯诺达尔边疆区，只有这个地区在自然资源潜力和生态风险排名上均进入前 15 名。

另外，需要说明的是，投资风险和投资潜力所包含的各单项指标的调整本身也说明，俄罗斯营商环境在不断改进。例如，立法指标的调整（其存续期为 1998—2010 年），反映了各地区从普遍重视立法到普遍建立较为完善的法律体系，在经过 1998—2010 年的努力后，已经取得了较为显著的成绩。再比如，将政治指标（其存续期为 1996—2005 年）从风险评价指标体系里面剔除，反映出俄罗斯在 2005 年前后进入了一个政治较为稳定的时期。

小　　结

根据评价俄罗斯各地区营商环境的两类基本方法即直接法和间接法，我们给出了莫斯科市、鄂木斯克州、莫斯科州、克拉斯诺达尔边疆区、鞑靼斯坦共和国、斯维尔德洛夫斯克州、罗斯托夫州、下诺夫哥罗德州、萨马拉州、新西伯利亚州 10 个最具投资吸引力地区；并给出了投资者注意规避的车臣共和国、印古什共和国、哈卡斯共和国、卡巴尔达—巴尔卡尔共和国、库尔干州、犹太自治州、北奥塞梯共和国、卡尔梅克共和国、达吉斯坦共和国、卡拉恰伊—切尔克斯共和国、图瓦共和国在内的 11 个地区。在考虑上述地区的同时，针对不同类型的国内投资者，分别为风险规避型中小型民营企业和资源获取型大中型国有企业投资者给出了投资俄罗斯时需要特别关注的地区，即前者需要关注利佩茨克州、沃罗涅日州、坦波夫州、楚瓦什共和国、克拉斯诺达尔边疆区等地区，后者需要特别关注克拉斯诺达尔边疆区。

当然，"走出去"意味着中国企业要面临一个迥异于国内的全新环境，涉及方方面面的因素，营商环境直接评价法中涉及的十余个指标远不能将它们都包括进来。除关注更加广泛的影响投资的环境因素之外，通过分析若干个具体投资案例这种解剖麻雀的方式，为国内投资者提供一个典型的缩微版的营商环境分析，也具有重要意义。[1]

---

[1] 徐昱东：《俄罗斯各地区投资环境评价及投资区位选择分析》，《俄罗斯研究》2015年第1期。

第四章　俄罗斯地区营商环境与外国直接投资流入

一般情况下，地区营商环境好的地区，往往也会对外国直接投资产生较强的吸引力，流入较多外国直接投资，中资企业在赴俄罗斯投资进行地区选择的时候，就可以优先考虑这些地区。但事实上，营商环境与外国直接投资流入之间不一定存在上述关联。

第一节　营商环境与外国直接投资流入之间的关系

一般情况下，人们会认为，营商环境质量优异的地区对外国直接投资也是友善的，在缺乏更确切的专门针对外国直接投资的营商环境评价方面的信息时，这种思路当然是可取的。毕竟，一个地区的营商环境包含的许多要素也是外国投资者所看重的，正是这个原因，前文通过获取俄罗斯地区营商环境排名方面的信息，为中国投资者提供了若干优先选择的投资地区（徐昱东、徐坡岭，2014；徐昱东，2015）；但事实上，营商环境与外国直接投资流入之间的关系并不是一种简单的线性关系，Jan Strasky（2012）通过分析俄罗斯 1995—2011 年地区外国直接投资流入数据、俄罗斯权威评级机构《专家》给出的营商环境数据①以及其他宏观经济变量构造的面板数据发现，与预期相反，

---

① 俄罗斯评级机构《专家》给出的营商环境数据包含营商潜力和营商风险两大类共计 14 个小类排名方面的信息，Jan Strasky（2012）只使用营商潜力、营商风险方面的排名数据，并没有使用包含劳动力潜力、消费潜力、生产潜力、财政潜力、制度潜力、创新潜力、基础设施潜力、资源潜力等子指标以及包含政治风险、经济风险、财政风险、社会风险、治安风险、生态风险等子指标的排名数据。

研究没有发现营商环境评级在统计上具有显著性,最重要的驱动因素是过去的外国直接投资流入水平、地区竞争力和一般的经济因素如全球的实际利率水平。这个结果表明,营商潜力和营商风险的评级对推测外国直接投资流入的总体性趋势是有用的,但是,如果将它们作为未来外国直接投资流入的指示器则需要谨慎对待。无独有偶,2013年由世界银行和国际金融公司(International Finance Corporation,IFC)联合发布的《全球营商环境(2013)》报告第一次关注了营商环境指数与外资流入量之间的相关性,尽管报告指出,"过去一年,有大量的研究认为,针对国内企业营商环境的改善,同时也增加了对海外投资者的吸引力。185个经济体中,那些有利于国内中小企业公司的规制,国外投资者同样关注",但是,印度和尼日利亚的情况则相反,尽管其营商环境排名落后,但其外国直接投资流入量在2010年和2011年分别增长31%和47%;报告对此的解释是:宽松的营商环境与外国直接投资有统计上的相关性,但不一定有因果关系。对俄罗斯各地区而言,营商环境的改善对外国直接投资流入的影响到底怎样呢?如果Jan Strasky(2012)发现关于营商环境对地区外国直接投资流入不具备统计上的显著性的结论是稳健的,那么,具体的营商环境包含的各种因素对外国直接投资流入的影响也都是如此吗?如果能对这个问题做出较为精确的回答,无疑具有重要决策参考价值。因为,循着这些更加具体的因素会发现更具投资价值的地区。本部分内容正是在上述背景下展开的。[1][2]

第二节 数据与模型构建

一 数据来源及说明

首先,俄罗斯联邦各地区营商环境指标排名数据的获取。上述

---

[1] 徐昱东、崔日明、包艳:《俄罗斯地区营商环境的哪些因素提升了FDI流入水平:基于系统GMM估计的动态面板分析》,《国际商务》(对外经济贸易大学学报)2015年第6期。

[2] 按照第二章和第三章的分析,俄罗斯地区营商环境在不同评价方法下会有不同的结果,这里我们是基于直接法即《专家》评价机构给出的数据展开分析。

关于外国直接投资流入与营商环境的分析包含较多营商环境因素但远远没有达到包含营商环境应包含的所有更加丰富和多元的影响因素的程度，而俄罗斯国内评级机构《专家》则从1996年至今，深入到地区层面，系统地考察了俄罗斯营商环境的变化（该机构给出的评级指标如第三章表3-1所示），本书所用的数据是我们根据俄罗斯评级机构《专家》出版的1996—2014年历年年度报告整理而得。

其次，俄罗斯联邦各地区外国直接投资流入量数据的获取。本书所用数据均来自俄罗斯联邦统计局出版的统计手册《俄罗斯地区社会经济指标》。需要说明的是，2000—2014年，俄罗斯的行政区划经历过几次调整，比如，2005年，彼尔姆州（Пермская область）与科米—彼尔米亚克自治区合并，成立新的彼尔姆边疆区；2007年，泰梅尔自治区和埃文基自治区并入克拉斯诺亚斯克边疆区；同年，科里亚克自治区并入堪察加州，同时该州更名为堪察加边疆区；2008年，乌斯季奥尔登斯基布里亚特自治区并入伊尔库茨克州；同年，赤塔州同阿加布里亚特自治区合并，成立新的外贝加尔边疆区等（见表4-1）。我们在处理过程中均做了前后一致性处理。

表4-1　　　　　　1996—2014年行政区划的变动情况

时间	取消行政区划的地区	更名或并入或合并后地区名称
1996年	哈利姆格坦格奇共和国	卡尔梅克—哈利姆格坦格奇共和国
1996年	卡拉恰伊—切尔克斯共和国（Республика Карачаево - Черкессия）	1997年之后更名为：（Карачаево - Черкесская Республика）
1996年	莫尔多瓦共和国（Мордовская Республика）	1997年之后更名为：（Республика Мордовия）
2005年	彼尔姆州、科米—彼尔米亚克自治区	合并，成立新的彼尔姆边疆区
2007年	泰梅尔自治区、埃文基自治区	并入克拉斯诺亚斯克边疆区
2007年	科里亚克自治区	并入堪察加州，改名堪察加边疆区
2008年	乌斯季奥尔登斯基布里亚特自治区	并入伊尔库茨克州
2008年	赤塔州、阿加布里亚特自治区	合并，成立新的外贝加尔边疆区

另外，样本期为1999—2014年；在地区数目上，俄罗斯现有联

邦主体 83 个，不包括克里米亚共和国和塞瓦斯托波尔，因这两个地区尚没有纳入统计年鉴；又因地区统计年鉴中大部分的"自治区"都是以被包含的形式出现在相应其他地区里面的，如汉特曼西斯克自治区和亚马尔—涅涅茨自治区就被包含在秋明州中。也就是说，虽然汉特—曼西斯克自治区和亚马尔—涅涅茨自治区均为俄罗斯的联邦主体，同时，按照秋明州法律，它们仍作为秋明州的一部分而存在。类似的还有，阿尔汉格尔斯克州包含涅涅茨自治区；这样，我们在处理数据的时候，由最初的 83 个联邦主体减少至 80 个。又因卡巴尔达—巴尔卡尔共和国、卡拉恰伊—切尔克斯共和国、达吉斯坦共和国、印古什共和国、卡尔梅克共和国、北奥塞梯共和国、图瓦共和国、车臣共和国、楚科奇自治区、阿尔泰共和国、巴什科尔托斯坦共和国等 11 个联邦主体的外国直接投资数据缺失或至少一半的数据缺失而没有统计在内。因此，我们赖以建模的 1999—2014 年地区面板数据中包含的地区为 69 个。

二 变量选取及解释

如第三章表 3-1 所示，营商环境包括营商潜力和营商风险两大类子因素，前者包含 9 个子变量，后者包括 7 个子变量，但随着时间的推移，营商环境评定中设置的单项指标出现了调整和变化，某些指标被剔除或更换；例如，在 2011 年度①剔除了法律风险指标，是因为之前几年各地区有关投资方面的法律条文经重新修订后越来越合乎规范，评级专家组认为，没有必要再评价立法和法律方面的风险。所以，我们给出的营商环境指标中，营商风险类指标没有包含法律风险指标。另外，在营商潜力指标中剔除了旅游潜力指标，因为这个指标纳入评级的时间较晚。这样，反映总体营商环境风险的变量共计 14 个。

每种反映营商环境指标的理论预期非常明确，即营商潜力包含的 8 个子指标对外国直接投资流入影响的预期为正；6 个营商风险类子

---

① 参见《专家》出版的年度 Бюллетень，即 Рейтинг Инвестиционной Привлекательности Регионов России 2010 – 2011 годов，16 декабря 2011 г.，Москва。

指标对外国直接投资流入影响的预期为负。

三 模型构建与估计方法选择

我们的目标是考察俄罗斯联邦各地区的营商环境所含的因素即 14 个子指标的变化对外国直接投资流入的影响，而影响外国直接投资流入的影响因素不仅仅包含这 14 个子指标代表的各类因素，且外国直接投资流入往往具有累计效应，前期的外国直接投资对后期的外国直接投资会带来一定的影响。这样，为了综合考虑其他影响因素，我们这里引入外国直接投资滞后值。面板数据中因为包含被解释变量的滞后值，又称"动态面板数据"（Dynamic Panel Data，DPD）。同时，在操作层面，将 14 个营商环境指标的排名数据转化成与上一年排名数据的差值，这样就得到以下动态面板模型：

$$FDI_{it} = \alpha + FDI_{i,t-1} + X_{it} + u_i + \varepsilon_{it} \tag{4.1}$$

式中，下标 i 代表俄罗斯各地区，t 为时间，1999—2014 年；FDI_t 代表俄罗斯各地区 t 期外国直接投资流入量；$FDI_{i,t-1}$ 为其一期滞后项，用 L_1 表示；X_{it} 是包含一组变量的向量，即反映营商潜力类的劳动力潜力（LAB）、消费潜力（CON）、生产潜力（PRO）、财政潜力（FIN）、制度潜力（INS）、创新潜力（INN）、基础设施潜力（INF）、资源潜力（NRE）8 种营商环境因素，与反映营商风险类的社会风险（SOC）、经济风险（ECO）、财政风险（FINA）、治安风险（CRI）、生态风险（ECL）、行政管理风险（ADM）6 种营商环境因素各因素的具体含义见第三章表 3-1，取值规则是各营商环境潜力类子指标的 t 期排名顺序数减去 $t-1$ 期排名顺序数后所得差值（如果排名位次前移，差值为正；反之则为负），风险类指标与此相反；α 为截距项，u_i 为不可观察的地区效应，ε_{it} 为随机扰动项。

在估计动态面板模型的方法中，系统 GMM 估计[①]较具竞争力；系统 GMM 的优点是：不仅可以提高估计效率，并且可以估计不随时间变化的变量的系数，因为系统 GMM 包含对水平方程的估计，而且可

---

① Blundell 和 Bond（1998）将差分 GMM 与水平 GMM 结合在一起，将差分方程与水平方程作为一个方程系统进行 GMM 估计，得名"系统 GMM"（System GMM）。

以估计解释变量包括被解释变量的多期滞后值的更一般的动态面板模型（陈强，2013）。

另外，我们为了探索俄罗斯地区的不同地理位置以及不同地区类型有可能产生的影响，我们将反映这种地区地理位置和地区类型差异的虚拟变量分别纳入模型，这样，我们将得到两组系统 GMM 估计结果。虚拟变量的具体设置情况是这样的。

首先，地理位置虚拟变量。dumm1 代表该地区属于中央联邦区和西北联邦区；dumm2 代表该地区属于乌拉尔联邦区、西伯利亚联邦区和远东联邦区。

其次，地区类型虚拟变量的设置。参照《俄罗斯联邦主体社会经济状况评价》系列报告[①]，我们将俄罗斯各联邦主体划分为 4 类：第一类是金融经济中心区，包括莫斯科市、圣彼得堡市和莫斯科州 3 个地区；第二类是农工业区，包括克拉斯诺达尔边疆区、奥伦堡州等 26 个地区；第三类是工业区包括斯维尔德洛夫斯克州、鞑靼斯坦共和国等 36 个地区；第四类是出口导向型地区，包括秋明州（包括汉特曼西斯克自治区、亚马尔—涅涅茨自治区）、萨哈林州、科米共和国、萨哈（雅库特）共和国 4 个联邦主体。我们设置虚拟变量 d_1、d_2 和 d_3 分别代表金融经济中心地区、出口导向型地区和工业区，目的就是考察不同类型地区的外国直接投资流入有无较大差异。

第三节　实证结果与分析

动态面板的系统 GMM 估计有一步和两步系统 GMM 估计，常用的方法是采用一步 GMM（one-step GMM）估计量，Stata12.0 默认方法为 2SLS，可以将 2SLS 视为"one-step GMM"即一步 GMM 估计（陈强，2013）；同时，系统 GMM 估计的有效性涉及扰动项是否存在序列相关的问题。本书以一阶差分转换方程的一阶、二阶序列相关检验

---

① 系列报告下载网站：http：//www.riarating.ru/。

AR(1)、AR(2)来判断扰动项是否与序列相关。AR(1)、AR(2)检验的原假设均为不存在序列相关,如果拒绝 AR(1)检验而接受 AR(2)检验则可认为估计方程的扰动项不存在序列相关。如果检验结果均拒绝"扰动项无自相关"的原假设,须继续进行过度识别检验,一般采用萨根(Sargan)统计量①进行检验。上述检验结果表明,我们模型的设定、工具变量及滞后期数的选择是合适的。限于篇幅,这里重点给出模型变量的系数及显著性水平。

表 4 - 2   动态面板系统 GMM 估计结果

解释变量	模型 I 系数	模型 I P 值	模型 II 系数	模型 II P 值	模型 III 系数	模型 III P 值
L1.	0.50	0.000	0.46	0.000	0.61	0.000
LAB	1170.69	0.000	560.01	0.083	864.33	0.034
CON	-1271.41	0.000	980.81	0.005	672.20	0.123
PRO	-2416.74	0.000	-3639.49	0.000	-6014.43	0.000
FIN	925.09	0.000	65.58	0.639	212.24	0.182
INS	2680.67	0.000	2507.48	0.000	3954.87	0.000
INN	-846.47	0.000	-1131.21	0.000	-554.78	0.009
INF	-149.87	0.704	-197.00	0.535	-414.62	0.307
NRE	-1201.15	0.003	607.16	0.054	-636.04	0.122
SOC	-814.75	0.000	-431.69	0.000	-560.62	0.000
ECO	-981.94	0.000	-1289.50	0.000	-1376.81	0.000
FINA	-78.16	0.513	-51.13	0.621	223.42	0.042
CRI	-618.21	0.000	-636.13	0.000	-613.15	0.000
ECL	415.61	0.001	420.99	0.002	-465.45	0.000

---

① 系统广义矩阵估计由于采用了更多的样本信息,在一般情况下,比差分广义矩阵估计更有效。但是,这种有效性有一个前提,即系统估计中新增工具变量是有效的。为此,Arellano 和 Bond、Blundell 和 Bond 建议使用萨根差分统计量检验,其原假设是新增工具有效,如果不能拒绝原假设则表明系统估计方法是有效的,这一检验工具变量整体有效性的检验统计量就是萨根统计量。

续表

解释变量	模型 I 系数	P 值	模型 II 系数	P 值	模型 III 系数	P 值
ADP	343.92	0.000	117.71	0.087	694.95	0.000
Dumm1	4876249	0.000				
Dumm2	1318134	0.000				
d1			1952698	0.000		
d2			-186383.5	0.006		
d3			-844478.6	0.000		
常数项	-2301241	0.000	484253.7	0.000	90794.21	0.000
AR（1）	-1.352	0.1763	-1.353	0.1761	-1.355	0.1755
AR（2）	-0.494	0.6213	-0.590	0.5549	-0.154	0.8780

注：在模型 I、模型 II 和模型 III 中，显著性水平在 15% 以内的是可接受的最低水平，10%、5% 及以下则属于高和较高的显著性水平。

根据表 4-2 的实证结果，具体分析如下：

各模型均显示，上一期外国直接投资对当期外国直接投资的影响较大，甚至超过 50%，如模型 III。

除了滞后一期外国直接投资，各模型统计上均显著的营商环境因素包括劳动力潜力、生产潜力、制度潜力和创新潜力 4 个营商潜力类变量以及行政管理风险、经济风险、治安风险和社会风险 4 个营商风险类变量。其中，潜力类营商环境变量的符号与理论预期方向一致的有两个，即劳动力潜力和制度潜力对外国直接投资流入产生积极影响；由第三章表 3-1 给出的定义可知，劳动力潜力不仅反映了地区劳动力供应状况，而且反映出居民受教育状况对地区外国直接投资流入的积极影响，这与一般的就俄罗斯地区外国直接投资流入影响因素展开的有关分析结论类似。实际上，劳动力潜力指标在一定程度上包含在后一类研究中经常用到的两个变量即劳动力成本和劳动力素质；较之劳动力潜力，制度潜力的影响程度要大很多，从模型 I 到模型 III，其分别是劳动力潜力影响的 2.3 倍、4.5 倍和 4.6 倍。制度变量对地区外国直接投资流入水平具有显著影响且影响程度较大的结论，与之前的许多研究成果具有一致性（Popov, V., 2006; Campos and Kinoshita, 2003; Zhuravskaya and Guriev, 2010; Arbatli, 2011）。

在显著性水平较高的4个风险类营商环境变量中，其符号与预期方向一致的有3个，即社会风险、经济风险和治安风险。在模型Ⅱ和模型Ⅲ中，治安风险的影响要大于社会风险；3个模型均反映出经济风险的影响程度明显高于前两者；进一步与其他所有变量的影响程度相比，经济风险的影响在模型Ⅰ和模型Ⅱ中是仅次于制度潜力影响的变量，在模型Ⅲ中也排到了第3位。

与理论预期不一致的营商潜力类指标是生产潜力和创新潜力，按照Эксперт РА评级机构给出的定义，生产潜力代表地区物质或产品生产能力，其对外国直接投资流入的影响为负，有可能与地区产出过分依赖资源禀赋导致产业结构畸形有关；创新潜力代表地区科技发展水平及科技成果转化能力，但2011年之前该指标的编制过分考虑各地方科技园区的数量的做法会影响到这里的检验结果。事实上，这些创新综合体不过是若干不动产的堆积，根本不从事创新活动。故而，评价专家组认为，这些园区实际上没有任何创新，因此在之后完善该指标时，转而采用各地区的专利申请提交数量作为该指标的替代指标。①

统计上较为显著，但各模型给出的影响方向不一致的有消费潜力、自然资源潜力和生态风险三个环境变量。首先，消费潜力的影响，模型Ⅱ和模型Ⅲ显示，消费潜力有助于地区外国直接投资流入，与理论预期一致，模型Ⅰ则显示该变量不利于外国直接投资流入；其次，自然资源潜力，模型Ⅰ和模型Ⅲ显示，该变量不利于外国直接投资流入；仅模型Ⅱ符合理论预期。最后，生态风险变量，3个模型中仅模型Ⅲ显示出该变量不利于地区外国直接投资流入，模型Ⅰ和模型Ⅱ皆与理论预期相反。

在影响方向上符合理论预期，但部分模型统计上不显著的营商环

---

① 参见 Эксперт РА 出版的年度 Бюллетень，即 Рейтинг Инвестиционной Привлекательности Регионов России 2010 – 2011 годов, 16 декабря 2011 г., Москва。

境因素是财政潜力变量,按照评级机构给出的定义,该变量反映了俄罗斯各地的税源规模、预算收入及企业盈利水平。显然,从该变量包含的内容来看,财政潜力变量有助于外国直接投资流入是容易理解的,不显著的原因有待进一步分析。与财政潜力变量对应的财政风险因素反映了地区预算平衡水平,在模型Ⅰ和模型Ⅱ中,该财政潜力变量都表现出与理论预期相同的方向,不过,显著性水平较低;而模型Ⅲ则相反,且较为显著。

在3个模型中,与其他营商环境变量相比,基础设施潜力的表现最为独特。因为,在各个模型中该变量均表现出较高的显著性水平,但又均与理论预期相反,即该环境变量不利于地区外国直接投资的流入,在一个外国直接投资流入影响因素的分析中也发现,以铁路密度代表的基础设施水平对外国直接投资流入具有负面影响,而以公路密度代理的基础设施变量的影响则是积极的。[①] 出现上述现象的原因有待进一步分析。

通过设置虚拟变量我们发现,相对于乌拉尔联邦区、西伯利亚联邦区和远东联邦区等自然资源禀赋优异的地区,中央联邦区和西北联邦区更有利于外国直接投资流入,从影响程度上看,后者为前者的3.7倍;另外,通过设置地区类型虚拟变量我们发现,金融经济中心区即莫斯科市、莫斯科州和圣彼得堡市最有利于外国直接投资流入;而工业区相对于出口导向型地区则更不利于外国直接投资流入。

小　　结

本部分内容基于俄罗斯联邦统计局给出的地区外国直接投资流入数据以及权威评级机构给出的地区营商环境子因素的数据,构造动态面板模型,并采用系统GMM估计方法进行估计;相对一般性的营商

[①] 笔者的工作论文:《俄罗斯各地区FDI流入影响因素分析与投资区位选择:基于2000—2014年的地区面板数据》。如读者需要,可来函索取。

环境与外国直接投资流入之间关系的讨论，这里分析了更为细致的营商环境所含因素的变动对地区外国直接投资流入的影响，得出了若干有益的分析结果。综合上述实证分析结果，我们还得出以下两点有益的启示：

首先，对外国投资者而言，在尽量防范经济风险的情况下，俄罗斯作为全球第二大转型经济体，其在原计划经济向市场经济转型过程中，不断释放出的制度红利仍然为各国投资者所重视。

其次，通过设置地区地理位置虚拟变量和地区类型虚拟变量，结合环境因素中的自然资源变量在计量模型中的表现，我们似乎可以谨慎地得出以下结论：俄罗斯虽然有丰富的自然资源，但从数据分析上看不出它给外国投资者带来的好处；相对的，传统的投资动机[①]比如市场规模、劳动力状况、市场体系完善程度等可能仍然是俄罗斯地区外国直接投资流入的主要推动力。

---

① Behrman（1972）认为，跨国公司的对外直接投资可以被分为四种类型，即资源寻求型、市场寻求型、效率寻求型和战略资本或能力寻求型。参见 Behrman, J. N., 1972, "*The Role of International Companies in Latin America: Autos and Petrochemicals*", Lexington, MA: Lexington Books。

第五章　俄罗斯地区外国直接投资流入影响因素分析

上文分析了营商环境的影响因素对外国直接投资产生了重大影响，而这些因素极可能是外国投资者所关心的因素。同时，考虑到俄罗斯转型以来的市场化进程以及东西方向和南北方向的地域跨度，研究外国直接投资流入的时空差异及其空间因素对海外投资者也具有积极意义。

第一节　外国直接投资流入影响因素研究文献述评

随着全球化进程的持续深入，学术界出现了大量有关外国直接投资流入影响因素的研究，总体来说，大致可以将其分为三类：第一类是强调成本因素的影响。如要素成本、交易成本的作用，如 Dunning (1980)、Veugelers (1991)、Culem (1988)、Hatzius (2000) 等都认为，较低的劳动力成本是吸引外国直接投资的重要因素；Cheng 和 Kwan (2004) 则实证检验了基础建设对外国直接投资的影响。第二类则是强调东道国需求方面的影响如市场规模潜力等。如 Tallman (1988)、Grosse 和 Trevino (1996)、Kiminoetal (2007) 分析指出，东道国的市场规模和外国直接投资之间呈正向关系。第三类则是综合考虑供给成本和市场需求方面带来的吸引力。如 Raslmi (2003)、Globeman (1999)、Shapiro (2001) 等研究发现，市场规模、劳动力成本、高技术水平等因素对外国直接投资流入有很显著的影响。上述研究成果为研究地区层面外国直接投资流入的影响因素提供了扎实有效的分析框架和方法。比如刘荣添、林峰（2005）利用1986—2003年中国省级数据，分析了劳动力工资、外国直接投资聚集程度、优惠政策激励、基础设施等因素对中国东部、中部、西部外国直接投资流入的影响；黄海南、唐五湘（2006）运用中国25个城市1992—2004年面板数据分析影响外国直接投资在华投资区域的因素，发现集聚效应、经济增长率、职工平均工资、贸易依存度等因素的影响在统计上十分显著。冼国明、杨长志（2009）利用1992—2002年中国各省份的面板数据，研究了中国外国直接投资的区位决定，结果表明，教育水平、基础设施、市场规模、外国直接投资存量和优惠政策对外国直接投资流入具有正面影响，而劳动力成本对其则具有负面影响。李杏、M. W. Luke Chan（2009）利用中国1993—2005年29个省份的面板数据研究了影响外国直接投资流入的因素，发现GDP直接影响了外国直接投资的流入，等等。

上述研究为分析俄罗斯各地区外国直接投资流入影响因素提供了有益的借鉴，但就该问题本身展开的研究相对较少。从国内来看，有实证研究发现，产业集聚程度和创新能力是影响俄罗斯外国直接投资区位选择的主要因素，但给出的影响因素仍十分宽泛，且该研究并没有明确数据类型是联邦大区层面还是联邦主体层面，这都影响到研究结论的借鉴意义（谭蓉娟、李新，2008）。另外，上述分析似乎并没有反映出俄罗斯这一经济体的特性；作为补充，有研究从转型国家比较典型的产权保护和政府干预度两个制度因素入手进行分析，指出了明晰界定和保护产权以及政府的正向干预行为对净化营商环境、促进外国直接投资增长的重要性（许倩倩，2013）。也有专门针对中国对俄直接投资的研究，比如，根据外国直接投资的滞后性，选择中国对俄罗斯直接投资存量作为参考数列，将宏观层面的市场因素、基础设施因素、制度因素、贸易因素和投资集聚因素，中观层面的产业结构因素和行业发展因素，微观层面的劳动力因素、技术因素和企业运营因素确定为比较数列。根据灰色关联分析法对关联度的计算步骤，求出中国对俄罗斯直接投资参考数列与各影响因素具体指标的比较数列之间的灰色关联度，然后由大到小排序，得到关联序为：投资集聚因素＞市场因素＞基础设施因素＞贸易因素＞劳动力因素＞技术因素＞行业发展因素＞制度因素＞产业结构因素＞企业运营因素。取其前三位即投资集聚因素、市场因素和基础设施因素作为影响中国对俄罗斯直接投资的关键因素（高欣，2015），等等。

相比之下，国外的研究成果在数量上更多一些。Broadman 和 Recanatini（2001）、Iwasaki 和 Suganuma（2005）以及 Ledayeva 和 Linden（2006）等运用地区外国直接投资流入数据和其他宏观经济变量评估了地区外国直接投资流入的影响因素，普遍认为：市场规模、基础设施以及自然资源是非常重要的驱动因素。Ksenia Gonchar、Philipp Marek（2014）则指出，市场准入与知识资本存量是影响外国直接投资俄罗斯分布差异的原因所在。Olga Kuzmina、Natalya Volchkova、Tatiana Zueva（2014）通过对俄罗斯 40 个行政区划的商业调查发现：高频率地使用非法支付手段、来自监管机构的高压、执法部门和犯罪都对外国直接投资产生了负面影响。

俄罗斯是世界上重要的转型经济体，有关其他转型经济体外国直接投资流入影响因素方面的研究也有助于理解俄罗斯外国直接投资流入影响因素的分析。如 Alan A. Bevan、Saul Estrin（2004）发现，劳动力成本、吸引力因素、市场规模和市场邻近程度对外国直接投资产生重要影响。有趣的是，实证分析还发现，东道国风险不是一个显著的决定因素。Ĉrt Kostevc、Tjaša Redek 和 Andrej Sušjan（2007）利用 24 个转型经济体 1995—2002 年的面板数据实证分析发现，制度的各方面对外资流入有显著的影响，同时，预算赤字、内部私有化与劳动成本对外国直接投资也存在统计上的显著性。Campos 和 Kinoshita（2003）、Zhuravskaya 和 Guriev（2010）以及 Arbatli（2011）等对俄罗斯与其他转型经济和资源丰裕型国家的外国直接投资流入情况进行比较研究后发现，俄罗斯欠佳的制度环境是导致俄罗斯较低的 FDI 流入水平的主要原因。

考虑到俄罗斯不同地区之间巨大的差异性，Saime Suna Kayam、Alexandr Yabrukov 以及 Mehtap Hisarciklilar（2007）在分析俄罗斯地区

外国直接投资流入差异的决定因素时指出，外国直接投资的空间分布归因于地区之间的差异性，如工资、教育水平、运输条件以及地区生产总值的不同引发的所投资地区和备选地区的市场规模的不同，进而发现邻近地区对外国直接投资水平的冲击并没有影响所投资地区的外国直接投资流入。同时，备选地区的市场规模和自然资源禀赋对外国直接投资地区选择的影响较大。

除了上述经典的计量分析，考虑空间因素的空间计量研究成果还是较为少见的，尽管意识到了外国直接投资流入的空间依赖性非常重要（Ledayeva，2007）。总之，上述分析为我们理解影响俄罗斯各地区外国直接投资流入的影响因素提供了丰富的视角，为接下来的研究奠定了扎实的基础。但因既有研究多限于经典的计量分析，鲜有考虑空间因素的空间计量研究成果，这大大降低了实证分析和结论对现实的解释力。考虑到空间依赖性的空间计量分析能有效地弥补上述不足，在一定程度上提升了研究成果的解释力，其实践指导价值也得以提升。

第二节　数据与研究方法

一　数据来源及说明

自然资源潜力，表示地区自然资源总量及自然资源对投资的保障程度，该数据来源于俄罗斯评级机构《专家》的在线数据库。[①]

其他所用数据均来自俄罗斯联邦统计局出版的统计手册《俄罗斯地区社会经济指标》。这里需要说明的是，2000—2014 年，俄罗斯的行政区划经历过几次调整，我们在处理过程中均做了前后一致性处理。

关于地区数目的问题，鉴于前文所述的原因，我们建模用的

---

① 网址：http：www.raexpert.ru。

2000—2013 年地区面板数据中包含的地区为 69 个。①

二　变量选取及数据处理

基于文献综述部分的研究成果，结合投资者关心的问题，我们综合考虑了成本、需求、制度环境等多种因素对外国直接投资流入可能产生的影响，选择以下变量作为解释变量：

（一）经济发展水平

俄罗斯各联邦主体的经济发展水平是影响外国直接投资流入水平的重要因素。一个地区经济发展水平越高，就越能吸引外国直接投资的流入。同时，在人口因素缓慢变化的条件下，经济发展水平的提高会显著提升一个地区的收入水平，有助于形成更大的市场规模，从而带动消费、投资等需求的增加。这里我们用地区 GDP 代表，GDP 水平越高，就越有利于外国直接投资流入，也就是说，该变量对外国直接投资流入影响的理论预期为正。

（二）经济开放水平

一般情况下，一个地区的经济开放程度越高，该地区与外界交往的能力就越强，国际化程度及市场化程度也就越高，更容易被外界包括跨国公司等组织和投资者个人了解当地的市场特点，越有利于吸引外资流入；更深层次的、开放水平高的地区，人们的理念、观念、管理、人力资本投资也会产生有利于吸引外国直接投资的影响。这里我们采用出口贸易依存度，即出口总额占当地 GDP 比重来代表开放程度。理论预期：经济开放程度对外国直接投资流入的影响为正。

（三）产业集聚水平

Guimaraes 和 Figueiredo 等（2000）较早地将产业集聚用于对外国直接投资的分析之中，他们认为，产业集聚可以有效地降低信息成本，降低不确定性风险，并且提供较完善的共享劳动力市场，后有大量研究从不同侧面分析了产业集聚能提供有利于外国直接投资流入的正外部性。这里，我们以固定资本积累总额表示产业集聚水平，且理论预期为正，即该指标有利于提升地区的外国直接投资流入水平。

---

① 上文关于地区类型的划分中涉及的地区个数之和即是这里指出的 69 个地区。

（四）劳动力成本

劳动力成本高低直接影响产品成本高低直至产品的市场竞争力，早期外国直接投资者转移资本到境外的很大动力即源于谋求较低的劳动力成本。同时，劳动力成本在工人那里就是工资收入水平，问题在于，那些工资水平较高地区的劳动力质量往往相对较高，劳动力的边际产出较高，这都会对外资产生吸引力。因此，从劳动力成本和外国直接投资之间关系的经验分析来看，相关研究并没有得出统一结论。考虑到俄罗斯居民的平均收入水平已经很高，这里我们以工人月均工资水平表示劳动力成本，其水平对外国直接投资流入影响的理论预期为负，即该指标越高，越不利于外国直接投资流入。

（五）税收负担水平

税收会影响投资净回报率，而投资净回报率是影响外国投资者进行外国直接投资的重要因素（Hartman，1984；Grubert and Mutti，2000）。总体税负水平较高的国家，企业的负担会较重，不利于开展投资和经营活动；但又因为近些年世界各国为吸引外国直接投资、获取外国直接投资的其他溢出效应普遍存在税收优惠竞争的情况，以至于对于税收是不是吸引外国直接投资的决定因素这一问题并没有一致的结论。采用不同研究方法、样本得出的研究结果往往也不相同：有的研究认为，税收对吸引外国直接投资并没有起到决定性作用；但在另一些研究中发现，税收对吸引外国直接投资有重大影响（吴良艳、熊筠竹，2014）。这里我们用企业所得税或地方预算收入占地方 GDP 比重来表示当地企业的税负水平，遵循一般的理论分析，在理论上预期该指标对外国直接投资流入的影响为负，即该指标不利于外国直接投资流入。

（六）技术创新水平

一个地区技术创新水平越高，意味着该地区的工业发展水平较高，人力资本水平较高，更为重要的是，技术创新水平的提升也能反映出该地区较为重视技术、专利等知识产权保护工作，企业间的竞争也会更加公正，这往往也是跨国投资者较为关心的问题。这里我们用发明专利申请数表示技术创新水平的高低，其对外国直接投资流入影响的理论预期为正。

（七）教育水平

地区居民受教育水平越高，越有利于劳动力质量以及人的全面素质的提升，对外国直接投资而言，其执行本土化战略时招聘雇员的压力就低很多；同时，教育水平的提高有助于东道国吸收外国直接投资所带来的先进技术、管理和金融理念，进而进一步增强外国直接投资的吸引力，我们用每万人接受高等或中等职业教育的人数代表当地的教育发展水平；教育水平对外国直接投资的影响理论预期为正。

（八）基础设施水平

早在20世纪五六十年代，罗斯托（1960）就已经认识到一个国家对基础设施，[①] 尤其是铁路部门的投入在经济起飞过程中的重要作用。良好的基础设施能够有效地降低投资企业的通信、物流等交易成本，提高投资回报率。按照注释部分的解释，经济基础设施包括的内容较多，在这里，我们仅以公路密度即每万平方千米公路里程数作为经济基础设施的代理变量。理论预期：基础设施对外国直接投资流入的影响为正。

（九）自然资源潜力

这里我们借鉴俄罗斯评级机构《专家》对自然资源潜力的定义即地区自然资源总量和自然资源对投资的保障程度以及该机构对俄罗斯各地区自然资源潜力的排名。我们的理论预期是该变量有利于俄罗斯各地区的外国直接投资流入。

上述所选取的变量以及变量定义，归纳如表5-1所示。

[①] 基础设施是一个具有多重定义的概念（Gramlich，1994），按照世界银行在《世界发展报告1994——为发展提供基础设施》中给出的权威定义，基础设施可以划分为经济基础设施和社会基础设施两大类。本书中专指经济基础设施，所谓经济基础设施，是指长期使用的工程构筑、设备、设施及其为经济生产和家庭所提供的服务，具体包括公共设施（如电力、通信、管道煤气、自来水、排污、固体垃圾收集与处理）、公共工程（如大坝、水利工程、道路）以及其他交通部门（如铁路、城市交通、港口、河道和机场）三种类型（World Bank，1994）。

表 5-1　　面板数据变量及其操作性定义

编号	变量名称	变量属性	变量符号	变量定义	理论预期
1	外国直接投资额	被解释变量	FDI	俄罗斯各地区的年外国直接投资流入量	
2	经济发展水平	解释变量	GDP	国内生产总值（GDP）	正
3	经济开放水平	解释变量	OPEN	地区出口总额占地区生产总值比重	正
4	产业集聚水平	解释变量	FCAP	固定资本积累总额	正
5	劳动力成本	解释变量	WAG	工人月均工资水平	负
6	税收负担水平	解释变量	TAX	企业所得税占当地 GDP 比重	负
7	技术创新水平	解释变量	PANT	发明专利申请数	正
8	教育水平	解释变量	EDU	每万人中接受高等教育人数	正
9	基础设施水平	解释变量	INF	每万平方千米公路里程	正
10	自然资源潜力	解释变量	NARS	地区自然资源总量和自然资源对投资的保障程度	正

选取数据的相关处理情况说明如下：

第一，我们在估计之后，利用多重共线性方差膨胀因子检验所选解释变量共线性的问题。经验判断方法表明：当 $0 < VIF < 10$ 时，不存在多重共线性；当 $10 \leq VIF < 100$ 时，存在较强的多重共线性；当 $VIF \geq 100$ 时，存在严重多重共线性。回归的共线性方差膨胀因子检验结果显示，所选解释变量不存在多重共线性。

第二，书中所使用的地理信息和矢量地图，均由地理信息系统 ArcGIS 软件生成。空间相关性分析以及空间面板数据回归分别由 GeoDa 软件和 Stata12.0 软件实现。

第三，空间权重的设置。在判断研究地区的空间依赖关系以及计算全局和局部空间自相关指标时，我们选择 Geoda 软件自带选项中的"后"邻接关系即共边或共点为邻接创建空间权重矩阵，阶数选择

1期。

在运用空间面板数据进行空间滞后模型、空间误差模型检验时，我们还采用了基于欧氏距离的距离矩阵，在进行稳健性检验时，我们采用了各地区中心城市的公路距离的倒数构建的经济距离矩阵。①

三 研究方法

（一）探索性空间数据分析方法

探索性空间数据分析方法（Exploratory Spatial Data Analysis，ESDA）的核心是"让数据说话"，通过地理空间（地图表示）和属性空间（数据空间）的关联分析来凸显空间关系。由于空间地理对象之间的复杂关系，相比于一般的统计数据，空间数据包含更多复杂的性质，最为典型的就是空间自相关，它使空间数据无法满足数据独立性假设，需要测度空间数据相关性，以概括空间数据的性质，探索空间数据中的模式，并在地图上识别异常数据的分布位置等。具体来说，我们采用两类空间自相关系数并结合莫兰（Moran）散点图来分析俄罗斯各地区外国直接投资流入水平的空间分布模式。

1. 全局空间自相关指标

全局空间自相关系数莫兰指数（Moran's I）最早应用于全局聚类检验，这里用于度量俄罗斯各地区外国直接投资流入水平在整个研究地区范围内的空间分布特征，即检验整个研究区中外国直接投资流入水平在邻近地区间是否相似、相异（空间正相关或负相关），还是相互独立。

莫兰指数的计算公式如下：

$$I = \frac{n \sum_{i=1}^{n} \sum_{j=1}^{n} w_{ij}(x_i - \bar{x})(x_j - \bar{x})}{\sum_{i=1}^{n} \sum_{j=1}^{n} w_{ij} \sum_{i=1}^{n} (x_i - \bar{x})^2} \quad (5.1)$$

式中，n 是研究区域内地区总数，w_{ij} 是空间权重矩阵，这里我们选择 Geoda 软件自带选项中的"后"邻接关系即共边或共点为邻接创

---

① 根据俄罗斯运输网站计算，网址：http://truckmarket.ru/。

建空间权重矩阵，阶数选择 1 期。x_i 和 x_j 分别是地区 i 和地区 j 的属性。属性的平均值 $\overline{x} = \frac{1}{n}\sum_{i=1}^{n} x_i$，属性的方差 $S^2 = \frac{1}{n}\sum_{i=1}^{n}(x_i - \overline{x})^2$。

莫兰指数的取值一般在 -1—1 之间，莫兰指数大于 0 表示空间的正相关，越接近于 1，说明相似属性的空间聚集性越强（高值与高值相邻、低值与低值相邻）。莫兰指数小于 0 表示空间的负相关，越接近于 -1，说明相异属性的空间聚集性越强（高值与低值相邻、低值与高值相邻）。莫兰指数越接近 0，说明属性的空间分布是随机的。

2. 局部空间自相关指标

这里主要利用到两类局部空间自相关指标，一是局部空间自相关系数或局部莫兰指数（Local Moran's I），也称为 LISA（Local Indication of Spatial Association），用来检验局部地区是否存在相似或相应的观测值聚集在一起，这里我们用以探索俄罗斯各地区外国直接投资流入水平在子区域与其邻近地区同一属性的相关程度。结合莫兰散点图和 LISA 聚集图，可以识别冷热点区域的空间分布状态。

局部莫兰指数的计算公式如下：

$$I_i = \frac{(x_i - \overline{x})}{S^2} \sum_{i \neq j} w_{ij}(x_j - \overline{x}) \tag{5.2}$$

正的 I_i 表示一个高值被高值包围（HH），或一个低值被低值包围（LL）。负的 I_i 表示一个高值被低值包围（HL），或者一个低值被高值包围（LH）。

二是莫兰散点图。莫兰散点图是对地区属性值及其空间滞后因子进行的可视化二维图示，在样本地区地理区位相近，并存在相似的特征值的情况下，空间关系就表现为正的空间自相关性；当地理位置相近的样本地区不存在相似的特征值时，空间关系总体就呈现出负的空间自相关性；在地理位置数据和特征值数据的分布彼此相互独立的情况下，所谓的空间自相关便表现为零。莫兰散点图分为四个象限，每个象限对应一个地区与其相邻地区的空间关联模式。第一象限表示该地区具有较大的观测值，其邻近地区也有较大的观测值（HH）；第二象限表示该地区有较小的观测值，其邻近地区具有较大的观测值

(LH)；第三象限表示该地区有较小的观测值，其邻近地区也是较小的观测值（LL）；第四象限表示该地区具有较大的观测值，其附近地区具有较小的观测值（HL）。

（二）空间经济计量模型

传统的经济计量方法往往将经济活动在空间上的异质性忽略掉，假设经济活动在不同的地理空间上是匀质的，即经济变量之间符合计量的经典前提条件如独立分布、误差项同方差等，以符合假设推断遵循的基本理论前提如高斯—马尔科夫（Gause - Markov）定理，但这却忽视了事情的真相，即各地区之间的经济活动存在这样或那样的各种联系，随着大数据时代的到来，人们能够获取的空间数据不断增加，空间计量模型的使用也在不断完善，纳入空间效应的计量模型因综合考虑到经济活动之间的空间异质性和误差项等因素，因此，能够在一定程度上弥补传统的面板回归分析的不足。

第三节　俄罗斯地区外国直接投资流入水平的空间特征分析

一　俄罗斯地区外国直接投资流入水平的空间分布描述

外国直接投资流入水平存在明显的地区差异，我们以外国直接投资流入水平高低不同的4个位次分析2000年、2006年和2013年外国直接投资流入水平高低分布的变化。从7个大的联邦区来看，2000年外国直接投资流入水平较高的地区多集中在中央联邦区、南方联邦区和西北联邦区，流入水平较低的地区多集中在西伯利亚联邦区、伏尔加联邦区和远东联邦区，呈现出西高东低的基本态势；2006年外国直接投资流入水平较高的两个联邦区是中央联邦区和西北联邦区，之前的南方联邦区相对位次下降，伏尔加位次相对提升，在一定程度上可以判定，西北联邦区、伏尔加联邦区和中央联邦区3个地理位置上相邻地区呈现出一定的集聚趋势；外国直接投资流入水平较低的联邦主体除了西伯利亚地区，还分布在中央联邦区和伏尔加联邦区和西北联邦区，这说明，这3个联邦区内部外国直接投资流入水平差异较大，高低并存。2013年的外国直接投资流入情况与2006年相似，不同之处是，在外国直接投资流入较低的联邦区中，西北联邦区位次相对改善，而南方联邦区则相对恶化。

二　俄罗斯地区外国直接投资流入水平的空间演变特征

（一）外国直接投资流入水平全局空间相关性分析

以QUEEN方式创建空间权重矩阵，计算2000—2013年俄罗斯各地区外国直接投资流入水平的全局莫兰指数（见表5-2），由计算结果可知，除了2000年的莫兰指数统计上不显著外，2001—2013年莫兰指数均显著为正，这表明在上述时间区间内俄罗斯各地吸引的外国直接投资具有正的空间相关性，外国直接投资的区位选择具有明显的集聚特征，并非随机分布。从莫兰指数值变动趋势来看，总体呈上升趋势（见图5-1），这表明外国直接投资流入的空间依赖程度越来越强。尤其是2007—2010年逐年升高，在2010年达到最高水平，后又逐年降低，这个时段的最低值出现在2013年，但仍然高于2001年、2004年、2005年、2007年4个年份。

表5-2　　　　2000—2013年俄罗斯地区外国直接投资流入
水平的全局莫兰指数值

年份	莫兰指数	t统计值	年份	莫兰指数	t统计值
2000	0.065	0.848	2007	0.133	8.97
2001	0.157	2.22	2008	0.216	7.13
2002	0.323	11.7	2009	0.348	16.2
2003	0.186	8.51	2010	0.464	12.6
2004	0.0868	2.12	2011	0.395	8.07
2005	0.0751	1.84	2012	0.295	5.64
2006	0.194	8.83	2013	0.169	5.8

注：2000年莫兰指数的显著性水平超过了通常认可的水平外，其他年份的显著性水平均小于5%。下同。

第五章 俄罗斯地区外国直接投资流入影响因素分析 / 107

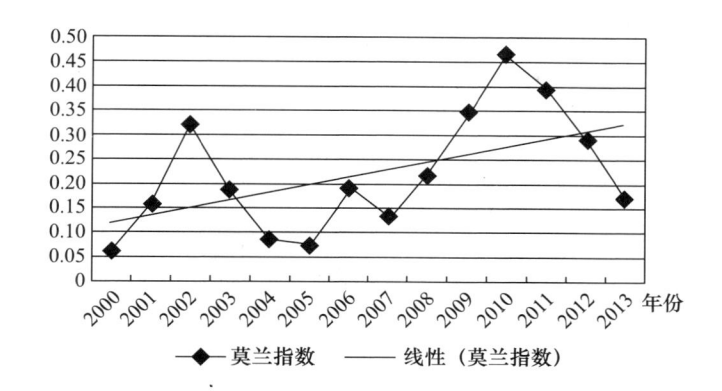

图 5-1 2000—2013 年俄罗斯地区外国直接投资流入水平的全局莫兰指数值

(二) 外国直接投资流入水平局部空间相关性分析

2001—2013 年各年份外国直接投资流入水平的莫兰指数只是表明我们关注地区的整体空间聚集特征，若要识别局部区域在空间上的差异，获取更具体的空间依赖方面的信息，就必须利用莫兰散点图和 LISA 来进行局部空间相关分析。

通过对 2000—2013 年的莫兰指数值设置趋势线发现，2001 年、2006 年、2012 年三年的莫兰指数值的变动趋势与 2000—2013 年的总体变动趋势十分接近，具有代表性，因此，我们选取 2001 年、2006 年、2012 年作为代表性年份进行分析，以揭示研究区间内外国直接投资流入水平的空间演进特征。

1. 各地区外国直接投资流入水平的莫兰散点图

图 5-2 中的 (a)、(b)、(c) 直观地展示了 2001 年、2006 年、2012 年俄罗斯各地区吸引外国直接投资水平的空间格局。大多数地区①分布在第一象限 (HH) 和第三象限 (LL)，在地理空间上呈现显著的正相关关系。

2001 年有 4 个地区落在第一象限，即圣彼得堡市、莫斯科市、莫斯科州以及斯维德洛夫斯克州；有 44 个地区落在第三象限，落在第一象

---

① 因为俄罗斯"飞地"加里宁格勒和萨哈林州这一西一东两个地区属于"孤岛"型地区，只能出现在莫兰散点图的横轴上，所以，69 个地区中只有 67 个地区分属不同的象限。

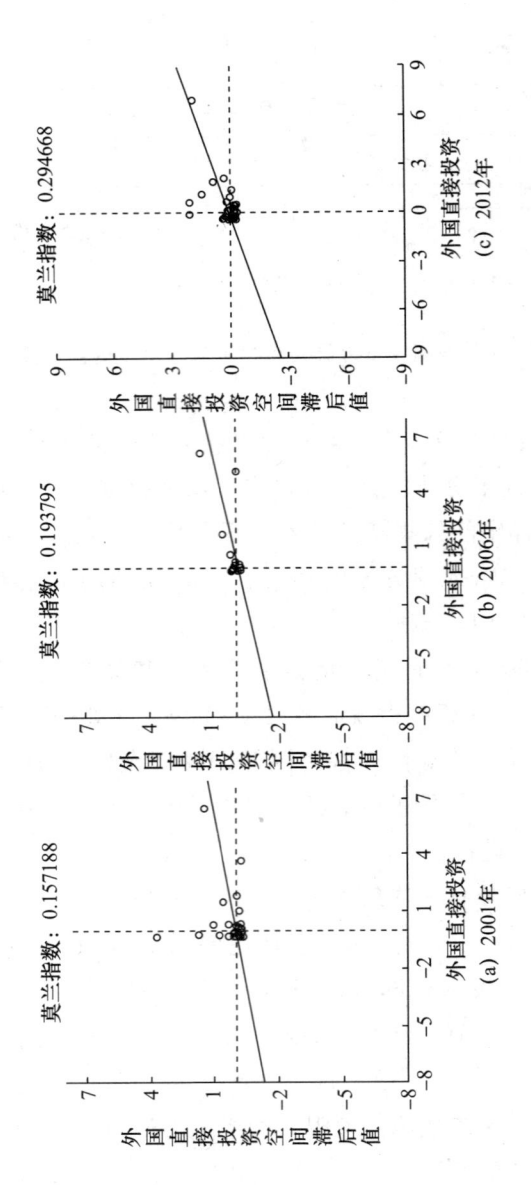

图 5-2 2001 年、2006 年、2012 年俄罗斯各地区外国直接投资流入水平莫兰散点图

限和第三象限的地区总数占样本总数的 69.56%。

类似地，2006 年落在第一象限的地区数是圣彼得堡市、莫斯科市、莫斯科州 3 个，落在第三象限的地区数是 54 个，落在第一象限和第三象限的地区总数占地区样本总数的 82.6%。

2012 年落在第一象限的地区为阿尔汉格尔斯克州、圣彼得堡市、莫斯科市、莫斯科州、卡卢加州、秋明州、雅罗斯拉夫州 7 个，落在第三象限的地区数是 42 个，落在第一象限和第三象限的地区总共占样本总数的 71.01%。

2001 年落在第二象限的地区是阿迪格共和国、阿尔汉格尔斯克州、卡卢加州、卡累利阿共和国、诺夫哥罗德州、普斯科夫州、罗斯托夫州、斯摩棱斯克州、斯塔夫罗波尔边疆区、图拉州、弗拉基米尔州 11 个。落在第四象限的地区是克拉斯诺达尔边疆区、列宁格勒州、新西伯利亚州、奥伦堡州、彼尔姆边疆区、滨海边疆区、萨马拉州、秋明州 8 个。

2006 年落在第二象限的地区是阿迪格共和国、卡卢加州、梁赞州、斯摩棱斯克州、图拉州、特维尔州、弗拉基米尔州、雅罗斯拉夫州 8 个；落在第四象限的地区仅有列宁格勒州和克拉斯诺达尔边疆区 2 个。

2012 年落在第二象限的地区是阿迪格共和国、卡累利阿共和国、诺夫哥罗德州、普斯科夫州、斯摩棱斯克州、斯塔夫罗波尔边疆区、斯维尔德洛夫斯克州、图拉州、特维尔州、弗拉基米尔州、犹太自治州 11 个；落在第四象限的地区是阿穆尔州、克拉斯诺达尔边疆区、列宁格勒州、鄂木斯克州、滨海边疆区、鞑靼斯坦共和国、沃罗涅日州 7 个。

从第一、第三象限分布的地区可以看出，各地区的外国直接投资流入水平呈现两类正相关的聚集区，即 HH 聚集区和 LL 聚集区。落在 HH 聚集区，意味着该地区自身的外国直接投资流入水平较高，同时，相邻地区的外国直接投资流入水平也比较高，这一特征比较稳定的是圣彼得堡市、莫斯科市两座城市以及莫斯科州；落在 LL 聚集区的，说明该地区的外国直接投资流入水平较低，其相邻地区的外国直接投资流入水平也较低，这类地区占多数，2001 年、2006 年和 2012

年的地区数分别为 44 个、54 个、42 个。

落在第二象限（LH）和第四象限（HL）的地区比较少，尤其是第四象限。位于这两个象限的外国直接投资流入水平的空间分布呈现的特征，与高高、低低不同，位于第二象限（LH）的地区多是与外国直接投资流入水平较高的地区相邻，这一特征较为稳定的地区有 4 个即阿迪格共和国、斯摩棱斯克州、图拉州、弗拉基米尔州，其次是卡累利阿共和国、诺夫哥罗德州、普斯科夫州、斯塔夫罗波尔边疆区、特维尔州 5 个地区，这些地区在 2001 年或 2006 年出现在第二象限之后 2012 年再次出现在第二象限。

位于第四象限（HL）的地区即那些被外国直接投资流入水平较低地区包围的地区，2001 年、2006 年、2012 年这样的地区数分别是 8 个、2 个、7 个；这一特征最为稳定的是列宁格勒州，该地区被卡累利阿共和国、诺夫哥罗德州、普斯科夫州、沃洛格达州 4 个地区包围；在 2001 年或 2006 年出现在第四象限后 2012 年再次出现的地区是克拉斯诺达尔边疆区、滨海边疆区这两个，前者被罗斯托夫州、斯塔夫罗波尔边疆区包围，后者的邻居是哈巴罗夫斯克边疆区。外国直接投资流入水平在各地区之间存在高高、低低分布和低高、高低关系的分析也充分说明，俄罗斯各地区的外国直接投资流入在空间分布上同时存在依赖性和异质性。

2. 各地区外国直接投资流入水平的 LISA 聚类图

因为莫兰散点图是对所有地区的空间依赖关系的判断，对每个象限具体的地区并没有给出显著性水平的指标，这里需要进一步计算 LISA 聚类图及其显著性指标，以进一步探究空间分析的结果。从表 5-3 可以看出，2001 年、2006 年、2012 年达到显著性水平的地区数分别为 8 个、3 个、6 个。

尽管大部分地区均未通过统计意义上的显著性水平检验，但也表明了俄罗斯各地区吸引外国直接投资方面的地理分异特征，2001—2012 年俄罗斯地区吸引外国直接投资方面的空间集聚存在由东部地区向西部地区转移的总体趋势，以首都莫斯科市为中心的集聚呈现一枝独秀的态势；莫斯科市和莫斯科州与周边地区的互动和溢出效应较为明显；相反，下诺夫哥罗德州的空间 LL 关联模式较为稳固，反映出该地区在吸引外国直接投资流入方面与周边地区缺乏良性的相互学习和溢出效应。

表 5-3　正态假设检验显著的俄罗斯地区外国直接投资流入水平的局部莫兰指数

2001 年			2006 年			2012 年		
地区	I 值	p 值	地区	I 值	p 值	地区	I 值	p 值
莫斯科市	9.7494	0.042	莫斯科市	9.9409	0.0320	莫斯科市	13.3136	0.028
阿穆尔州	0.1090	0.05	莫斯科州	0.9460	0.0480	莫斯科州	1.5788	0.046
伊尔库茨克州	0.0890	0.006	阿斯特拉罕州	0.0673	0.0440	阿尔汉格尔斯克州	1.3022	0.026
下诺夫哥罗德州	0.0706	0.026				下诺夫哥罗德州	0.0428	0.0440
萨哈共和国（雅库特）	0.0996	0.032				奔萨州	0.1288	0.0380
坦波夫州	0.0770	0.050				斯维尔德洛夫斯克州	-0.2587	0.0120
阿迪格共和国	-1.2264	0.0100						
斯塔夫罗波尔边疆区	-0.4132	0.0260						

第四节　俄罗斯地区外国直接投资流入水平的影响因素分析

一　模型选择与检验

我们运用空间滞后模型（SLM）和空间误差模型（SEM）来检验影响俄罗斯各地区外国直接投资流入的空间效应。针对"空间依赖性"的不同理解，Lesage（2014）给出了空间计量模型的具体形式：

(一) 空间滞后模型

空间滞后模型探讨经济变量在一个地区是否有扩散现象（溢出效应），用于分析一个地区的经济行为受到其邻近区域经济行为溢出影响的现象。其模型表达式为：

$$Y = \sigma WY + X\beta + \varepsilon \quad \varepsilon \sim N[0, \sigma^2 I] \tag{5.3}$$

式中，X 为 $N \times K$ 外生变量矩阵，如经济增长、资源禀赋等因素；Y 为 $N \times 1$ 的被解释变量；W 为 $N \times N$ 的空间权重矩阵；参数 β 反映了解释变量对被解释变量产生的影响；σ 为空间依赖系数，代表样本观测值空间依赖的强度；WY 为被解释变量的空间自相关项，反映空间距离对外国直接投资流入的影响；为满足正态独立同分布的随机误差向量。

根据上述模型，我们将俄罗斯各地区外国直接投资流入与各影响因素之间关系进行实证分析的空间滞后模型设定为：

$$FDI_{it} = \alpha + \beta_1 GDP_{it} + \beta_2 OPEN_{it} + \beta_3 FCAP_{it} + \cdots + \beta_9 NARS_{it} + \rho WFDI_{it} + u_{it} \tag{5.4}$$

式中，β 为回归系数；被解释变量 FDI_{it} 表示第 i 个地区第 t 年度外国直接投资的流入水平；$\rho WFDI_{it}$ 为被解释变量的空间滞后项；u_{it} 为满足正态分布的随机误差项。省略部分包括工资水平（WAG）、税收水平（TAX）、技术创新水平（PANT）、教育水平（EDU）以及基础设施水平（INF）等解释变量及其系数，下面根据空间误差模型设定的空间计量模型也类似此处的设置。

(二) 空间误差模型

空间误差模型（SEM）中空间个体之间的相互作用是通过误差项中的空间相关来实现的，当不同地区之间由于存在遗漏变量或其他不可观察的因素而发生相互作用时，可以采用这种模型。SEM 模型设定如下：

$$Y = X\beta + \varepsilon, \quad \varepsilon = \lambda W\varepsilon + u, \quad u \sim N[0, \sigma^2 I] \tag{5.5}$$

式中，误差项 ε 由空间自相关项和满足正态独立同分布的随机误差向量 u 组成；λ 是空间误差自相关系数，衡量邻接区域的变量观测值 Y 对本区域观测值 Y 的影响方向和程度。其余符号含义与介绍空间滞后模型时的相同。

用于对俄罗斯各地区外国直接投资流入水平发展与各影响因素之间关系进行实证分析的空间误差模型设定为：

$$FDI_{it} = \alpha + \beta_1 GDP_{it} + \beta_2 OPEN_{it} + \beta_3 FCAP_{it} + \cdots +$$
$$\beta_9 NARS_{it} + \lambda W\varepsilon + u_{it} \quad (5.6)$$

式中，$\lambda W\varepsilon$ 为空间滞后误差项；u_{it} 为满足正态分布的随机误差项。

为了判断 SLM 模型和 SEM 模型哪个更适合用于对俄罗斯地区外国直接投资流入水平的分析，可以通过拉格朗日乘数形式的 LM – Error 检验、LM – Lag 检验以及稳健 LM – Error 检验、稳健 LM – Lag 检验来实现空间依赖性检验并进行识别。我们借鉴 Anselin 和 Florax（1995）提出的判别准则：如果在空间依赖性检验中发现 LM – Lag 检验较之 LM – Error 检验在统计上更加显著，且稳健 LM – Lag 检验显著而稳健 LM – Error 检验不显著，则可以判断适合的模型是空间滞后模型；反之，则可以判断空间误差模型是恰当的模型。除了拟合优度 R^2 检验，通常还可以通过自然对数似然函数值（loglikelihood）、似然比率（LR）、施瓦茨准则（SC）和赤池信息准则（AIC）等对模型进行选择，对数似然值越大，SC、AIC 越小，则该模型的拟合效果越好。检验结果显示：LM – Error 检验比 LM – Lag 检验更显著，且稳健LM – Eror 检验显著而稳健 LM – Lag 检验不显著，因此，本书中选择空间误差模型对俄罗斯各地区的外国直接投资流入水平及其解释变量的影响效应进行实证分析。

二 空间计量模型的实证结果

（一）不考虑空间效应的回归

在不考虑空间效应的情况下，对俄罗斯各地区外国直接投资流入水平面板数据及其影响因素进行回归。作为一个参照系，首先进行混合回归（OLS），又考虑到各地区之间的差异性，可能存在不随时间而变的遗漏变量，故考虑使用固定效应模型（FE），然而，在确认个体效应存在的情况下，即便不使用混合回归，但仍可能以随机效应（RE）的形式存在，针对上述可能性，我们分别采用了 LSDV 法、豪斯曼检验法等相关检验，最终我们选择固定效应模型（陈强，2013）。估计结果如表 5 – 4 所示。

表 5-4　俄罗斯各地区外国直接投资流入影响因素回归结果

自变量	模型 1 (FE)	模型 2 (RE)	模型 4 (OLS)
GDP	0.338944*** (6.92)	0.3646646*** (8.06)	0.3450919*** (4.03)
OPEN	572994.9*** (4.10)	328520.2*** (3.57)	264087.6*** (3.71)
FCAP	0.6522954** (2.23)	0.0077768 (0.03)	-0.4227997 (-1.14)
WAG	-7.187702** (-2.40)	1.60476 (0.60)	9.296014*** (3.67)
TAX	-891433.2** (1.94)	169720.8 (1.03)	-25210.42 (-0.18)
PANT	432.7389*** (4.49)	301.4534*** (6.09)	384.5096*** (3.14)
EDU	1284.574*** (5.35)	138.3816 (0.77)	-403.1018*** (-2.49)
INF	302.6533 (0.77)	-94.8607 (-0.38)	-248.6913 (-1.15)
NARS	1007.547 (0.29)	-1173.929 (-0.96)	-1780.526*** (-3.19)
常数项	328543.9*** (-4.46)	-188375.4* (-1.70)	43023.52 (0.54)
样本数	966	966	966
R^2	0.3102（组内）	0.2852（组内）	0.5999

注：*、**、***分别代表在10%、5%、1%的显著性水平下显著，没有星号的系数在回归中没有表现出显著性，括号内为t统计值，第1行表格内的RE与FE分别代表随机效应模型与固定效应模型，括号内数值，固定效应模型为t统计值，随机效应模型为Z统计值。

基于2000—2013年俄罗斯地区面板数据进行固定效应模型回归的结果显示，模型设置中解释变量对俄罗斯各地区外国直接投资流入的影响，在显著性方面，除基础设施（INF）、自然资源潜力（NARS）之外均显著，显著程度普遍较高，均在5%的显著性水平下。在影响的方向上均符合理论预期，即经济发展水平、经济开放水平、产业集聚水平、技术创新水平、教育水平、基础设施水平、自然资源潜力均有利于俄罗斯各地区外国直接投资的流入，而劳动力成本、税收负担水平不利于外国直接投资流入。

但是，由前面的探索性空间数据分析我们知道，俄罗斯各地区外国直接投资流入之间存在空间相关性，经典线性回归模型因为忽略了空间效应而导致模型设置偏误，需要进行空间面板数据模型检验。

（二）空间面板数据模型回归

由于空间相关性和空间异质性的存在，样本不再满足独立同分布的经典假设，普通最小二乘法估计空间模型可能导致模型回归参数、空间参数和标准误差估计的不一致性（Lesage，2014）。

安塞林（Anselin，1988）建议，采用极大似然法估计空间滞后模型和空间误差模型参数。我们利用Stata12.0软件下载的相关命令，采取极大似然法估计对空间误差模型进行拟合，得到各解释变量对俄罗斯地区外国直接投资流入的空间格局演变的影响效应，这里只报告了时空效应固定效应的空间滞后模型和空间误差模型结果，同时作为参照，将固定效应（组内）回归结果一并列示，如表5-5所示。

表5-5　　　　　空间计量模型（SAR、SEM）估计结果

	SAR（FE, BOTH）	SEM（FE, BOTH）	FE
GDP	0.3459***	0.3505***	0.338944***
	(7.11)	(7.23)	(6.92)
OPEN	538858.5***	540651.6***	572994.9***
	(3.91)	(3.92)	(4.10)
FCAP	0.6872**	0.6883**	0.6522954**
	(2.44)	(2.43)	(2.23)
WAG	-9.9804	-9.1296	-7.187702**
	(-1.41)	(-1.29)	(-2.40)

续表

	SAR（FE，BOTH）	SEM（FE，BOTH）	FE
TAX	372141.4** (2.28)	355460.2** (2.17)	-891433.2** (1.94)
PANT	429.064*** (4.65)	412.8985*** (4.50)	432.7389*** (4.49)
EDU	1714.281*** (4.22)	1694.755*** (4.18)	1284.574*** (5.35)
INF	-76.4856 (-0.17)	107.0866 (0.25)	302.6533 (0.77)
NARS	1698.158 (0.50)	1736.965 (0.51)	1007.547 (0.29)
ρ	1.0278*** (2.98)		328543.9*** (-4.46)
λ		0.713041* (1.68)	
样本数	966	966	966
R^2	0.3100（含）	0.3069	0.3102（含）

注：***、**、*分别表示在1%、5%和10%的显著性水平下显著；括号内为 Z 值。

由空间误差模型得出的结果可以看出，与之前传统的面板回归的固定效应模型相比出现了新的变化，主要体现在以下几个方面：

在通过了显著性水平检验、影响方向相同的影响变量中，经济发展水平、产业集聚水平、教育水平对俄罗斯地区外国直接投资流入的影响程度均出现不同程度的提升，经济开放水平、技术创新的影响程度下降。

空间误差模型仍未通过显著性水平检验但影响方向符合理论预期的仍然是基础设施变量和自然资源潜力变量。只不过前者的影响程度大幅下降，后者则大幅提升。

空间误差模型与固定效应模型相比，大的变化体现在：工资的影

第五章 俄罗斯地区外国直接投资流入影响因素分析 / 117

响,尽管在方向上仍然符合理论预期,但变化不再显著;同时,税收的影响,虽然仍然显著,但影响的方向与理论预期相反。这可能反映出俄罗斯地区税收方面的一些重大变化。

为加快吸引外资投向某些产业或地区,俄罗斯政府对于外资还是先后颁布了《俄罗斯联邦外国投资法》《俄联邦特别经济区法》等法律法规,采取某些比国内企业更优惠的减免税政策,目前主要包括对一些优先投资项目的税收优惠、对外国投资行业的优惠、对外国投资地区的优惠三类。① 比如,为了进一步规范外国投资者在俄罗斯境内投资寻找、勘探和开采矿物资源及有关活动,俄罗斯政府及时修改和补充了《俄罗斯联邦产品分成协议法》,极大地简化了投资者与国家之间的关系,特别是在税收方面,征税基本上被按协议条款分配产品所取代。在协议有效期内,投资者免交除企业所得税、资源使用税、俄籍雇员的社会医疗保险费和俄罗斯居民国家就业基金费以外的其他各种税费。也就是说,我们没有区分税收负担的国内外差异有可能影响到了估计结果。

综合以上分析说明,纳入空间效应的模型可能更好地反映了影响俄罗斯地区流入的真实情况,对俄罗斯各地区外国直接投资流入的解释能力优于没有考虑空间效应的固定效应模型。

同时,我们做了两类稳健性检验:

第一,构建新的空间权重法,因为空间权重矩阵不需要估计,所以,它的设置具有一定的随意性,可能造成结果的不稳健。这里,我们构建一个新的空间权重矩阵,矩阵的元素为俄罗斯各地区的首府城市两两之间公路距离的倒数,用该矩阵来检查模型结果的稳健性。结果发现,基于新的空间权重矩阵得到的空间分析结果与基于欧式距离空间权重矩阵的结果基本一致,显示之前结果的稳健性。主要体现在:一是似然比检验表明,理想的模型仍然是 SEM 模型;二是俄罗斯各地区外国直接投资流入呈现出显著的空间关联性,即空间自相关

---

① 商务部中国投资指南网,http://www.fdi.gov.cn/pub/FDI/dwtz/ggtzzc/oz/els/default.htm。

系数统计显著且为正;三是基于新的空间权重矩阵,我们同样发现,显著影响俄罗斯各地区外国直接投资的流入的变量与空间误差模型揭示的相同。

第二,随机生成荒谬矩阵法。我们为了检验空间影响的结果是否只是一个统计现象,我们尝试设置一个随机生成的空间"荒谬矩阵"。其原理在于:如果设置任何一个随机的、没有任何意义的(荒谬的)空间权重矩阵,仍然能够发现外国直接投资存在空间互动性(虞义华,2015),那么,我们上述得到的空间滞后模型结果就只是一个统计现象或数据或程序现象,而缺乏经济意义。因此,我们做的最后一个稳健性检验就是,利用一个随机生成的空间权重矩阵,通过基于OLS模型残差项的莫兰指数检验以及稳健的拉格朗日乘子来检验残差空间自相关和空间滞后性。检验结果显示,两种检验对应的p值都远超过10%,因此,基于随机荒谬矩阵的分析,我们发现空间互动效应不存在。这个结果可以说明我们的实证结果不是统计现象。

对于上述的空间实证分析,我们忽略了一些潜在问题。例如,更深层次的市场化可能带来更多的外国直接投资,但更多的外国直接投资可能加快市场化进程;同样,一方面,工资的增加可能降低外国直接投资;另一方面,外国直接投资的提升可能使外资企业能够支付给工人更高的工资。如果上述影响机制存在,则上述的模型设置则存在内生性问题,进而导致有偏的、不具有一致性估计量。对于这种内生性问题,我们通常采用工具变量分析方法(Baum et al., 2003)。我们的检验结果是,基于两种空间权重矩阵构建的工具变量经检验都是无效的,模型可能存在潜在的内生性问题。

小　　结

首先,通过分析发现,俄罗斯各地区的外国直接投资流入水平总体上不是随机分布的,而是呈现出正的空间相关特性,外国直接投资流入水平相似的地区在地理空间上呈现聚集趋势。通过莫兰散点图和

LISA 聚类变化图分析，俄罗斯各地区的外国直接投资流入水平的地区集聚呈现出由期初东西两个集聚区向单一的西部集聚转移的态势，同时还发现，西部集聚的空间相关性不仅表现为 HH 型正相关还表现为 LL 型正相关，前者主要体现在西北联邦区和中央联邦区，后者主要体现在伏尔加联邦区。

其次，俄罗斯各地区外国直接投资流入水平的地区分布具有空间相关性和空间负相关和离散性，但是，研究区域总体上空间正相关和空间集聚特征更为明显。对于空间相关性的 HH 类型的地区应加强研究，我国企业投资该类地区时应主动积极地利用这类地区的相互学习和溢出机制或渠道；对 LL 型地区，我国投资企业应尽全方位考虑该类地区对外国直接投资的各种限制，更加慎重考虑投资该类地区；类似地，对 LH 型地区也要注意深入考察造成这一局面的根本原因，不要贸然投资该类地区。

最后，采用空间误差模型对影响地区外国直接投资流入水平空间格局演变的因素进行分析，结果发现：经济发展水平、经济开放水平、产业集聚水平、技术创新、教育水平的提高均会对地区外国直接投资流入具有显著的促进作用；工资的影响不再显著，基础设施和自然资源潜力的影响也不显著，没有考虑国内外差别的税收变量却有利于外国直接投资流入。

本章通过探索性空间数据分析和空间计量模型分析，在一定程度上弥补了未考虑空间效应条件下研究的不足，给出了若干新的发现。但也有许多不足。众所周知，获取自然资源导向的外国直接投资对俄罗斯的经济发展具有重要意义，但在我们的分析中该因素的影响却并不显著。再如，如何有效区分外国直接投资的真实属性，将真正的外国直接投资和"伪装"的外国直接投资区分开也是下一步研究的方向。

第六章　俄罗斯各地区对国内外投资吸引力的差异性

基于间接法和直接法给出的地区营商环境的排名，尽管为外国企业了解俄罗斯联邦不同地区之间的营商环境状况提供了指南，但国内与国外的投资者对同一地区的营商环境的感知却可能存在较大差异。也就是说，地区营商环境可以进一步从对国内、外国投资者的吸引力具有差异性这个角度展开分析。如果这项工作能够成功推进，那么，在逻辑上可以认为，对外国投资者具有吸引力的地区未必是营商环境排名靠前的地区。或者说，营商环境排名靠后的地区未必就不是外国投资者青睐的地区；然后分析出现这一现象的原因，进而分析地区层面影响国内投资和外国投资的具体因素的差异性，可以帮助外国投资者深化对各地区营商环境的认知，这对包括中国企业在内的海外企业选择在俄罗斯的投资区位具有重要决策价值。

第一节　文献综述

国家评级战略创新所以及评级机构《专家》等机构进行的地区投资环境排名[1]，对促进俄罗斯各地区创建有利于营商的条件具有积极意义，联邦政策层面的政策体系也开始搭建、实施[2]，或者说，地区

---

[1] http://www.investinregions.ru/rating，可与《专家》评级机构的数据比较。
[2] 2012年9月10日，俄罗斯联邦总统令第1276号："对联邦权力执行机关首脑和俄罗斯联邦主体的高级官员在创建有利于开展经营活动的条件方面的活动进行绩效评估。"

第六章 俄罗斯各地区对国内外投资吸引力的差异性

政策评价体系也开始考虑有关政策是否有利于改善地区的营商环境等方面的内容。但俄罗斯国内与外国投资对地区的贡献的差异性尚未得到重视。除上文提到的对外国投资者具有重要意义之外，在近来俄罗斯遭受西方经济制裁和对外经济关系重新调整的背景下，这个问题对俄罗斯本身也显得非常重要。因为，弄清楚哪些地区在多大程度上对外国投资存有依赖，对判断外资变化及其影响具有积极意义。在外国投资企业影响较大的地区，类似资本外流、现代化投资项目的停滞、产能缩减等风险也较高。同时，这类分析对外资进入时的地区选择决策尤为重要，尤其是 2014 年西方启动对俄罗斯经济制裁以来。无论是单纯的理论研究角度，还是从现实实践或经验的角度，弄清楚不同地区外资流入水平差异的影响因素是非常重要的。这对俄罗斯各级政府也具有丰富的政策含义，即如果国内与外国投资规模的比例关系，取决于所谓的客观因素，那么，在制定和实施联邦、地区政策的时候必须重点关注这些因素。同时，如果吸引到的外国投资可以用地方政府的投资政策等主观因素来解释，那么，就应强化和完善这类投资政策。后者比前者更容易实施和落地（Кузнецова，2016）。总之，无论是客观因素还是主观因素，都得到了外国投资者的关注。

梳理文献发现，在论述俄罗斯地区投资吸引力的时候，要么只论及外国直接投资，要么就是不分国内国外的所有投资，尽管也有少数例外。在 2000 年年初公开出版的文献中就有针对 20 世纪 90 年代的情况展开的论述。当时，外国投资俄罗斯的资金流入量还很少。有研究则认为，在所有和地区生产总值、交通运输基础设施有关的解释变量中，只有俄罗斯的投资存量达到较大规模的情况下才会对外国直接投资流入产生较大的影响（Broadman，Recanatini，2001）。[①] 同一时期，也有少量文献专门研究了各地区对国内、外国资本投资吸引力存在差异性的问题，并给出了解释（Бернштам，Кузнецов，2002a；2002b）。总体上看，相关研究是较少的。在研究方法方面，除了传统

[①] 对在一般意义上讨论影响外国直接投资流入因素的文献综述这里没有展开，相关部分可参见本书第五章第一节有关内容。

的计量方法，也有运用传统统计方法的研究（Нестерова，Мариев，2005；Полиди，Сичкар，2013），而运用对经营人员或企业家进行访谈等社会学方法的研究也发现了投资者关心的某些地区特征。导致这方面研究较为匮乏的一个重要原因，并不是学者对此领域缺乏研究兴趣，而是与方法的复杂性以及数据可比性等问题有关。比如，传统上使用的各种指标如外国直接投资规模与固定资产投资等，在不同地区之间缺乏应有的可比性等。这造成的一种后果就是，考虑各种因素后的研究成果与外资投资事实之间是脱节的。前文提及的评级机构在制定地区投资吸引力排行榜时也考虑到了企业家关心的各种因素（Гришина，2005；Панасейкина，2013），但是，在地区排行榜中地区状况与吸引投资之间缺乏因果关系（Унтура，2004）。这在一定程度上反映出俄罗斯各地区在社会经济发展等方面的巨大差异性，同时，这也可以看作对各种排行榜尤其是投资吸引力排行榜的委婉批评。换言之，对类似排行榜在指导实践方面的有效性提出一定程度的质疑。

基于上述考虑，接下来，我们首先借鉴已有的研究成果，并没有把构建经济计量模型作为自己的首要研究目标，只是分析了不同地区的经济结构、市场规模等因素对国内外投资的影响，发现这些因素明显地影响了某些地区的投资吸引力，尽管这些因素在整个联邦主体层面的依存关系不存在统计上的"显著性"（О. Кузнецова，2016）；然后，在这个基础上构建了针对国内外投资的影响因素分析模型，试图进一步在实证框架下探索影响因素的差异性及背后的机制。

第二节 俄罗斯各地区国内外投资吸引力比较

一 基础数据来源及评价

取得权威可靠的数据是评价外资在地区投资中作用的前提条件。根据俄罗斯联邦统计局公开出版的数据资料，我们可以获得外国资本

第六章　俄罗斯各地区对国内外投资吸引力的差异性 / 123

参与机构（ОУИК）在固定资产投资额度方面的数据。因为，俄罗斯各地区的固定资产投资可以分为预算内投资和预算外投资，预算内投资的分配并不能正确地反映地区投资吸引力的大小，更多地体现了联邦经济政策的偏好以及地区和市政一级行政区的预算保障程度或水平。预算外资金又可分为两类：一类来源于国内投资者，另一类来源于外国资本参与的机构（Организации с Участием Иностранного Капитала，ОУИК）投资。① 相应地，具有可比性的反映国内投资吸引力的国内投资额数据即预算外投资额减去ОУИК投资额所得余额。这样，我们就获得了反映国内外投资吸引力的可比数据。尽管这些数据存在不足，比如，这里的ОУИК机构投资额没有区分机构内部外国资本的入股或投资比例，事实上，从10%—100%都有可能。另外，ОУИК机构也包括离岸资本注册地辖属的外国资本。但比传统的外国直接投资统计数据要精准得多。② 关键是上述ОУИК投资数据的缺陷并没有扭曲或影响分析的最终结果。外国投资者的存在本身就证明了其对企业经营活动和地区都是有利的，哪怕外国投资者的投资在资本份额中的比例仅为10%。

因此，为了比较、评价地区经济中外国资本作用的地区间差异，可以使用"ОУИК投资占预算外投资比重"这个指标，如果某地区的这个指标值较大，就可以认为，该地区对外国投资的吸引力较大。另外，考虑到人口规模较小的地区境内大型投资项目带来的投资流入的波动程度可能较大等情况，这里，我们对经济条件相似的5个年份即2009—2013年的相关指标取算术平均值。2009年经济危机已经开始，但尚未有制裁，这5年对于平滑指标的波动性是足够的，而且，这些

---

① 俄罗斯联邦统计局并没有出版"预算外资金总额"方面的数据，但俄罗斯联邦地区发展部在俄罗斯联邦主体权力执行机关的办事效能评价框架内公布有此类数据。在地区发展部存续期间，在地区发展部的网站上公布有数据下载链接，地区发展部被取消后，数据改由俄罗斯联邦统计局网站公布。

② 严格地说，收集具体的投资项目信息是研究外国投资的最佳途径（Кузнецов，2007 и другие работы в ИМЭМО РАН Институт мировой экономики и международных отношений РАН）（俄罗斯科学院世界经济与国际关系研究所），但使用这种方法时，事实上，无法就各地区的外国投资在整个投资中的比重进行统计分析。

年的数据质量较高，特别是固定资产投资中的预算外投资方面的数据。①

二 数据统计分析

根据2009—2013年数据计算的结果，各联邦主体总的预算外投资占地区生产总值比重为21.1%，其中，国内投资占地区生产总值比重为17.7%，ОУИК投资占地区生产总值比重为3.4%。② 但上述指标在不同联邦主体之间差别非常大。换言之，不同地区在对国内、外国投资者的吸引力对比方面，差距也非常大（见表6-1）。

进一步地，如果将国内预算投资比重和ОУИК机构投资比重分别分成高和低两个等次，那么，国内预算投资比重六组中低于14%、15%—17%和17%—19%三列可归为低等次组，19%—22%、22%—26%和高于26%三组可归为高等次组；相应地，ОУИК机构投资按照比重划分的七组中可将低于1%、1%—2%和2%—3%三组划到低等次组；3%—4%、4%—5%、5%—7%和超过9.5%四组划到高等次组。

这样，我们可以认为，国内预算投资比重的低等次地区组和ОУИК机构投资比重的高等次地区组的交集，对外国投资吸引力较高，这些地区包括摩尔曼斯克州、弗拉基米尔州、阿尔汉格尔斯克州、加里宁格勒州、梁赞州、罗斯托夫州、奥伦堡州、伊尔库茨克州；圣彼得堡市、彼尔姆州、萨马拉州、斯维尔德洛夫斯克州、图瓦共和国、车里雅宾斯克州、图拉州、雅罗斯拉夫州、克拉斯诺亚尔斯克边疆区、萨哈林州、楚科奇自治区、卡尔梅克共和国、涅涅茨自治区21个地区。

---

① 感谢О. Кузнецова，给笔者提供的相关数据的网址以及其论文"Различия в привлекательности российских регионов для отечественных и иностранных инвесторов"（Вопросы экономики，№ 4，2016，С. 86 - 102）的启发。

② 本章采用的数据主要来源于О. Кузнецова的论文"Различия в привлекательности российских регионов для отечественных и иностранных инвесторов"（Вопросы экономики，№ 4，2016，С. 86 - 102）提供的数据，与我们根据О. Кузнецова提供的数据计算的结果有些许出入，但总体统计分析的结果未变。为便于大家将本章内容与О. Кузнецова（2016）的论文进行对比分析，这里采用原作者统计计算所得数据。

表6-1　　　　　　预算外固定资产投资占地区生产总值比重

ОУИК	国内预算外投资					
	14%及以下	15%—17%	17%—19%	19%—22%	22%—26%	26%以上
1%及以下	印古什共和国、北奥塞梯共和国、阿迪格共和国	阿尔泰边疆区	卡拉恰伊—切尔克斯共和国	布良斯克州、卡巴尔达—巴尔卡尔共和国、哈卡斯共和国、外贝加尔边疆区	阿尔泰共和国	达吉斯坦共和国、车臣共和国、亚马尔—涅涅茨民族自治区
1%—2%	莫斯科市、科斯特罗马州、乌德穆尔特共和国	伏尔加格勒州、鄂木斯克州、巴什科尔托斯坦共和国、布里亚特共和国	堪察加边疆区	别尔哥罗德州、伊万诺沃州、奔萨州、秋明州	马里埃尔共和国、滨海边疆区、马加丹州、汉特曼西斯克民族自治区	莫尔多瓦共和国、坦波夫州
2%—3%	卡累利阿共和国	基洛夫州、新西伯利亚州	普斯科夫州、莫斯科州、萨拉托夫州	库尔斯克州、奥廖尔州	沃罗涅日州、斯摩棱斯克州、乌里扬诺夫斯克州、鞑靼斯坦共和国	阿斯特拉罕州
3%—4%	摩尔曼斯克州	弗拉基米尔州	阿尔汉格尔斯克州、加里宁格勒州、梁赞州、罗斯托夫州、奥伦堡州、伊尔库茨克州	诺夫哥罗德州、斯塔夫罗波尔边疆区、楚瓦什共和国		克拉斯诺达尔边疆区
4%—5%	圣彼得堡市	彼尔姆州、萨马拉州、斯维尔德洛夫斯克州		阿迪格共和国、克麦罗沃州、托木斯克州		哈巴罗夫斯克边疆区
5%—7%	图瓦共和国	车里雅宾斯克州	图拉州、雅罗斯拉夫州	下诺夫哥罗德州	沃洛格达州	列宁格勒州、阿穆尔州、科米共和国、萨哈共和国（雅库特）、犹太自治州

续表

OУИК	国内预算外投资					
	14%及以下	15%—17%	17%—19%	19%—22%	22%—26%	26%以上
9.5%以上	克拉斯诺亚尔斯克边疆区、萨哈林州、楚科奇自治区	卡尔梅克共和国	涅涅茨自治区	卡卢加州、利佩茨克州		

资料来源：转引自 Кузнецова, О., "Различия в привлекательности российских регионов для отечественных и иностранных инвесторов", Вопросы экономики, №.4, 2016, С. 86 – 102。

这与第三章表3-4给出的直接法得出的投资吸引力排名前15位的地区相比，只有莫斯科市、圣彼得堡市、罗斯托夫州和斯维尔德洛夫斯克州4个地区是重合的。相反，国内预算投资比重的高等次地区组和OУИК机构投资比重的低等次地区组的交集地区对国内投资吸引力较高，这些地区包括布良斯克州、卡巴尔达—巴尔卡尔共和国、哈卡斯共和国、外贝加尔边疆区、阿尔泰共和国、达吉斯坦共和国、车臣共和国、亚马尔—涅涅茨民族自治区、别尔哥罗德州、伊万诺沃州、奔萨州、秋明州、马里埃尔共和国、滨海边疆区、马加丹州、汉特曼西斯克民族自治区、莫尔多瓦共和国、坦波夫州、库尔斯克州、奥廖尔州、沃罗涅日州、斯摩棱斯克州、乌里扬诺夫斯克州、鞑靼斯坦共和国、阿斯特拉罕州25个地区，这与第三章第一节给出的直接法得出的投资吸引力排名前15的地区相比，重合地区是别尔哥罗德州、鞑靼斯坦共和国、沃罗涅日州3个地区；与国内预算投资比重和OУИК机构投资比重均高组别的地区［包括诺夫哥罗德州、斯塔夫罗波尔边疆区、楚瓦什共和国、克拉斯诺达尔边疆区、阿迪格州、克麦罗沃州、托木斯克州、哈巴罗夫斯克边疆区、下诺夫哥罗德州、沃洛格达州、列宁格勒州、阿穆尔州、科米共和国、萨哈共和国（雅库特）、犹太自治州15个地区］相比，重合的仅有下诺夫哥罗德州、克拉斯诺达尔边疆区两个地区。由此可以在一定程度上推断，本部分的研究是对直接法给出的营商环境排名的有效弥补或者说两者具有互补性。

由于国内投资的规模明显高于 OУИК 投资（甚至超过了 5 倍），所以，在整个预算外投资额占地区生产总值比重较高的地区在很大程度上决定了该地区在吸引国内投资方面比对外国投资更具有吸引力（见表 6-2）。在表 6-2 中，国内投资占地区生产总值比重较大的前 15 个地区中前 12 个联邦主体在预算外投资总额占地区生产总值比重方面也位于领先之列。亚马尔—涅涅茨自治区与克里斯诺达尔边疆区同时在这两方面都居前列。仅有卡卢加州、利佩茨克州和涅涅茨自治区 3 个地区因为 OУИК 投资比重较高，而使预算外投资与国内投资的排名顺序不再一致。

表 6-2　预算外固定资产投资占地区生产总值比重比较高的地区　单位:%

俄罗斯联邦主体	OУИК	俄联邦主体	国内	俄联邦主体	预算外投资占比
萨哈林州	13.4	亚马尔—涅涅茨民族自治区	45.8	亚马尔—涅涅茨民族自治区	46.4
克拉斯诺亚尔斯克边疆区	12.4	克拉斯诺达尔边疆区	42.9	克拉斯诺达尔边疆区	46.2
利佩茨克州	12.1	达吉斯坦共和国	36.7	列宁格勒州	42.3
卡卢加州	12.1	阿斯特拉罕州	36.4	犹太自治州	40.8
涅涅茨自治区	11.7	列宁格勒州	35.9	阿穆尔州	39.8
卡尔梅克共和国	10	犹太自治州	35.5	科米共和国	39.2
楚科奇自治区	9.5	科米共和国	33.2	阿斯特拉罕州	38.5
阿穆尔州	6.9	阿穆尔州	32.9	达吉斯坦共和国	37.3
图拉州	6.6	坦波夫州	31.7	哈巴罗夫斯克边疆区	34.1
列宁格勒州	6.5	车臣共和国	30.4	萨哈共和国（雅库特）	34
沃洛格达州	6.4	哈巴罗夫斯克边疆区	29.4	坦波夫州	33.5
雅罗斯拉夫州	6.4	萨哈共和国（雅库特）	28.4	卡卢加州	32.5

续表

俄罗斯联邦主体	ОУИК	俄联邦主体	国内	俄联邦主体	预算外投资占比
科米共和国	6.1	莫尔多瓦共和国	26.3	利佩茨克州	32.5
下诺夫哥罗德州	6	阿尔泰共和国	25.3	车臣共和国	30.4
图瓦共和国	6	鞑靼斯坦共和国	25.1	涅涅茨自治区	29.9

资料来源：转引自 Кузнецова, О., "Различия в привлекательности российских регионов для отечественных и иностранных инвесторов", Вопросы экономики, № 4, 2016, С. 86 – 102。

将上述计算结果结合地区具体情况将会获得更有决策价值的分析：

第一，ОУИК 机构投资占比较高的领导型地区分布在各大联邦区，它们排名靠前的原因在多数情况下是因为其经济的部门结构（下一节将展开具体分析）。但也有例外，比如卡卢加州，该州是唯一由于地方政府的投资政策而享有盛名的地区；例外的还有卡尔梅克共和国、图瓦共和国以及楚科奇自治区，这类地区，因为其经济规模较小，经济发展水平较低致使"ОУИК 机构投资占比"的基数较小，尽管 ОУИК 机构投资额度较低，但比值却较大，例如，根据俄罗斯联邦统计局的统计资料，到 2013 年年末，卡尔梅克共和国的 ОУИК 机构总数仅为 4 个。

第二，北高加索地区[①]的共和国对外国投资者缺乏吸引力，因为，它们被描述为社会政治形势不稳定，但从其预算外投资占比来看，车臣共和国和达吉斯坦共和国预算外投资以及预算外投资中的国内投资占比还是比较高的，对 ОУИК 机构投资缺乏吸引力的原因需要寻求进一步解释。

第三，远东联邦区的大部分地区的预算外投资占地区生产总值比

---

① 2000 年 6 月 23 日，俄罗斯总统普京下令将北高加索联邦管区更名为南部联邦管区（Южный федеральный округ），理由是它包含并非正式属于北高加索的若干地区。2010 年 1 月 19 日，将北高加索地区析出南部联邦管区，重新设置为北高加索联邦管区（Северо - Кавказский федеральный округ），包括达吉斯坦共和国、印古什共和国、卡巴尔达—巴尔卡尔共和国、卡拉恰伊—切尔克斯共和国、斯塔夫罗波尔边疆区、北奥塞梯—阿兰共和国、车臣共和国 7 个地区。

重普遍相对较高，这或许预示着该区域有着进一步快速发展的潜力。这一地区自21世纪初以来一直是俄罗斯联邦政府地区政策扶持的主要地区之一。事实上，在吸引国内投资方面，该联邦区的萨哈林州经济发展是较为落后的（在83个联邦主体里面，其国内投资占GDP比重居第80位）。① 楚科奇自治区则居第79位，堪察加边疆区在整个预算外投资方面也非常弱，这两个地区距离俄罗斯的重要销售市场最为遥远，且交通设施水平低下，这都影响到外资的进入。

第四，莫斯科市和圣彼得堡市成为国内投资占GDP比重这一指标方面的"局外人"（居第83位和第82位）。在所有联邦主体中，莫斯科市的预算外投资占GDP比重居末位，圣彼得堡市的状况略好一点（居第79位），但它在吸引外国投资者方面具有不错的位次。这充分表明两个大型经济集聚区的经济特点：首先，就服务业方面包括商贸中介活动的特征而言，需要的投资规模与生产部门相比，要小得多。比如，在莫斯科市2013年超过50%的地区生产总值，在圣彼得堡市超过40%的地区生产总值都是由两类服务类经济活动贡献的：一是批发零售贸易、摩托车、汽车及日用品维修；二是与不动产有关的业务、租赁。其次，两个大型集聚区经济增长机会不足，包括对新设立企业而言，场地自由获取方面存在障碍、更高的成本支出比如工资水平高等。② 最后，莫斯科市和圣彼得堡市对外国投资者而言仍具有较大的吸引力，这说明等级扩散效应的存在，即当一个新的外国投资者进入一个国家时，从首都地区开始被认为是更好的选择（Кузнецов，2007）。对圣彼得堡市而言，沿海的便利位置具有积极意义。

第五，外国投资的分配方面，OУИК投资占地区生产总值比重与OУИК投资在预算外投资中的份额之间存在直接的依赖关系。换言之，某地区对外国投资者的吸引力越高，外国投资在整个预算外投资

---

① 萨哈林州，这只是地方政府的经济政策对地区投资吸引力产生负面影响明显的地区个例，卡卢加州则是积极影响的案例。
② 居民和经济活动的过度集聚对经济增长的负面影响，目前在俄罗斯国内，正如我们所看到的，其评价还相当不充分，但在国外的文献中，对该问题却相当关注（Briilhart et al., 2009）。

中的作用就越大。而国内投资却没有发现类似的规律。同时，我们发现，ОУИК投资占所有预算外投资比重的地区平均水平并不高——16%（2009—2013年平均）。但这一指标的差异是比较大的——从车臣共和国的零（根据俄罗斯统计资料，在统计计算的5年内，没有任何ОУИК机构投资，由表6-2可以看出）到萨哈林州的52.3%（见表6-3）。在外国投资占预算外投资比重与各联邦主体的经济发展水平之间，总体上看，没有发现统计上的依赖关系。但是，那些经济发展水平相对较高的地区，外国投资的作用往往被高估。在人均地区生产总值较低的地区，外国投资的作用往往被低估。当然，也有例外，由于外国资本的涌入不受当地政府控制而导致外国投资在经济欠发达地区的作用较高，而对那些专门依靠开采油气而高度发达的联邦主体而言，外国投资的作用有时也较低。

表6-3　俄联邦主体在ОУИК占预算外投资比重方面的差异化　　单位:%

ОУИК占比	联邦主体（按照指标值从大到小排列）
32以上	萨哈林州、克拉斯诺亚尔斯克边疆区、涅涅茨自治区、楚科奇自治区、卡卢加州、利佩茨克州、卡尔梅克共和国、图瓦共和国、圣彼得堡市
26.0—27.0	图拉州、雅罗斯拉夫州、车里雅宾斯克州
20.0—24.0	莫斯科市、沃洛格达州、斯维尔德洛夫斯克州、摩尔曼斯克州、下诺夫哥罗德州、彼尔姆边疆区、萨马拉州
17.5—20.0	萨哈共和国（雅库特）、阿迪格共和国、梁赞州、弗拉基米尔州、科米共和国、加里宁格勒州
15.0—17.0	阿穆尔州、克麦罗沃州、斯塔夫罗波尔边疆区、全俄平均水平、托木斯克州、列宁格勒州、楚瓦什共和国、诺夫哥罗德州、奥伦堡州、卡累利阿共和国
12.5—15.0	犹太自治州、阿尔汉格尔斯克州、哈巴罗夫斯克、伊尔库茨克州、新西伯利亚州、罗斯托夫州、基洛夫州、萨拉托夫州、乌德穆尔特共和国、莫斯科州
10.0—11.5	库尔斯克州、乌里扬诺夫斯克州、特维尔州、奥廖尔州、布里亚特共和国、鞑靼斯坦共和国、普斯科夫州、堪察加边疆区
7.5—10.0	伏尔加格勒州、巴什科尔托斯坦共和国、沃罗涅日州、斯摩棱斯克州、科斯特罗马州、伊万诺夫州、滨海边疆区、别尔哥罗德州、鄂木斯克州
5.0—7.5	克拉斯诺达尔边疆区、库尔干州、汉特曼西斯克民族自治区、马加丹州、奔萨州、秋明州、莫尔多瓦共和国、阿斯特拉罕州、北奥塞梯共和国、坦波夫州

续表

OУИК 占比	联邦主体（按照指标值从大到小排列）
2.5—5.0	马里埃尔共和国、外贝加尔边疆区、阿尔泰边疆区、哈卡斯共和国、布良斯克州
2.5 以下	阿尔泰共和国、卡拉恰伊—切尔克斯共和国、卡巴尔达—巴尔卡尔共和国、达吉斯坦共和国、亚马尔—涅涅茨民族自治区、印古什共和国、车臣共和国

资料来源：转引自 Кузнецова, О., "Различия в привлекательности российских регионов для отечественных и иностранных инвесторов", Вопросы экономики, № 4, 2016, С. 86 – 102。

如果将 OУИК 投资占预算外投资比重超过 20%，即 20.0%—24.0%、26.0%—27.0% 和 32% 以上三组地区看作对外资吸引力较高的地区，那么这类地区总数为 19 个，即萨哈林州、克拉斯诺亚尔斯克边疆区、涅涅茨自治区、楚科奇自治区、卡卢加州、利佩茨克州、卡尔梅克共和国、图瓦共和国、圣彼得堡市、图拉州、雅罗斯拉夫州、车里雅宾斯克州、莫斯科市、沃洛格达州、斯维尔德洛夫斯克州、摩尔曼斯克州、下诺夫哥罗德州、彼尔姆边疆区、萨马拉州。上述 19 个地区与根据直接法得出的排名前 15 名的地区相比，重合的有克拉斯诺达尔边疆区、利佩茨克州、莫斯科市、萨马拉州、圣彼得堡市、斯维尔德洛夫斯克州、下诺夫哥罗德州 7 个地区。如果将上述 19 个地区与根据间接法得出的排名前 15 名的地区相比，重合的地区有卡卢加州、克拉斯诺达尔边疆区、莫斯科市、萨马拉州、斯维尔德洛夫斯克州以及下诺夫哥罗德州 6 个地区，与间接法排名比较得出的重合地区对我国中小型企业赴俄罗斯投资可能更有积极的借鉴价值。

第三节　俄罗斯各地区国内外投资吸引力差异的原因分析

前文通过 2009—2013 年 5 个年份的相关指标计算而得的算术平均值较为清晰地反映了不同地区对国内外投资者吸引力的差异性。本节基于 O. Кузнецова（2016）给出的一个解释框架，对俄罗斯不同地区国内外投资吸引力差异的原因展开相关分析。

一　不同地区产业结构的影响

不得不强调的是，那些 ОУИК 投资占预算外投资比重较大的领先型地区中有不少拥有黑色和有色金属企业。如何将这一观察结果量化并与地区经济结构联系起来呢？这里我们借鉴 O. Кузнецова（2016）的做法，基于俄罗斯联邦税务局按部门结构征收的个人所得税（НДФЛ）这一公开数据展开分析。进一步地，这里并没有使用纳税总额这一数据，因为总额与很多因素有关，包括汇率价格的形成、出口退税（把增值税返还给出口商）等；同时，也没有使用俄罗斯联邦统计局的数据，因为，按照地区生产总值（GRP）的结构，这些数据只是按照"俄罗斯经济活动类别分类法"（该分类法2005年开始实施）的类别公布的相关数据。也就是说，只涉及采矿业和制造业；但冶金工业生产的特点在于既包括开采（黑色和有色金属矿石）又包括生产、加工，但在统计局的资料中只是把燃料能源放到采矿业里面。统计表明，采矿业和制造业占地区生产总值比重与个人所得税的地区间差异性之间是非常吻合的（相关系数达到0.9左右）。在联邦主体层面，对冶金工业的统计结果也表明，在 ОУИК 投资占预算外投资比重较大的领导型地区中，事实上也有许多冶金工业。

冶金工业型地区的领导者，在很大程度上依赖于外国投资，可以用以下逻辑来解释：所谓的 ОУИК 投资在冶金工业部门获得了极大程度的普及，其实，这些投资都来自国内公司，只不过公司注册地是在海外（离岸公司），俄罗斯大型冶金公司（就生产规模而言）几乎都是如此。以《专家》评级公司给出的前100名俄罗斯大型冶金公司（就生产规模而言）为例，仅有两家公司没有在官方资料中说明这一点，但在大众媒体中也有它们在海外注册地的描述。如果再重新审视一下这些拥有大型冶金公司的主要地区，那么，我们会再次发现，那些 ОУИК 投资占预算外投资比重占优的地区就在它们中间。以

第六章　俄罗斯各地区对国内外投资吸引力的差异性 / 133

O. Кузнецова（2016）列举的冶金行业的 12 家大型公司为例，① 12 家公司分布在 28 个地区，与 ОУИК 投资占预算外投资比重较高（占 17.5% 以上）的 25 个地区，有 11 个地区是重合的，包括彼尔姆边疆区、车里雅宾斯克州、科米共和国、克拉斯诺亚尔斯克边疆区、利佩茨克州、摩尔曼斯克州、萨哈共和国（雅库特）、圣彼得堡市、斯维尔德洛夫斯克州、沃洛格达州、下诺夫哥罗德州。

对某些地区而言，油气部门对外国资本的依赖程度较大，外国投资多在该部门从事油气开采，甚至原油制品的生产。正如开采和加工黑色和有色金属矿石一样，原油的开采和加工环节大多处在同一公司的同一个技术工艺链条上，但统计上则分属于采矿业和制造业。油气部门的情况更为复杂，因为油气专业化程度较高的地区（见表 6-4），有时既是该领域的领导者，同时在 ОУИК 投资占预算外投资比重方面又是"局外人"（与表 6-3 对比观察可知），这反映出统计口径与现实经济联系存在某种程度的脱节，需要多角度的综合研究才能有效弥补。

表 6-4　2013 年冶金和油气部门的个人所得税比例排名领先的地区　　单位：%

俄联邦主体	冶金部门比重	俄联邦主体	油气部门比重
马加丹州	17.3	汉特曼西斯克民族自治区	33.8
利佩茨克州	15.9	亚马尔—涅涅茨民族自治区	27.3
楚科奇自治区	12.6	涅涅茨自治区	25.1
沃洛格达州	12.6	萨哈林州	13.1

---

① 这 12 家公司包括 ЕВРАЗ（EVRAZ plc）（14）、Северсталь（16）、Новолипецкий металлургический комбинат（20）、Мечел（27）、Магнитогорский металлургический комбинат（31）、Металлоинвест（35）、Трубная металлургическая компания（41）、ЧТПЗ（Челябинский трубопрокатный завод）（72）、Объединенная металлургическая компания（81）、ГМК "Норильский никель"（17）、Объединенная компания "Русал"（23）、Группа УГМК（33），前 9 家黑色金属行业公司，后 3 家有色金属行业公司括号内数字为《专家》评级机构给出的俄罗斯大型公司前 400 强中的位次。资料 O. Кузнецова（2016）根据互联网信息整理而得，包括公司信息披露中心 www.e-disclosure.ru；《专家》评级机构给出的俄罗斯大型公司前 400 强；还有各种媒体报告（包括非正式的）。

续表

俄联邦主体	冶金部门比重	俄联邦主体	油气部门比重
车里雅宾斯克州	12.2	奥伦堡州	11.4
别尔哥罗德州	12.1	阿斯特拉罕州	10.9
克拉斯诺亚尔斯克边疆区	11.7	科米共和国	8.9
斯维尔德洛夫斯克州	9.8	托木斯克州	7.4
奥伦堡州	6.9	巴什科尔托斯坦共和国	6.7
哈卡斯共和国	6.7	鞑靼斯坦共和国	6.5
克麦罗沃州	6.5	萨哈共和国（雅库特）	5.6
摩尔曼斯克州	6.4	乌德穆尔特共和国	4

注：冶金工业——冶金矿石开采业以及冶金加工和半成品加工业；油气部门——原油和天然气开采，该领域的服务以及石油产品的生产。

资料来源：转引自 O. Кузнецова, "Различия в привлекательности российских регионов для отечественных и иностранных инвесторов", Вопросы экономики, №. 4, 2016, С. 86 – 102。

除上述对冶金部门或油气部门的一般分析之外，作为补充，还需要关注以下四类特殊情况：

一是萨哈林州和涅涅茨自治区。这两个地区的情况比较特殊。在这两个地区，外国投资的作用是非常大的，在 ОУИК 机构投资占预算外投资比重排行中分居第 1 位和第 3 位（涅涅茨自治区的这个指标为 41%），这两个地区油气资源的开采不仅是按照生产分工协议进行的，同时，还受动态分工式油气开采区系列协议的约束。比如，外国资本参与投资的知名项目萨哈林州的油气项目，该项目位于涅涅茨自治区，按照生产分工协议在产油区进行开采，而涅涅茨自治区本身则加入了动态分工式油气开采区之列。

二是考虑到特殊政策的影响。油气开采部门与冶金部门尽管在生产分工协作体系上有着紧密的联系，但俄罗斯联邦政府或地方政府政策的不同限制会影响外国投资的进入。与冶金部门不同，在油气部门，大型公司进行离岸注册实际上并不普遍，由于联邦政府以该部门对国家经济发展具有特殊战略意义为名对类似注册设置了门槛。[①] 因此，亚马尔—涅涅茨自治区（在该地区油气 Газпром 公司占主导地位）成了 ОУИК 投资占预算外投资比重排名的"局外人"。类似地，在阿斯特拉罕州（在该地区 Газпром 公司控制着液化气产区）和原油开采型的汉特—曼西斯科自治区外国投资的作用并不大。但也有例外，比如，Роснефть 公司，根据《专家》评级公司的数据，它在 2014 年的生产规模排在 Газпрома 公司和 ЛУКойла 公司之后，居第 3 位。该公司当前有 19.75% 的注册资本属于外国投资者 BP Russian Investments Limited,[②] 该公司的业务范围非常广泛，在外国资本作用较大的地区，如萨马拉和托木斯克州等地 Роснефть 公司起着非常大的作用，梁赞州的 НПЗ 也属于该公司。

三是冶金和天然气工业领域的外国投资对某些地区的影响较大。ОУИК 机构投资占预算外投资比重这一指标使得外国投资对当地经济影响程度具有很大程度上的可比性。外国投资在各个产业部门的不同分布影响到了该指标的变化。比较那些外国资本影响程度差异较小的地区，经常可以发现，冶金和天然气工业领域的外资对该地区在 ОУИК 机构投资占预算外投资比重方面是否居领先地位具有较大影响。例如，奥伦堡州，该地区有大量的冶金和天然气工业；再如，克拉斯诺亚尔斯克边疆区，该地区冶金工业与石油工业的发展是联系在一起的，该地区 ОУИК 机构投资占整个预算外资金比重在所有联邦主体中居第 2 位，2009—2013 年平均值超过 47%。

四是外国投资的介入程度问题。有的地区拥有外资（包括离岸资本）介入程度很高的大型冶金公司，尽管其规模远远小于石油部门的大型公司，但因为其介入程度高，又与各领域的新创建的加工企业（或制造业企业）紧密联系在一起，使所在地区无论是外国资本的作

[①] 特别需要注意的是，油气收入占联邦预算收入的比重非常高，在 2015 年之前甚至超过 50%，而冶金部门的作用则小得多，尽管占的比重比较大。

[②] http://rosneft.ru/Investors/structure/share_capital.

用还是该地区对国外投资者的投资吸引力方面均居领先行列。利佩茨克州就是这种地区的一个典型，该地区拥有新利佩茨克冶金工业综合体，同时，该地区还是2005年获批的工业加工型特殊经济区。

二 不同地区市场规模的影响

前文从地区经济部门专业化角度揭示了不少地区对外国投资吸引力处在领先地位的原因，但这一角度的解释力并未覆盖所有地区。最明显的例子就是卡卢加州，另外，就是那些领先地区中地处欧洲部分的地区。① 对外国投资者的访谈表明，消费市场的规模也是影响俄罗斯地区投资吸引力的关键因素（Леонова，2015）。不过，有关消费市场规模令人满意的计算方法暂时还没有。各类地区投资吸引力排行榜（包括非常知名的《专家》评级机构）在进行有关消费市场规模的类似评价时，那些直接描述地区某方面特征（居民数、收入水平）的统计指标往往被排除在外。出现这个问题的原因可能与具体的行业或产品类别甚至交通便捷程度等其他因素有关。比如，易腐食品可以在距离不是很远的相邻地区进行销售等。如果将汽车一个工作日可达的半径视为一个市场，那么，距离在500千米范围内的地区也可以看作一个大市场。无论如何，居民数作为衡量消费市场规模的一个基本尺度（见表6-5），具有重要参考价值。②

如果市场规模是影响外国投资的重要因素，那么，在单纯讨论那些非专业化生产原料地区的情况下，列举在销售市场规模和ОУИК投资占预算外投资比重两个指标上均居领先地位的地区，就会发现，两个指标具有高度的一致性，以ОУИК投资占预算外投资比重排名前25位的地区为例，在这25个地区里面将与冶金和油气部门占优的排名前24位的地区重合的11个地区，除去还剩下的14个地区，这14

---

① 就外国投资者类型而言，在这些地区进行投资的外国投资者，不仅仅只是离岸投资。这一点非常重要。因为有不少文献指出，投资俄罗斯的某些外国投资者其实属于伪外资，他们多来源于离岸资本，而离岸资本的真正所有者就是俄罗斯人或俄罗斯机构，详细论述参见 Paivi Karhunen、Svetlana Ledyaeva（2012），Svetlana Ledyaeva、Paivi Karhunen 和 John Whalley（2013）。

② 这里给出的地区市场规模用地区总人口数与其他地区人口数的总和来表示，这些地区行政中心城市之间的距离不超过500千米的公路距离。

个地区中有 8 个地区的市场规模较大，重合率达到 57.14%。①

表 6 – 5　　　　2013 年俄罗斯联邦主体销售市场规模的差异

居民数 （百万人）	俄罗斯联邦主体（按由大到小排列）
35.0—39.3	梁赞州、莫斯科州、图拉州、卡卢加州、下诺夫哥罗德州、弗拉基米尔州、莫斯科市
29.7—33.5	利佩茨克州、奥廖尔州、伊万诺沃州、坦波夫州、布良斯克州、科斯特罗马州、特维尔州、雅罗斯拉夫州
24.7—25.1	斯摩棱斯克州、沃洛格达州
18.2—20.3	萨马拉州、莫尔多瓦共和国、楚瓦什共和国、乌里扬诺夫斯克州
16.0—17.2	鞑靼斯坦共和国、卡拉恰伊—切尔克斯共和国、斯塔夫罗波尔边疆区、巴什科尔托斯坦共和国、罗斯托夫州、奔萨州
12.7—14.5	阿迪格共和国、车里雅宾斯克州、彼尔姆边疆区、卡尔梅克共和国、乌德穆尔特共和国、克拉斯诺达尔边疆区、沃罗涅日州、斯维尔德洛夫斯克州
10.0—12.5	马里埃尔共和国、基洛夫州、库尔斯克州、萨拉托夫州、别尔哥罗德州、伏尔加格勒州、车臣共和国、卡巴尔达—巴尔卡尔共和国、库尔干州、秋明州
8.7—9.9	印古什共和国、北奥塞梯共和国、诺夫哥罗德州、奥伦堡州、阿尔泰边疆区、新西伯利亚州、普斯科夫州、克麦罗沃州、托木斯克州、列宁格勒州、圣彼得堡市
5.2—6.3	达吉斯坦共和国、阿尔泰共和国、阿斯特拉罕州
3.4—3.7	哈卡斯共和国、布里亚特共和国、伊尔库茨克州、克拉斯诺亚尔斯克边疆区

---

①　在 OYИK 机构投资占预算外投资比重比较高的前 25 位的地区中，除去与冶金或油气部门影响较大的 11 个重合地区即楚科奇自治区、车里雅宾斯克州、科米共和国、克拉斯诺亚尔斯克边疆区、利佩茨克州、摩尔曼斯克州、涅涅茨自治区、萨哈共和国（雅库特）、萨哈林州、斯维尔德洛夫斯克州、沃洛格达州，还剩下 14 个地区，即阿迪格共和国、彼尔姆边疆区、弗拉基米尔州、加里宁格勒州、卡尔梅克共和国、卡卢加州、梁赞州、莫斯科市、萨马拉州、圣彼得堡市、图拉州、图瓦共和国、下诺夫哥罗德州、雅罗斯拉夫州；在消费市场规模较高的前 27 位的地区中，除去与冶金或油气部门影响较大的 4 个重合地区即鞑靼斯坦共和国、巴什科尔托斯坦共和国、利佩茨克州、沃洛格达州，还剩下 23 个地区。这 23 个地区与之前的 14 个地区重复的地区有 8 个，即弗拉基米尔州、卡卢加州、梁赞州、莫斯科市、萨马拉州、图拉州、下诺夫哥罗德以及雅罗斯拉夫州。

续表

居民数 （百万人）	俄联邦主体（按由大到小排列）
1.1—2.2	科米共和国、鄂木斯克州、滨海边疆区、汉特曼西斯克自治区、哈巴罗夫斯克边疆区、犹太自治州、阿尔汉格尔斯克州、外贝加尔边疆区
1.0 以上	加里宁格勒州、萨哈共和国（雅库特）、图瓦共和国、阿穆尔州、摩尔曼斯克州、卡累利阿共和国、亚马尔—涅涅茨民族自治区、萨哈林州、堪察加边疆区、马加丹州、楚科奇自治区、涅涅茨自治区

资料来源：系原作者根据俄罗斯统计局和 www.avtodispetcher.ru. 的资料整理而得。转引自 Кузнецова, О.，"Различия в привлекательности российских регионов для отечественных и иностранных инвесторов"，Вопросы экономики, №. 4，2016，С. 86 – 102。

当然，冶金和油气部门专业化程度与消费市场的规模并不能解释所有的外国投资在不同地区之间的差异，毕竟，各联邦主体的地区经济多样化的内容是十分丰富的；同时，需要指出的是，地区或联邦政府的投资政策在影响国内外投资方面也是特别需要考虑的。特别知名的就是卡卢加州，该州因为政府在制定吸引投资政策方面的高效率和取得的成功而为世人所知（Окружко，2015）。联邦政府的经济政策对吸引外资具有重要作用的另外一个典型例子是加里宁格勒州，该地区虽然不具备大规模的销售市场，但有实施多年的特殊经济区制度。因此，上述两个重要因素即地区经济的部门特点和地区消费市场规模，与其他因素共同决定或影响了各地区的投资吸引力。

综上可知，外国投资吸引力的地区差异主要取决于两个关键因素：一是地区的部门专业化特征，冶金部门以及在个别情况下的石油部门具有重要意义；二是较大规模的地区销售市场，尤其是在与政府高效的投资政策有效结合的情况下。这里需要对这两个关键因素补充说明：首先，在冶金工业占主导地位的地区，不只涉及真实的外国投资，而且，还需要关注离岸资本的问题。从实践的角度看，这意味着统计制度的局限性，就我们研究的问题而言，应分别统计相关的数据，将国内离岸资本参与的投资机构的资本与来自离岸机构的真正的海外资本区分开。这样，可以更有效地判定外国投资者在地区投资领域的作用和影响。同时，站在潜在外国投资者的角度，要关注少数被当地大型企业"绑架"的地区，这类地区往往缺乏经济多样性，投资该类地区的风险需要更加细致、全面地评估，不能仅仅考察统计数字。其次，对各地区消费市场规模的评价表明，地区之间的差异之大，已经超出了我们预想的程度。在一组地区里，销售市场的规模，少的小于 100 万人口，多的则接近 4000 万人口。特别地，那种期望销售市场规模极小的地区在吸引投资者方面取得多大成就是不现实的，尽管这类地区的投资吸引力排名也可能很靠前，联邦和地方政府的相关政策也很支持。毕竟那些销售市场规模较大的地区，才是外国投资者优先考虑的对象。

第四节 俄罗斯各地区国内外投资影响因素的差异性分析

俄罗斯各地区外资流入的差异性反映了各地区投资吸引力的差异性，这种差异性是由何种原因引起的，前文进行了初步的统计分析，这比之不加区分地研究国内外投资吸引力或单纯地研究外国直接投资吸引力又推进了一步。本节在上述研究的基础上，通过计量分析，将经济学理论关注的影响投资的诸多因素对国内投资和国外投资的影响分别进行分析，为进一步探索俄罗斯地区层面对国内、外国投资影响机制的不同提供新的可能性。

一 变量选取与模型设定

（一）变量选取

1. 被解释变量

被解释变量有两个，分别代表某地区对外国投资和国内投资的吸引力。具体来说，为了评价俄罗斯联邦各地区国内、外国投资影响因素的差异性，我们必须使用具有可比性的数据，考虑到预算外资金分为两类：一类是有外资参与机构 ОУИК 的投资，用该投资额的大小表示该地区对外国资本的吸引力大小；另一类是国内投资者的投资，用该投资额的大小表示该地区对国内资本的吸引力大小，数量上该投资额等于预算外投资额减去 ОУИК 投资额（这种划分方式借鉴了 О. Кузнецова，2016）。

2. 解释变量

基于第五章第一节和本章第一节文献综述部分的研究成果，结合投资者关心的问题，我们综合考虑了成本、需求、制度环境等多种因素对投资可能产生的影响，除第五章第二节考虑到的经济发展水平、经济开放水平、产业集聚水平、体制创新水平、劳动力成本、税收负担水平、技术创新水平、教育水平、基础设施水平等因素之外，还考虑了产业结构优化水平、地区中小企业发展水平和地区营商环境等因素，下面对这三个因素及理论预期做详细说明：

（1）产业结构优化水平。以往的大量文献研究表明，投资能通过产业关联效应、技术外溢效应以及增加东道国的资本新品种等途径促进当地产业结构升级。其实，投资与产业结构优化的关系是双向的，作为决策者当然会考察目标地区的产业结构可能给投资带来的影响。也就是说，会把产业结构升级的影响纳入进来。因此，我们这里引入该变量，并用第三产业产值占总产值比重来表征，且预期其对投资具有正向影响。

（2）地区中小企业发展水平。从中小企业发展水平角度衡量各联邦主体的营商环境水平，进而作为影响投资的一个重要变量。如前文所示，选择这种间接方式主要基于以下考虑：中小企业作为整个经济生态的重要环节，它的变化对于各联邦主体的经济社会具有"一叶知秋"之"叶"，"春江水暖鸭先知"之"鸭"的地位和作用。总之，中小企业相对于大型或巨型企业对营商环境的变化反应最为敏感，通过衡量其发展水平间接地反映出各联邦主体的营商环境及其变动是具备一定说服力的。[①] 这里我们采用的指标主要包括中小企业数量、投资、就业人数、营业额等数据。

[①] 徐昱东、徐坡岭：《俄罗斯投资区位选择及其影响因素分析——基于俄罗斯各地区中小企业发展水平的视角》，《俄罗斯研究》2014 年第 4 期。

第六章 俄罗斯各地区对国内外投资吸引力的差异性 / 141

（3）地区营商环境。通常认为，改善营商环境有利于吸引投资，这里我们借鉴俄罗斯国内权威评级机构给出的投资潜力和投资风险的数据，考察各自对国内外投资影响。

（二）数据来源

俄罗斯各地区的固定资产投资可以分为预算内投资和预算外投资，预算内投资资金的分配并不反映地区投资吸引力的大小，更多地体现了俄罗斯联邦经济政策的偏好以及地区和市政一级行政区的预算保障程度或水平。预算外资金可以划分为两类：一类来源于国内投资者，另一类来源于外国资本参与的机构（Организации с Участием Иностранного Капитала，ОУИК）投资。俄罗斯联邦统计局并没有出版"预算外资金总额"方面的数据，但俄罗斯联邦地区发展部在俄罗斯联邦主体权力执行机关的办事效能评价框架内公布有此类数据。在俄罗斯联邦地区发展部存续期间，在该部的网站上公布有数据下载链接，地区发展部被取消后，数据改由俄罗斯联邦统计局网站公布。① ОУИК 投资数据和其他数据均来源于俄罗斯统计局历年出版的统计手册《俄罗斯地区社会经济指标》，相对应、具有可比性的反映国内投资吸引力的国内投资额数据即预算外投资额减去 ОУИК 投资额所得余额。

各地区中小企业发展水平数据根据俄罗斯国家企业问题系统研究所公布的系列报告《俄罗斯各地区小企业发展趋势年度报告》的统计数据整理而得。②

各地区营商环境数据来源于俄罗斯国内评级机构《专家》出版的历年年度报告整理而得。

关于地区数目的问题，俄罗斯现有联邦主体 85 个，由联邦主体合并及统计数据缺失，所以，我们建模用到的 2008—2013 年的地区面板数据中包含的地区为 69 个。③

---

① http://www.gks.ru/free_doc/new_site/rosstat/pok-monitor/pok-monitor.html.
② http://www.nisse.ru/analitics.
③ 上文关于地区类型的划分中涉及的地区个数之和即这里指出的69个地区。

(三) 模型设定

根据前文论述的影响投资的因素,参考 Saime Suna Kayam 和 Alexandr Yabrukov (2007)、李汉君 (2011) 等研究思路,构建关于投资吸引力与上述诸因素之间的多元线性回归模型:

$$Y_{it} = \alpha_0 + \alpha_{it}X_{it} + \varepsilon_t + u_{it} \tag{6.1}$$

其中,被解释变量 Y 代表各地区对国内外投资的吸引力,对国内投资的吸引力用预算外投资额中的国内投资额表示,对外国投资者的吸引力用 ОУИК 投资额来表示;常数项 α_0 为地区特定效应,X_{it} 为的解释变量,ε 为反映年度效应的时间虚拟变量,以控制横截面的相依性;u_{it} 为随机误差项。

被解释变量及解释变量的符号及说明如表 6-6 所示。

表 6-6　　被解释变量及解释变量符号及说明

	符号	含义说明	定义
被解释变量	gnxyl	对国内投资者的吸引力	预算外投资中的国内投资额
	oyuk	对外国投资者的吸引力	ОУИК 投资额
解释变量	gdp	俄罗斯各地区的经济发展水平	国内生产总值 (GDP)
	open	经济开放水平	地区进出口总额占地区生产总值比重
	inst	产业结构优化水平	第三产业产值占总产值比重
	fcap	产业集聚水平	固定资本积累总额
	inin	体制创新水平	私人部门就业占总就业比重
	pant_inv	技术创新水平	发明发现型的专利申请数
	wage	劳动力成本	工人月均工资水平
	tax	各地的税收负担水平	企业所得税占当地 GDP 比重
	inf_rail	基础设施水平	每万平方千米铁路里程数
	edu_h	教育水平	每万人中接受高等教育人数
	num_sme	中小企业数	每 10 万居民中小企业数
	inv_sme	中小企业投资	中小企业固定资产投资
	emp_sme	中小企业就业	中小企业吸纳就业人数
	inv_risk	投资风险	根据俄罗斯评级机构给出的数值
	inv_pot	投资潜力	根据俄罗斯评级机构给出的数值

二　实证结果与分析

（一）基于所有地区的检验及讨论

上述变量选取部分，考虑到解释变量之间共线性问题，我们在做具体回归的时候，在产业结构优化水平（INST 用第三产业产值占总产值比重表示）和体制创新水平（ININ 用私人部门就业占总就业比重表示）两者之间二取一，选择了产业结构优化水平；考虑到解释变量的数据特征，对反映地区经济发展水平的 GDP 数据做了取对数并去中心化处理。类似地，去中心化处理了经济开放水平的变量，又考虑到俄罗斯进入工业化时间较早，其基础设施水平和人力资本水平已经较高，而我们样本的区间时间范围是 2008—2013 年，因此，我们分别对表征教育水平和基础设施水平的变量做了平方处理。

基于 2008—2013 年俄罗斯 69 个地区的面板数据，我们首先使用固定效应模型和随机效应面板模型进行回归分析，具体选择哪种模型则根据豪斯曼检验确定，最终选择固定效应模型，估计结果如表 6-7 所示。

表 6-7　国内、国外投资吸引力与其影响因素的估计结果

变量	模型Ⅰ国内投资 系数	t 值	p 值	模型Ⅱ外国投资 系数	t 值	p 值
c_lngdp	67777.14	4.46	0.000	-320.12	-0.06	0.949
c_open	17290.64	0.85	0.398	1896.60	0.28	0.778
inst2	-23985.97	-0.42	0.675	123.79	0.01	0.995
wage2	0.00	-2.12	0.035	0.00	-1.98	0.048
edu2	-0.15	-4.59	0.000	-0.06	-5.63	0.000
inf_rail	62.16	2.75	0.006	-13.57	-1.82	0.070
pant_inv	44.25	3.25	0.001	-11.11	-2.47	0.014
tax	-12621.32	-0.82	0.415	-3045.48	-0.6	0.551
fcap	0.41	11.92	0.000	0.06	5.33	0.000
emp_sme	5.49	0.24	0.814	-5.07	-0.66	0.509
inv_sme	-1.00	-1.52	0.130	0.23	1.04	0.300
num_sme	-6.79	-1.61	0.108	0.12	0.08	0.932

续表

变量	模型Ⅰ国内投资			模型Ⅱ外国投资		
	系数	t值	p值	系数	t值	p值
inv_risk	11561.75	1.54	0.124	-3881.82	-1.57	0.118
inv_pot	359.87	0.04	0.969	726.49	0.24	0.811
常数项	57124.14	2.15	0.033	35522.48	4.05	0.000
R^2	0.5553			0.3170		
样本数	414					

最后，我们在估计完成之后，利用多重共线性方差膨胀因子（VIF）检验所选解释变量共线性的问题。经验判断方法表明：当 0 < VIF < 10 时，不存在多重共线性；当 10 ≤ VIF < 100 时，存在较强的多重共线性；当 VIF ≥ 100 时，存在严重多重共线性。回归的共线性方差膨胀因子检验结果如表 6-8 所示。

表 6-8　　　　　　多重共线性方差膨胀因子检验

变量	VIF	1/VIF
inst2	9.04	0.111
fcap	5.53	0.181
edu2	5.05	0.198
inf_rail	4.11	0.243
inv_risk	3.97	0.252
wage2	3.84	0.261
empl_sme	3.63	0.276
c_lngdp	3.56	0.281
pant_inv	3.52	0.284
inv_pot	3.32	0.301
num_sme	3.04	0.329
inv_sme	2.43	0.412
tax	2.22	0.450
c_open	2.05	0.488
Mean VIF	3.95	

对表 6-7 给出的估计结果的具体讨论如下：

首先，国内投资与外国投资影响因素的相似性：工资水平的影响均为正，但影响程度很小；受教育水平指标的显著性水平较高，对国内外投资的影响呈现出开口向下的特征，存在两个阶段性影响即影响的方向先正后负，这也反映出当前俄罗斯在高等教育方面的投入对投资影响的总体趋势，即边际效率递减的趋势。同时，间接地反映出俄罗斯各地区在人力资本培育方面亟须进行提质增效的改革。

产业集聚水平对国内外投资的影响均显著，且方向符合理论预期。如果考虑到表征外国投资吸引力指标数值的绝对数与国内投资额的差异较大的情况，产业集聚对外国投资的影响程度是比较大的。

税收负担和开放水平对国内外投资的影响方向上符合理论预期但统计上均不显著。在一定程度上反映出影响企业投资的重要成本变量的税收负担水平变量与实际企业担负的成本可能存在重大差别。

地区中小企业发展指标即俄罗斯各地区中小企业投资、就业人数、中小企业数等指标中，中小企业数量和投资额对国内投资的影响为负，对国外投资的影响为正，但仅有中小企业数对国内投资的影响显著，其他均不显著，这在一定程度上反映出俄罗斯中小企业发展的整体水平和影响力尽管能间接地反映出当地营商环境发展水平，但总体影响力有待进一步提升。

其次，国内投资与国外投资影响因素的差异性：基础设施、技术创新水平对国内外投资的影响均十分显著，但方向不同，两者对国内投资的影响符合理论预期，两者对国外投资的影响与理论预期相反。具体原因有待进一步分析。

在其他影响显著的因素中，地区生产总值增长速度对国内投资影响方向及程度符合理论预期，该指标对外国投资的影响不显著，且影响的方向与理论预期不符。结合上文，在一定程度上反映出外国投资与国内投资在方向和领域上可能存在巨大差异。

投资风险对国内投资者的影响不显著且与理论预期相反，但该指标对外国投资的影响显著且符合理论预期。这有着重要现实指导意义，因为俄罗斯国内著名评级机构《专家》每年都会给出各地区的营商环境方面的总体排名报告，这一报告中又将营商环境指标分为两大类，即投资潜力和投资风险①，并给出了具体的量化数值。又因为投资风险包括法律风险、政治风险、经济风险、财政风险、社会风险、治安风险以及生态风险等若干因素，是一综合指标，因此，其反映的信息非常重要。

我们根据各地区1996—2014年历年的平均位次获取的排名信息具有重要决策价值（见表6-9）。也就是说，投资风险较高的地区是外国投资者优先考虑规避的地区。

表6-9　　　　　　　　投资风险位次（部分）

位次	地区	位次	地区	位次	地区
1	车臣共和国	34	乌德穆尔特共和国	69	斯塔夫罗波尔边疆区
2	印古什共和国	35	卡累利阿共和国	70	卡卢加州
3	达吉斯坦共和国	36	彼尔姆边疆区	71	加里宁格勒州
4	图瓦共和国	37	基洛夫州	72	下诺夫哥罗德州
5	堪察加边疆区	38	科斯特罗马州	73	诺夫哥罗德州
6	马加丹州	39	汉特曼西斯克民族自治区	74	巴什科尔托斯坦共和国
7	卡拉恰伊—切尔克斯共和国	40	图拉州	75	罗斯托夫州
8	楚科奇自治区	41	斯摩棱斯克州	76	雅罗斯拉夫州
9	外贝加尔边疆区	42	摩尔曼斯克州	77	莫斯科州
10	卡尔梅克共和国	43	秋明州	78	利佩茨克州
11	北奥塞梯共和国	44	阿迪格共和国	79	克拉斯诺达尔边疆区
12	犹太自治州	45	新西伯利亚州	80	莫斯科市
13	库尔干州	46	涅涅茨自治区	81	鞑靼斯坦共和国
14	克拉斯诺亚尔斯克边疆区	47	斯维尔德洛夫斯克州	82	圣彼得堡市
15	伊尔库茨克州	48	普斯科夫州	83	别尔哥罗德州

注：位次越小即越靠前表示风险越高。

资料来源：笔者根据Эксперт РА出具的投资吸引力评级报告中的投资风险位次表格整理而得。

---

① 投资潜力和投资风险两大指标又各自包括若干子指标，具体含义可以参见徐昱东《俄罗斯各地区投资环境评价及投资区位选择分析》，《俄罗斯研究》2015年第1期。

进一步地，根据表 3-6，从 1996—2014 年的动态变化角度发现了投资风险极难在短期内减小的 3 个地区，即马加丹州、达吉斯坦共和国和车臣共和国，这 3 个地区在 1996—2014 年的 19 年时间里连续 19 次被列为投资风险最高的前 15 名。同时，发现风险情况得到改善的地区即利佩茨克州，该地区投资风险持续降低的趋势极为明显；位次由 1996 年的第 21 位升至第 2 位；而下诺夫哥罗德州投资风险存在持续恶化的趋势，由第 2 位降至第 18 位。

投资风险较小且表现较为稳定的地区有两个，即鞑靼斯坦共和国和圣彼得堡市。这两个地区的风险较小，前者连续 19 年，后者有 18 年的位次在后 15 位内。另外，雅罗斯拉夫州，风险先减少后增加的趋势较为明显，不过，这种波动发生在风险较低的水平上。[①]

综合以上两个方面的分析，我们可以大致做出这样的判断：

首先，影响投资的传统变量如经济开放水平、税收负担水平、产业集聚水平、投资总体潜力以及教育水平和工资水平无论是对国内投资还是外国投资的影响总体上都是积极的或符合方向上的预期的；尽管经济开放水平以及税收负担水平这两个指标在统计上并不显著。

其次，相对外国投资而言，地区经济增长率、基础设施水平、技术创新水平对国内投资的影响更符合一般的理论预期，它们对国内投资影响的方向和程度符合理论预期，且统计上显著水平较高。这 3 个变量对国外投资的影响的方向却相反，尽管基础设施和技术创新水平的统计显著性水平较高。这反映出对国外投资的影响存在迥异于国内投资的影响机制。这对包括中国投资者在内的外国投资者赴俄罗斯投资具有重要启发意义。

最后，结合对外国投资影响符合理论预期的其他因素，如中小企业投资、中小企业数量、投资风险尤其是投资风险，其显著性水平较高。我们大致可以这样认为，即俄罗斯的外国投资动机应该存有若干特殊的考虑，需要结合具体的行业、区位甚至微观层面的企业特点展

---

① 关于投资风险和投资潜力的一个综合分析可以参见徐昱东《俄罗斯各地区投资环境评价及投资区位选择分析》，《俄罗斯研究》2015 年第 1 期。

开进一步考察，同时，无论外国投资的具体动机如何，普遍存在规避风险的动机。

（二）基于不同类型地区的分组检验及讨论

参照《俄罗斯联邦地区社会经济状况评价》系列报告[①]，我们将俄罗斯各联邦主体划分为4类，第一类是金融经济中心区，包括莫斯科市、圣彼得堡市和莫斯科州3个地区；第二类是农工区，包括克拉斯诺达尔边疆区、奥伦堡州等26个地区；第三类是工业区包括斯维尔德洛夫斯克、鞑靼斯坦共和国等36个地区（关于农工区和工业区具体包括的地区，见附录3）；第四类是出口导向型地区，包括秋明州（包括汉特曼西斯克自治区、亚马尔—涅涅茨自治区）、萨哈林州、科米共和国、萨哈共和国（雅库特）4个联邦主体。分类的目的是考察不同类型地区对国内外投资吸引力方面的影响因素是否存在较大差异。

又因为金融经济中心区仅包括3个地区、出口导向型地区仅包括4个地区，所以，进行面板回归时解释变量之间会存在严重共线性问题。这里只报告了农工区和工业区的估计结果，如表6-10所示。

表6-10　　国内、国外投资吸引力与其影响因素的估计结果

变量	农工区 OYUK	农工区 GNXYL	工业区 OYUK	工业区 GNXYL
c_lngdp	8110.97	60807.09 ***	1306.07	101612.30 ***
c_open	-1387.24	-47320.90 **	6994.57	55305.73 *
inst2	-6169.64	-14908.04		
wage2	0.00	0.00	0.00	0.00 **
edu2	0.01	0.03	-0.07 ***	-0.19 ***
inf_rail	-5.43	-16.13	-21.29 **	95.04 ***
pant_inv	-33.54 **	46.11	-10.80 **	41.69 **
tax	-9060.74	-19830.81 *	2095.51	-16239.83
fcap	0.12 ***	0.25 ***	0.04 **	0.45 ***
inv_sme	0.25	0.06	0.31	-0.74

---

① http://www.riarating.ru/.

续表

变量	农工区		工业区	
	OYUK	GNXYL	OYUK	GNXYL
num_sme	-1.37	0.82	-0.15	-9.55
inv_risk	-1158.36	6851.93	-3659.70	17000.96
常数项	17029.77	45410.82**	41044.75***	35996.58
R^2	0.5417	0.8321	0.3527	0.6894
样本数	156	156	216	216

注：*、**、***分别表示在10%、5%和1%的显著性水平下显著；括号中为t值。

农工区和工业区的影响因素选取是在估计俄罗斯全国69个地区时所选变量的基础上，结合多重共线性方差膨胀因子检验的结果，剔除了膨胀系数大于10的变量，如表6-11所示。

表6-11 农工区和工业区影响因素多重共线性方差膨胀因子检验

变量	农工区		工业区	
	VIF	1/VIF	VIF	1/VIF
fcap	9.28	0.11	7.59	0.13
inst2	8.14	0.12		
c_lngdp	6.59	0.15	4.05	0.25
edu2	5.37	0.19	5.1	0.20
inv_fx	4.58	0.22	3.77	0.26
pant_inv	4.52	0.22	4.42	0.23
wage2	3.91	0.26	6.91	0.14
num_sme	3.55	0.28	3.41	0.29
inf_rail	3.45	0.29	3.81	0.26
tax_tax	3.03	0.33	2.03	0.49
inv_sme	2.18	0.46	2.01	0.50
c_open	1.73	0.58	1.56	0.64
Mean VIF	4.69		4.06	

由估计结果我们可以发现，两类地区在吸引外国投资和国内投资方面的相似性和差异性：

首先，相似性方面：两类地区中，产业集聚水平对国内、外国投资的影响均十分显著且影响方向符合理论预期。两个地区的技术创新水平对国外投资的影响均为十分显著，但影响方向与理论预期相反，这与总体估计的结果相似；同时，两个地区的地区生产总值的增长率、工资水平、中小企业投资、投资风险对国外投资的影响均符合理论预期，但均不显著；而在对总体进行估计时，投资风险是非常显著的。

两类地区的地区生产总值的增长率、税收负担水平、技术创新水平、工资水平等因素对国内投资的影响均符合理论预期，但是，只有地区生产总值增长率通过显著性水平检验。

其次，差异性方面：相对于工业区，农工区的税收负担对国内投资的影响通过了显著性水平检验，且影响程度较大；该类地区的中小企业投资、中小企业数量对国内投资的影响方向符合理论预期，投资风险影响与理论预期不符。当然，这3个变量在统计上并不显著。另外，该区的经济开放水平对国内投资的影响方向与理论预期相反，具体原因有待进一步分析。

相对于农工区而言，影响工业区国内投资因素中通过显著性水平检验的7个变量的影响方向均符合理论预期；税收负担变量尽管没有通过显著性检验，但其影响的方向仍然符合理论预期。

综合上述分析，我们可以大致得出这样的判断：基于新古典经济学框架探讨投资影响因素的一般性理论分析更适用于俄罗斯工业区内的国内投资。在分析其他地区即农工区、其他类型的投资即外国投资时需要特殊性或个别性的分析。进一步地，可以推断，影响俄罗斯农工区投资的机制、影响外国投资的机制具有特殊性，需要进一步挖掘其内在机制。

（三）稳健性检验

变量回归系数的稳健性对回归模型具有十分重要的意义。固定效应模型虽然能够控制地区效应从而得出稳健的估计结果，但并没有考虑国内投资与外国投资的连续性和变动效应,这对政治政策多变的转型大国俄罗斯而言尤为重要。因此,这里我们以上文设置的主回归模型为参照选择动态系统 GMM 方法进一步进行平稳性检验。具体的检验和动态系统 GMM 回归结果见表 6 – 12。

表 6 – 12　　　　　国内外投资吸引力的系统 GMM 估计结果

变量	全样本估计 OYUK	全样本估计 GNXYL	农工区 OYUK	农工区 GNXYL	工业区 OYUK	工业区 GNXYL
L1. oyuk	-0.017 (-0.31)		0.903*** (6.820)		-0.34*** (-3.54)	
L1. gnxyl		0.277*** (6.230)		-0.226 (-1.02)		0.138 (0.58)
L1. edu2	0.235*** (21.16)	-0.565*** (-21.720)				
c_lngdp	-713.691 (-0.44)	42226.19*** (8.300)	10310.920 (1.340)	68705.23*** (8.66)	19889.38*** (2.79)	61152.65*** (2.87)
c_open	-10168.57*** (-1.96)	20830.9*** (2.010)	32568.39*** (2.000)	-115231.1*** (-5.15)	44348.71*** (3.99)	23952.51 (0.67)
inst2	105151.1*** (4.88)	199032.3*** (6.340)	-30942.610 (-1.010)	-7769.017 (-0.19)		
wage2	0.000*** (-2.2)	0.000*** (2.280)	0.000 (-0.280)	0.000 (0.04)	0.000 (-0.45)	-0.000 (-0.5)
edu2	-0.252*** (-19.94)	0.324*** (10.570)	0.023 (0.550)	0.092* (1.72)	-0.040* (-1.81)	-0.392*** (-5.24)
inf_rail	3.503 (0.63)	92.885*** (9.300)	-21.771** (-1.820)	-24.835 (-1.49)	-5.770 (-0.44)	100.274** (2.31)
pant_inv	2.206 (0.84)	29.564*** (9.200)	8.371 (0.390)	-36.037 (-1.2)	7.528* (1.84)	26.016* (1.79)
tax	-10374.9*** (-2.39)	5802.410 (0.490)	-389.443 (-0.040)	-18296.7* (-1.51)	-7548.889 (-0.58)	-20706.0 (-0.49)
emp_sme	-5.190 (-0.82)	10.29** (1.740)				

续表

变量	全样本估计 OYUK	全样本估计 GNXYL	农工区 OYUK	农工区 GNXYL	工业区 OYUK	工业区 GNXYL
fcap	0.070*** (6.74)	0.124*** (4.960)	−0.104*** (−1.940)	0.375*** (3.1)	0.066*** (2.79)	0.242 (1.26)
inv_sme	0.250 (1.17)	−1.046*** (−3.690)	0.133 (0.290)	0.903 (1.54)	−0.095 (−0.22)	0.685 (0.51)
num_sme	0.572 (0.42)	−13.409*** (−5.390)	1.973 (0.570)	−0.611 (−0.14)	−0.902 (−0.3)	−12.437 (−1.28)
inv_fx	−6466.161*** (−4.34)	−10302.95*** (−3.700)	35.056 (0.010)	−3659.319 (−0.91)	−1895.817 (−0.46)	14569.69 (1.01)
inv_ql	−2457.343 (−0.45)	−25897.08** (−1.920)				
常数项	−11670.150 (−1.13)	67451.39*** (3.340)	22298.270 (1.3)	49538.23*** (2.23)	22530.28*** (2.55)	95625.84*** (3.2)
工具变量数	58	58	26		27	
萨根检验	0.0575	0.1043	0.0870	0.0921	0.0964	0.0753
样本数	345	345	180	180	130	130
AR(1)	0.087	0.1267	0.065	0.083	0.069	0.120
AR(2)	0.2859	0.6739	0.3212	0.4161	0.6952	0.8746

注：*、**、***分别表示在10%、5%和1%的显著性水平下显著。L.表示一阶滞后算子；AR(1)、AR(2)、萨根检验给出的是统计量对应的p值。

通过对比动态系统GMM和前文的估计结果发现，大部分变量的估计结果和显著性水平基本一致，即符号一致、大小相近，这说明本研究设定的模型较为稳健。

小　　结

本章首先围绕俄罗斯地区投资吸引力对国内投资和外国投资的差异及其原因对相关文献进行梳理、述评并以此为基础着重探讨了三个方面的内容：

首先，是俄罗斯各地区对国内外投资吸引力的差异性问题，即有的地区对外资具有较大的吸引力，有的地区对内资具有较大的吸引力。

其次，是对俄罗斯各地区国内外投资吸引力差异性的原因展开分析，主要分析了地区部门结构的影响以及地区市场规模的影响。

最后，基于2008—2013年俄罗斯69个地区面板数据，讨论了各地区对国内、外国投资吸引力影响因素的差异。

通过估计发现，影响一般投资的宏观变量如经济开放度、税收负担水平、产业集聚水平、教育与工资水平等也会对国外投资产生积极影响；但同时也发现，经济增长率、基础设施水平和技术创新水平3个重要的宏观变量对外国投资产生了与理论预期截然相反的影响，可能在一定程度上反映出影响国外、国内投资的机制存在较大差异性。

另外，研究发现，地区投资风险对外国投资的影响较为显著且影响方向符合理论预期，这对包括中国投资者在内的外国投资者赴俄投资具有重要决策意义，即无论投资哪个具体地区或具体行业，首先要考虑投资风险的规避问题，尤其注意避开投资风险排名前15的车臣共和国、印古什共和国、达吉斯坦共和国、图瓦共和国、堪察加边疆区、马加丹州、卡拉恰伊—切尔克斯共和国、楚科奇自治区、外贝加尔边疆区、卡尔梅克共和国、北奥塞梯共和国、犹太自治州、库尔干州、克拉斯诺亚尔斯克边疆区以及伊尔库茨克州等地区。进一步分地区类型估计发现，影响俄罗斯工业区国内投资的变量更多地通过显著性水平检验、其影响方向也更多地符合理论预期。这在一定程度上可以说明，国内外投资影响机制的差异性在不同类型地区之间也存在较大差异。

进一步推进对俄罗斯各地区对国内外投资影响因素及其差异背后的机制分析是将来工作的重点内容。这要求有大量的微观层面的企业数据做支撑，如何获取或开发这种类型的数据是将来工作的难点所在。

第七章　中小型企业进入俄罗斯的区位选择：一个初步探讨

传统的有关外国直接投资流入影响因素的研究往往偏重于宏大经济变量，如 GDP、基础设施建设水平、税负水平等，而外国直接投资主体的规模，也就是投资者到底是巨型企业、大型企业还是中小企业并没有区别对待，而这偏偏又是中小投资者特别关注的。显然，同样的营商环境对大型甚至巨型投资者和中小型投资者的影响是不同的；适合前者的未必适合后者。相对于中小企业而言，大型企业与当地政府的沟通能力更强，或者说更善于同影响经营业务的各类职能机构打交道。

自 2008 年国际金融危机以来，俄罗斯中小企业发展问题日益受到政府的重视，中小企业对增强企业生态活力、发展创新性经济的重要性日益显现；俄罗斯政府在应对西方制裁的过程中也不止一次提出大力发展中小企业的应对措施[1]，在这一背景下，俄罗斯出台的招商引资政策和法规也对中小外国投资者给予了特别关照[2]；这与中小企业自身规模小、承担风险的能力弱等中小投资者的天然局限条件是分不开的。

从外国直接投资的角度，俄罗斯国内中小企业的发展是否影响到了外国直接投资流入呢，如果中小企业发展对外国直接投资流入具有正向影响，那么，选择中小企业发展水平较好的地区可能是较为理想

---

[1] 如 2015 年 1 月 28 日，俄罗斯政府通过了保护中小企业在内的反危机中长期目标：实施进口替代战略、促进非资源类和高科技类产品出口、提高政府管理效率等。

[2] 为了迎战危机，普京在俄罗斯中小企业的全权代表鲍里斯·季托夫（Boris Titov）的建议下开出了"吸引离岸资本回国投资、改善中小企业营商环境"的药方。

的。因此，从俄罗斯国内中小企业发展对吸引外国直接投资流入影响的角度分析投资区位选择问题具有较强的现实指导意义。基于上述逻辑分析，我们提出，通过构建包括滞后一期外国直接投资的2006—2014年的动态面板数据，运用系统GMM方法进行估计，分析探讨衡量俄罗斯地区中小企业发展水平的各项指标对地区外国直接投资流入影响的方向及程度的大小，再根据这种影响分析判断适合中小型外国直接投资流入的地区，为包括中国投资者在内的国外投资者提供借鉴。

第一节 基于动态面板数据的分析

一 数据来源与模型构建

（一）数据来源及说明

首先，俄罗斯联邦各地区外国直接投资流入量数据的获取。本书所用数据均来自俄罗斯联邦统计局出版的统计手册《俄罗斯地区社会经济指标》，需要说明的是，2000—2014年，俄罗斯的行政区划经历过几次调整，我们在处理过程中均了前后一致性处理。

其次，俄罗斯中小企业的数据是根据俄罗斯国家企业问题系统研究所公布的系列报告《俄罗斯各地区小企业发展趋势年度报告》的统计数据整理而得。[1] 我们能够利用的时间区间是2003—2014年，尽管我们能够获取的俄罗斯各地区外国直接投资流入的数据的时间区间为1999—2014年，我们这里构建的动态面板数据的时间区间只能为2003—2014年；在地区数目上，俄罗斯现有联邦主体83个，联邦主体合并和数据缺失问题。因此，2006—2014年的地区面板数据中包含的地区为69个。

（二）变量选取及解释

为综合反映各联邦主体的中小企业发展水平，在选取指标时，应

---

[1] 资料来源：http://www.nisse.ru/work/projects/monitorings/small-business/。

兼顾中小企业数量、规模和效益等各种指标。指标的选择必须要具有经济意义，具有可测量性、可控性和实用性，因此，本书选取了每十万居民注册小企业数 X_1、小企业吸纳就业人数占总就业人数的比重 X_2、工人人均产值 X_3（单位：千卢布）、各地区居民人均小企业产值占俄罗斯人均小企业产值的比重 X_4、工人人均固定资产投资 X_5（单位：千卢布）、各地区居民人均小企业固定资产投资占俄罗斯人均小企业固定资产投资比重 X_6 6 个指标来衡量各联邦主体的中小企业发展水平。[1]

（三）模型构建与估计方法

我们的目标是考察衡量中小企业发展水平的俄罗斯联邦各地区的 X_1—X_6 6 个指标对 FDI 流入的影响的方向和程度，而影响外国直接投资流入的因素不仅包含上文提及的 6 个指标，而且外国直接投资流入往往具有累积效应，前期的外国直接投资对后期的外国直接投资会带来一定影响。为了综合其他观测不到影响因素，我们这里引入外国直接投资滞后值。面板数据中因为包含被解释变量的滞后值，又称动态面板数据（Dynamic Panel Data，DPD）。这样，就得到以下动态面板模型：

$$FDI_{it} = \alpha + FDI_{i,t-1} + X_{it} + u_i + \varepsilon_{it} \tag{7.1}$$

其中，下标 i 代表俄罗斯各地区，t 为时间，从 2003—2014 年；FDI_t 代表俄罗斯各地区 t 期外国直接投资流入量；$FDI_{i,t-1}$ 为其一期滞后项，用 L_1 表示；X_{it} 是包含一组变量的向量，即 X_1—X_6 等 6 个变量；α 为截距项，u_i 为不可观察的地区效应，ε_i 代表随机扰动项。

在估计动态面板模型的方法中，系统 GMM 估计较具竞争力；系统 GMM 的优点是不仅可以提高估计效率，并且可以估计不随时间变化的变量的系数，因为系统 GMM 包含对水平方程的估计，而且可以估计解释变量包括被解释变量的多期滞后值的更一般的动态面板模型（陈强，2013）。

另外，为了探索俄罗斯各地区的不同地理位置以及不同地区类型有可能产生的影响，我们将反映这种地区地理位置和地区类型差异的

---

[1] 徐昱东：《俄罗斯各地区投资环境评价及投资区位选择分析》，《俄罗斯研究》2015 年第 1 期。

虚拟变量分别纳入模型,这样,我们将得到两组系统 GMM 估计结果。虚拟变量的具体设置情况是这样的:

首先,地理位置虚拟变量。dum_1 代表该地区属于中央联邦区和西北联邦区;dum_2 代表该地区属于乌拉尔联邦区、西伯利亚联邦区和远东联邦区。

其次,地区类型虚拟变量的设置。参照《俄罗斯联邦主体社会经济状况评价》系列报告①,我们将俄罗斯各联邦主体划分为4类,第一类是金融经济中心区,包括莫斯科市、圣彼得堡市和莫斯科州3个地区;第二类是农工业区,包括克拉斯诺达尔边疆区、奥伦堡州等26个地区;第三类是工业区包括斯维尔德洛夫斯克、鞑靼斯坦共和国等36个地区;第四类是出口导向型地区,包括秋明州、汉特曼西斯克自治区、亚马尔—涅涅茨自治区、萨哈林州、科米共和国、萨哈共和国(雅库特)6个联邦主体。我们设置虚拟变量 d_1、d_2 和 d_3,分别代表金融经济中心地区、出口导向型地区和工业区,目的就是考察不同类型地区的 FDI 流入有无较大差异。

二 实证分析

动态面板的系统 GMM 估计有一步和两步系统 GMM 估计,常用的方法是采用一步 GMM 估计量,STATA12.0 默认方法为 2SLS,可以将 2SLS 视为一步 GMM 估计(陈强,2013);同时,系统 GMM 估计的有效性涉及扰动项是否存在序列相关问题。本书以一阶差分转换方程的一阶、二阶序列相关检验 AR(1)、AR(2) 来判断扰动项是否与序列相关。AR(1)、AR(2) 检验的原假设均为不存在序列相关,如果拒绝 AR(1) 检验而接受 AR(2) 检验,则可认为,估计方程的扰动项不存在序列相关。如果检验结果均拒绝"扰动项无自相关"的原假设,则必须继续进行过度识别检验,一般采用萨根统计量进行检验。上述检验结果表明,我们模型的设定、工具变量及滞后阶数的选择是合适的。限于篇幅,这里重点给出模型变量的系数及显著性水平(见表 7-1)。

---

① http://www.riarating.ru/.

表7-1　　　　　　　　动态面板系统 GMM 估计结果

解释变量	模型Ⅰ 系数	P值	模型Ⅱ 系数	P值	模型Ⅲ 系数	P值
$L_1.$	0.6838457	0.000	0.6375325	0.000	0.61	0.000
X_1	3500.219	0.000	2971.743	0.000	3713.466	0.000
X_2	-455571.2	0.000	-407215.7	0.000	-497844.2	0.123
X_3	1297.036	0.000	1184.294	0.000	1483.808	0.000
X_4	-37448.32	0.000	-51844.93	0.000	8678.547	0.182
X_5	-46533.58	0.000	-42165.74	0.000	-53441.92	0.000
X_6	23807.21	0.000	22320.72	0.000	21113.47	0.009
dum_1	3.97E+07	0.000				
dum_2	-8463229	0.286				
d_1			2.71E+07	0.000		
d_2			-5156353	0.006		
d_3			-1264104	0.057		
常数项	-1.21E+07	0.112	6663492	0.000	3217479	0.000

由上述实证结果我们得知，滞后1期外国直接投资的流入会引发后来者的投入，也就是说，其能在超过60%的水平上解释之后的流入量，这突出了外国直接投资的累计和集聚本身对潜在外国直接投资具有较好的示范作用。3个模型，X_1、X_3、X_6 3个指标对外国直接投资流入具有较大的正面积极影响，尤其是 X_6，即各地区居民人均小企业固定资产投资占俄罗斯人均小企业固定资产投资比重，这个指标具有明显的政策含义，固定资产投资反映了投资者的长远预期，一般情况下，该指标的提升能反映出当地营商环境的改善。同时，3个模型中，X_2 即小企业吸纳就业人数占总就业人数比重与 X_5 即工人人均固定资产投资（单位：千卢布）两个指标显著不利于地区外国直接投资流入。在模型Ⅰ和模型Ⅱ中，X_4 即各地区居民人均小企业产值占俄罗斯人均小企业产值比重对外国直接投资的影响也是负向的，且统计上均十分显著。

X_2 反映出投资俄罗斯的外国直接投资偏好的行业可能是资本密集型而非劳动密集型行业；对指标 X_5 即工人人均固定资产投资显著不

利于外国直接投资流入的解释方面，可能与俄罗斯各地区的投资中油气资源方面的比重过高有关。

由虚拟变量系数及显著性水平得知，中央联邦区和西北联邦区相对于乌拉尔联邦区、西伯利亚联邦区和远东联邦区更容易引来外国直接投资的流入；考察地区类型虚拟变量，金融经济中心相对于出口导向地区和工业区更有利于外国直接投资流入，出口导向区和工业区相比，前者更不利于外国直接投资流入。

上述基本实证分析结果可以反映出许多有价值的信息。广大中小企业与旨在获取资源或投资资本密集型行业的大型甚至巨型企业在挑选投资地区时具有明显的差异。同时，由显著影响外国直接投资流入的3个指标即每十万居民注册小企业数 X_1、工人人均产值 X_3（单位：千卢布）、各地区居民人均小企业固定资产投资占俄罗斯人均小企业固定资产投资比重 X_6。我们可以分别以这3个指标为例，给样本地区排名。排名越靠前的越有利于外国直接投资流入。这里给出部分靠前的15个地区（见表7-2）。

表7-2　根据影响 FDI 流入的积极因素选择的投资地区 Top15

X_6	X_3	X_1
奔萨州	鞑靼斯坦共和国	圣彼得堡市
托木斯克州	莫斯科市	莫斯科市
下诺夫哥罗德州	马加丹州	加里宁格勒州
克拉斯诺达尔边疆区	斯维尔德洛夫斯克州	新西伯利亚州
新西伯利亚州	摩尔曼斯克州	马加丹州
斯摩棱斯克州	莫斯科州	托木斯克州
沃罗涅日州	秋明州	雅罗斯拉夫州
坦波夫州	圣彼得堡市	萨马拉州
利佩茨克州	萨马拉州	萨哈林州
克麦罗沃州	加里宁格勒州	滨海边疆区
罗斯托夫州	克拉斯诺达尔边疆区	斯维尔德洛夫斯克州
加里宁格勒州	罗斯托夫州	哈巴罗夫斯克边疆区
鞑靼斯坦共和国	下诺夫哥罗德州	堪察加州

续表

X_6	X_3	X_1
伊万诺沃州	彼尔姆州	秋明州
乌里扬诺夫斯克州	堪察加州	卡累利阿共和国

注：根据 2003—2014 年的相应指标值的算术平均数由大到小排列。

3 种指标下的排名均进入前 15 名的地区只有加里宁格勒州。重合一次的地区包括鞑靼斯坦共和国、堪察加州、克拉斯诺达尔边疆区、罗斯托夫州、马加丹州、莫斯科市、秋明州、萨马拉州、圣彼得堡市、斯维尔德洛夫斯克州、托木斯克州、下诺夫哥罗德州、新西伯利亚州 13 个地区。这 13 个地区里面与前文即第三章第四节部分基于直接法与间接法比较推荐出的优选地区重合的有以下 8 个地区，即鞑靼斯坦共和国、克拉斯诺达尔边疆区、罗斯托夫州、莫斯科市、萨马拉州、斯维尔德洛夫斯克州、下诺夫哥罗德州、新西伯利亚州。根据前文的分析逻辑，这 8 个地区的营商环境无论是用直接法还是间接法得出的排名均在前 15 名之内，同时，这 8 个地区对外国直接投资流入又是特别友好的。建议中小型外国直接投资重点关注。

根据中小企业有可能影响外国直接投资的各种机理，我们还能分析挖掘许多有价值的信息，限于篇幅，这里仅就与前面的推荐具有较强的一致性的地区较详细展开分析。这里以加里宁格勒州和托木斯克州为例。

加里宁格勒州面积 15100 平方千米，总人口 93.74 万。该州的主要产业部门为渔业，机械加工业，燃料、纸浆、纸张和食品工业。近几年来，该州的国内生产总值增长速度较快，以 1998 年为基期（100%），1999—2006 年增长幅度依次为：106.8%、123.0%、127.2%、139.3%、152.4%、172.1%、175.0%、195.3%。从各行业创造的国内生产总值所占比重来看，以 2005 年为例，贸易、加工制造业、采掘业、运输和物流业以及其他行业比重依次为：18.3%、17.5%、16.6%、12.6% 和 35.0%。

从国家政策上看，早在 20 世纪 90 年代加里宁格勒州就开始设立自由经济区,从 1996 年 1 月 22 日开始实施《加里宁格勒州经济特区法》,该法规定了在加里宁格勒州经济特区内进行投资和经营活动、海关管理、外汇管理和外汇监督、税收调节和银行活动等方面的特殊管理办法。经济特区内实行自由关税区制度,即进出经济特区的商品免征关税。该法的实施极大地促进了加里宁格勒州经济发展。2006 年 4 月 1 日,新的《加里宁格勒州经济特区法》开始实施,为加里宁格勒州经济特区建设提供了新的法律依据。并且,该法规定,加里宁格勒州全境实施经济特区制度,期限为 25 年。因为制度环境较为适宜企业开展投资活动,外国直接投资自 1999 年以来逐年增长(见图 7-1)。并且,外国直接投资主要集中在加工制造业,以 2006 年 1—9 月数据为例,加工制造业、金融业、零售贸易业、服务业和其他行业所占比重依次为 68.6%、15.7%、7.9%、3.8% 和 5.7%。这直接促进了有外国投资参与的中小企业的发展。外国投资的流向,反映出该州加工类中小企业比较活跃。与 2006 年俄罗斯就业人数中批发与零售贸易、日常维修行业所占比重 31.9% 相比,加里宁格勒大不相同,该

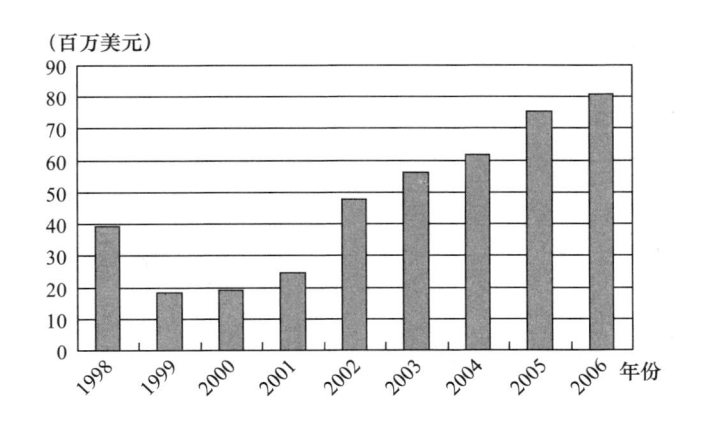

图 7-1 加里宁格勒州吸引外国直接投资额

资料来源:Малый и средний бизнес в Северо-Западном федеральном округе [M]. Проект ЕС? Электронные навыки для Российских малых и средних предприятий – II?. Северо-Западный Центр поддержки малого и среднего бизнеса Северо-Западная консультационная группа. Справочник. Санкт-Петербург,2007:39。

州中小企业就业人数最多的为机械加工业,比重为45.8%,批发、零售贸易与日常维修服务业其次,为17.2%,建筑行业等依次为:建筑业占12.3%,不动产业务占9.0%,交通与通信占5.3%,餐饮业占1.8%,其他行业占8.5%。不过,就创造产值来看,批发、零售贸易与日常维修居首位,为67.6%;紧随其后的是机械加工业,为18.0%;建筑业等依次为:建筑业为6.6%;不动产业务为3.5%;交通与通信为1.6%;餐饮为0.3%;其他为2.4%。[①]

从地理位置上看,加里宁格勒州南邻波兰,东北部和东部与立陶宛接壤。从加里宁格勒州到波兰的华沙距离为400千米,到德国的柏林、丹麦的哥本哈根、瑞典的斯德哥尔摩的距离均在600千米左右,与潜在的产品市场距离较近,地理位置优越,这为该州的经济发展提供了潜在的机会与可能性。从外国投资的来源国及其投资占比可以看出投资者的这种基于地缘因素的考虑,以2006年1—9月的数据为例,来自其东邻立陶宛的投资占总外国投资的25.6%,波兰比重为5.8%,英国等国依次为:英国为4.5%,丹麦为2.1%,黎巴嫩为2.6%,德国为0.4%,瑞士为7.6%,海峡群岛为1.8%,美国为0.9%,爱沙尼亚为0.9%,其他国家为47.8%。并且,该地区运输系统发达,拥有符合欧洲标准的铁路,是连接周围地区铁路与欧洲铁路的交通枢纽。再加上州政府对所有投资者和经营者平等对待,国内外投资者在利用当地资源和基础设施等方面享有平等的权利。州政府的行政管理程序较为简化,办事效率较高。可以说,当地政策、法制、投资、贸易环境优越,十分有利于中小企业发展。

从扶持中小企业的基础设施来看,除州政府、州工商会和州扶持中小企业基金会、州扶持中小企业局之外,还有波罗的海商业俱乐部、工业家和企业家联盟、加里宁格勒州家具制造商协会、加里宁格勒州建筑业者联盟等服务性组织。同时,还有很多培训机构,比如俄罗斯伊曼努尔·康德大学经济系、加里宁格勒技术大学经济系、波罗

---

① 这里的数据采集时间段为2006年1—9月,该州中小企业吸纳就业人数达11.61万,创造产值达1637.84亿卢布。

的海国家捕鱼船学院以及波罗的海经济金融研究所等。专门的咨询机构如加里宁格勒业务专家咨询中心等。这些都为中小企业的发展提供了宝贵的外部制度环境，使中小企业的交易成本大大降低，产品竞争力增强，利润自然有保障得多。①

再看托木斯克州。托木斯克州领土面积314400平方千米，总人口103.4万，2004年，人均国内生产总值14.1万卢布。该州经济结构特色鲜明，石油天然气工业、石油化工、木材加工和制药工业较为发达；同时，机械制造业和金属加工业（电机工业、仪表制造、矿山设备、制造轴承和各种工具）、食品工业（肉类、奶类、鱼类制品以及各种酒类制品）等发展基础较好。工业产值的大部分或国内生产总值的大部分是由为数不多的几家大公司或其母公司创造的。②

托木斯克州政府十分重视中小企业的发展，并将"利用石油、天然气部门的收入来发展高科技部门的中小企业以使经济更加多元化"作为执政理念。在这一理念指导下，该州中小企业发展取得了良好效果。一个直接结果就是：在由俄罗斯联邦工商会、俄联邦经济发展与贸易部、俄罗斯工业家企业家联盟等联合组织的评比活动中，2007年连续第三次获得"俄联邦发展中小企业最佳地区"的殊荣。评比采用的主要指标是：每千居民小企业数、小企业的就业人数、小企业的投资积极性等。

该州虽然其地处俄罗斯的亚洲部分，但却是西伯利亚地区经济、文化和科技的重镇。该州自然资源丰富，人力资本雄厚。并且，该州的西部区域已开发的100多个油气田中，每年石油的开采量达到1000万—1500万吨，天然气开采量达到50亿立方米。该州铁矿的储存量为3900亿吨，占俄罗斯铁矿储量的57%。拥有森林面积达2900万公顷，适合加工的木材储量近26亿立方米。根据主要社会经济指标的

---

① 参见加里宁格勒州官方网站：http://www.gov39.ru/。
② 俄罗斯中小企业联合会2008年4月21日发布的研究报告：Малое и среднее предпринимательство в развитии промышленности и технологий [R]. Отчет по результатам исследования. Москва, 2007: 58. http://www.opora.ru/analytics/our‐efforts/2008/04/21/maloe‐i‐srednee‐predprinimatelstvo‐v‐razvitii‐promyshlennosti。

统计资料，近几年来，托木斯克州是西伯利亚以及俄罗斯发展最快的地区之一。标准普尔于 2005 年 8 月将托木斯克州的俄罗斯等级提升为"ruA"。①

同时，州府托木斯克市因在科技领域的优势而被定为技术型经济特区，也是俄罗斯建立的 6 个制造业和技术发展类经济特区中唯一一个位于亚洲部分的特区。该市虽然远离俄罗斯中心地区，但却能为寻求在新技术领域发展的外国投资提供良好机会。特别是在信息技术、电子技术等方面该市极具优势，拥有大量的技术密集型产业和蓬勃发展的信息技术产业。2006 年，根据国际上普遍采用的对技术推广型特区所在地发展潜力的评价标准，托木斯克州在俄罗斯各地区中处于领先地位。

最为重要的是，该州人力资本丰裕，它是西伯利亚地区教育和科学的中心，其教授密度居全国第一，是俄罗斯重要的科学中心，到 2006 年，托木斯克拥有 6 所国立大学和 2 所非国立大学，还有 15 所外地院校的分校。每 5 个托木斯克居民中就有一个人正在大学学习。而且该州的大学多为理工院校，其下属的科研院所数量众多。正是因为该州的这一特色，显示出该州中小企业的发展与莫斯科等州的不同之处。该州各行业中小企业中最发达最有竞争力的是信息和通信技术部门。托木斯克系统控制和无线电电子技术大学（ТУСУР）为该类企业发展提供了不尽的技术源泉。该州几乎所有的信息和通信企业的创业者都毕业于该校。该部门最大的最受尊重的企业领导人大部分都是该校的董事会成员，在该校都有自己的实验室和研究中心。托木斯克州信息和通信部门发展的主要推动力就是由这类大学构成的完善高等职业教育体系。该体系每年向劳动市场投放几千名新的专家。除 ТУСУР 大学之外，托木斯克理工大学（ТПУ）、托木斯克大学等院校的作用也不可忽视，它们也为信息通信类企业的发展积极输送动力。前者创建于 1896 年，是俄罗斯亚洲地区第一所技术类大学，在培养

---

① 标准普尔公司将这种评级从高到低分成如下 ruAAA、ruAA、ruA、ruBBB、ruBB、ruB、ruCCC、ruCC、ruC、ruSD 以及 ruD11 个大的等级。

高技能型工程师方面有悠久的传统,迄今已经培养了十几万名专家,其中,有300多名院士、列宁奖章、国家奖金和其他高声誉奖章得主;后者在基础研究领域具有传统优势,并且,该校最近几年在发展创新型企业方面不断出台新的鼓励措施。总的来看,可按照功能的不同,将该州的众多教育中心划分成两类:一类具备相当的物质和人力资本条件,能够培养高质量的工程师、研究人员和传统项目的管理人员;另一类旨在不断培养新型的侧重于企业经营和创新的专门人才。另外,在托木斯克的高等职业教育体系里面,先前的托木斯克大学医学系、现在的西伯利亚医科大学的作用非常明显,这些医科大学和大部分医学科学院所对托木斯克州的信息和通信集聚类企业发展方向的影响非常明显。有了众多大学做依托,与俄罗斯其他地区相比,托木斯克州的科技优势非常明显,因为大学之外的研究型机构和苏联的高技术企业大多面临着人才老化、缺乏新鲜血液等共同问题。对大学而言,这些问题都不存在,只要大学还实行积极的研究型办学方针,那么就有大学生和研究生参与其中,而这些参与者在不久毕业后将因为拥有实际科研经验而能在大型工业企业谋取一份工作或者干脆创办属于自己的创新型企业,恰恰因为后者,托木斯克州创新型企业的增长较其他州要快得多。这也能在一定程度上解释该州投资因子得分较高的现象。可以说,托木斯克州丰富的自然资源、雄厚的人力资本和良好的政策环境为中小企业的发展奠定了坚实的基础。[①]

此外,需要特别指出的一个地区就是卡卢加州,该地区虽然在各类排行榜中的位置不是很靠前,但该州以出台的各种对外国直接投资颇具吸引力的政策而出名。该州被评为营商环境建设方面的最佳实践地区之一。这也反映了基于数据的统计分析与实际情况的差异性。

[①] 徐昱东:《俄罗斯中小企业发展研究》,中国社会科学出版社2010年版。

第二节　中小企业"三步走"进入策略

中小企业因为自身经济实力和竞争力较弱，对营商环境的变化较为敏感。因此，需要在详细考察俄罗斯各地区营商环境的基础上制定合理的投资进入策略，即所谓"三步走"进入策略。这一策略综合考虑了地区营商环境，充分利用了各种"保护"机制和政府提供的各种优惠便利政策及措施，既具有现实可操作性，又具有可持续性。简单地说，这"三步走"可以概括为"抱团出海 + 园园跨越 + 直面红海"。无论是在哪个阶段，对当地营商环境的判断和了解都非常重要。下面分别阐述如下。

一　抱团出海

通过境外经济合作园区这种方式，集体出海，充分发挥园区内各个企业之间的协同性，对外规避因为单个企业实力弱小而导致的同当地机构或企业谈判地位过度悬殊的弊端，又能充分利用本地化的各种"国民待遇"。

据初步统计，截至2014年年底，我国已经在50个国家建设118个合作区。目前，已经入区的中国企业达到2790多个，入园企业投资额达120多亿美元，累计生产480多亿美元的产值。中国的境外经贸合作区主要分为加工制造型、资源利用型、农业加工型和商贸物流型四类，园区多为企业自主建设。[①]

所谓对俄罗斯境外经济贸易合作园区，就是中国企业家经过中俄双方政府同意，在俄罗斯投资兴办的加工区、种植养殖区、建筑区、采伐区、批发区等，主要有工业园区和农业园区两大类，所从事的行业主要有鞋类加工、木材加工、森林采伐、建筑施工、农业种植、家畜养殖、服装加工、果菜批发、轻工产品批发等。根据国内批准机构

---

① 国际在线记者陈雨：《中国境外经贸合作区已达118个"一带一路"沿线77个》，http://gb.cri.cn/42071/2014/12/30/2225s4824563.htm。

第七章　中小型企业进入俄罗斯的区位选择：一个初步探讨 / 167

的行政级别不同，又分为国家级园区①和省市级园区。目前，在境外创建的国家级境外经济贸易合作园区累计13个，其中，在俄罗斯创建的境外经贸合作园区有4个，如表7-3中的序号8、9、11、12对应的合作区。

表7-3　　　境外经贸合作区名录（通过商务部确认考核的）

序号	合作区名称	境内实施企业名称
1	柬埔寨西哈努克港经济特区	江苏太湖柬埔寨国际经济合作区投资有限公司
2	泰国泰中罗勇工业园	华立产业集团有限公司
3	越南龙江工业园	前江投资管理有限责任公司
4	巴基斯坦海尔—鲁巴经济区	海尔集团电器产业有限公司
5	赞比亚中国经济贸易合作区	中国有色矿业集团有限公司
6	埃及苏伊士经贸合作区	中非泰达投资股份有限公司
7	尼日利亚莱基自由贸易区	中非莱基投资有限公司
8	俄罗斯乌苏里斯克经贸合作区	康吉国际投资有限公司
9	俄罗斯中俄托木斯克木材工贸合作区	中航林业有限公司
10	埃塞俄比亚东方工业园	江苏永元投资有限公司
11	中俄（滨海边疆区）农业产业合作区	黑龙江东宁华信经济贸易有限责任公司
12	俄罗斯龙跃林业经贸合作区	黑龙江省牡丹江龙跃经贸有限公司
13	匈牙利中欧商贸物流园	山东帝豪国际投资有限公司

资料来源：商务部网站：http://fec.mofcom.gov.cn/article/jwjmhzq/article01.shtml。

还有众多省市级经贸合作园区，尤以黑龙江省为典型。目前，黑龙江省的对俄罗斯境外经贸合作园区最多，有规模的对俄罗斯"境外园区"有34家，主要分布在俄罗斯远东地区与黑龙江省相毗邻的几个州，这些"境外园区"都具有国家级"企业境外投资证书"或省

---

① 所谓国家级境外经济贸易合作区是国内企业或有关单位在有条件的国家和地区，通过参与基础设施建设和推动中资企业集群式发展，形成基础设施较为完善、产业链较为完整、带动和辐射能力强、影响力大并经国家批准确认的经济贸易合作区。

级"中国企业境外投资证书"的资质。"境外园区"的投资额度根据经营的种类多少不一，投资额最多的达到几十亿元人民币，有的几十万美元，最少的也有几十万元人民币（高建华，2010）。仅黑龙江省牡丹江市在俄罗斯就创建有 6 个境外合作区，其中，乌苏里斯克经济贸易合作区是 2006 年经国家商务部批准建设的首批 8 个境外经济贸易合作区之一，也是目前我国在俄罗斯建设的最大的工业园区。除此之外的 5 个境外经贸合作园区如表 7-4 所示。

表 7-4　　黑龙江省牡丹江市在俄境外经贸合作园区（部分）

合作区名称	境内实施企业或单位名称	所在地区
华宇经济贸易合作区	东宁华宇集团	滨海边疆区乌苏里斯克市十月区
莫戈伊图伊（毛盖图）工业区	东宁华信集团与俄罗斯外贝加尔边疆区政府	外贝加尔边疆区阿金斯克布里亚特莫戈伊图伊区
跃进工业园区	绥芬河市跃进经贸有限公司	滨海边疆区乌苏里斯克市麦莱奥区
格城新北方木材加工园区	绥芬河市新北方经贸有限公司	滨海边疆区波格拉尼奇内区
米哈工业园区	绥芬河市政府	滨海边疆区米哈伊洛夫卡镇

资料来源：牡丹江市外事侨务办公室推出的报道：《牡丹江市境外园区建设发展情况》，http://www.rmlt.com.cn/2011/1202/28718.shtml。

从现在建设中的境外经贸合作园区的总体情况来看，中国在俄罗斯创建的境外合作园区主要分布在远东及西伯利亚地区。从行业分布来看，一是中国具有传统比较优势的劳动密集型行业；二是林业、农业领域的合作。

前者的代表就是国家级园区：乌苏里斯克经济贸易合作区。由我国黑龙江省东宁吉信集团和浙江康奈集团、浙江华润公司共同投资建设。合作区位于乌苏里斯克市麦莱奥区，距东宁口岸 53 千米，距绥芬河口岸 110 千米，距俄罗斯滨海边疆区首府符拉迪沃斯托克 100 千米。合作区总体规划面积 228 万平方米，规划建筑面积 116 万平方米，计划总投资 20 亿元。设有生产加工区、商务区、物流仓储区和生活服务区。计划引进60家国内企业,重点发展轻工、机电、木业、鞋业等产业。经过近几年的积极运作,合作区已初具规模,完成投资14.2亿元,开发面积54万平方米,收购和新建厂房、宿舍楼13万平方米,并完成相关配套设施建设。目前,已入驻制鞋、服装加工、木业加工、彩印企业24户。现园区产业已由单一的制鞋、服装生产,向以服装鞋帽加工、展销为主,印刷、包装纸箱等配套产业为辅,物流、通关、会计、住宿、餐饮、领办代办在俄罗斯各种市场准入手续等服务齐全的产业集群方向发展。2010年3月,时任国家副主席的习近平对俄罗斯高访期间,在海参崴专门听取了黑龙江省政府关于合作区的汇报,评价"为国内中小企业'走出去'搭建了理想平台",勉励将其建设成为"中俄特别是远东地区合作典范"。[①]

后者的代表是中俄托木斯克木材工贸合作区。中俄托木斯克木材工贸合作区位于俄罗斯托木斯克州阿西诺市。园区总规划建设面积6.95平方千米,是经过国家商务部、财政部联合考核通过的国家级"境外经济贸易合作区"之一。规划总投资9.6亿美元,年可加工木材450万立方米。用于建设符合国际标准的各种板材、旋切单板、中高密度板、刨花板、家具等项目。目前,根据实际情况,与托木斯克州政府共同确定,到2017年投资额为5.3亿美元。合作区是在中俄两国元首倡导下、中俄总理定期会晤机制下确定的《中俄森林资源合作开发与利用总体规划》一期项目。项目的建设、发展,得到了两国各级政府的大力支持。合作区规划采取一区多园的方式进行建设,以木材深加工园区为核心园区,以建设在森林采伐区附近的木材粗加工区为辅助园区,采用核心加工园区带动辅助区的布局模式。合作区主导产业有森林抚育采伐业、木材深加工业、商贸物流业。截至2014年5月底,有入区企业14家。[②]

将来还可以在中俄经贸合作日益紧密的大框架尤其是"一带一

---

① 参见《牡丹江市境外园区建设发展情况》,http://www.rmlt.com.cn/2011/1202/28718.shtml。
② 关于该投资项目本书第八章第三节还有专门分析,有关该项目的一般介绍可参见中航林业公司网站:http://www.avic-forestry.com/。

路"框架下创建更多的境外经济合作园区。

二 园园跨越

即从境外经济合作园区升级经济特区。具体包括两种情况：一种情况是我国在俄罗斯的境外经济合作园区不断提升自身经济影响力，最后与俄罗斯本国的经济特区融合，在获得地位和待遇上同本国经济特区相同。另一种情况是境外经济合作园区内的企业"离园出走"进入俄罗斯经济特区，进一步利用特殊的优惠政策，同时，在竞争力已经提升的基础上，进一步拓展自己的业务和市场空间。

经济特区在俄罗斯的发展几经周折。早在20世纪90年代，俄罗斯就曾建立过12个自由经济区但基本归于失败。由于缺乏应有的经济基础、必要的法律保障和充分的起动资金，在这些自由经济区内，投资者的权益无任何保障，致使这些自由经济区多数徒有虚名，未能真正建立起来。相反，这些自由经济区却因运作不规范等原因变成了变相偷税漏税的天堂。到2000年，这些自由经济区中的大部分已被撤销。进入21世纪，为改善国内营商环境，吸引国内外投资，发展高科技产业，同时加强国内的交通基础设施建设，俄罗斯于2005年7月正式通过了《俄罗斯联邦经济特区法》，再次兴建特区。《俄罗斯联邦经济特区法》为经济特区建设提供了法律依据。新的经济特区法和即将出台的相关规定标志着俄罗斯新一轮的经济特区建设进入实施阶段（奥丽娅，2013）。2005年，制定《俄罗斯联邦经济特区法》的同时还撤销了境内其他经济特区，仅保留加里宁格勒州和马加丹州[①]两个经济特区，另外新建两类小型经济特区——工业生产型和科技创新型。加里宁格勒州是俄最西部被欧盟包围的一块飞地。马加丹州地处远东地区东北部，自然气候条件恶劣，属于人口最稀少的地区之一。由于两州在地理位置上的特殊性，为发展当地经济，在两州全境将不再征收任何进出口关税，并确立了特殊的、优惠的投资和经营活动制度。俄罗斯加入世界贸易组织议定书规定，过渡期内（2018年7

---

① 2014年4月，俄罗斯政府审批通过了马加丹州经济特区政策延长至2025年的法案，该州特区政策原定于2014年年底到期。

月1日前），在加里宁格勒和马加丹经济特区赋予投资者与世界贸易组织规则不符的优惠，允许按照俄罗斯法律规定的条件实施投资项目。① 根据《俄罗斯联邦经济特区法》，俄罗斯政府在经济发展部下设经济特区管理署，成立国有经济特区公司负责特区的开发和运营。经济特区最初仅有工业生产型和科技创新型，后来种类逐步增加。目前，共有27个经济特区，其中工业生产型6个，科技创新型5个，旅游休闲型13个，港口型3个。经济特区实行保税区制度，有一系列的税收优惠，如公司所得税由20%降至0—13.5%不等，财产税、土地税和交通税全部减免（见表7-5），国家负责建设所有基础设施；实行"一站式"政策。据统计，截至2013年1月1日，区内入驻企业已达323家，投资额为693亿卢布（约合22亿美元），销售额为568亿卢布（约合18亿美元），创造就业岗位8069个。②

表7-5　　　　　　俄罗斯经济特区主要政策优惠

	经济特区的企业	俄境内其他企业
所得税	0—13.5%	20%
财产税	0（10年）	2.20%
土地税	0（5年）	1.50%
交通税	0（10年）	1马力：10—150卢布
保险费	14%（科技创新型特区的投资方，北高加索旅游休闲集群的投资方，工业生产型特区的科技研发企业）	34%
外国商品进口	免缴海关税、增值税	缴纳海关税、增值税
俄罗斯商品出口	免缴海关税、退增值税	缴纳海关税、增值税
"一站式"服务	提供海关、税务、移民注册等"一站式"服务	

资料来源：俄罗斯驻华商务代表处：《俄罗斯联邦经济特区介绍》。

---

① 《俄罗斯"入世"其他有关问题承诺》，http://ru.mofcom.gov.cn/article/p/j/201203/20120308043264.shtml。
② 参见商务部网站：http://ru.mofcom.gov.cn/article/jmxw/201312/20131200419262.shtml。

从近几年的发展效果来看，四种类型的经济特区中，工业生产型和技术推广型经济特区发展迅速，而旅游休闲型和港口型经济特区发展相对滞后。俄罗斯经济特区建立时间虽短，但是，在改善地区营商环境和吸引外资方面已经初见成效。特别是近年来俄罗斯经济特区发展较快，经济特区内营商环境得到进一步优化。

工业生产型特区着重工业产品的生产及加工。鞑靼斯坦共和国叶拉布加经济特区是目前发展最好的工业生产型经济特区，位于俄罗斯汽车工业的中心区域，同时，石化工业也具竞争力，主要发展汽车及零配件、石化、建筑材料和消费产品。

利佩茨克州利佩茨克特区所在地金属加工工业发达，主要发展金属制品、机械工程、化工、建材等。萨马拉州陶里亚蒂特区紧邻俄罗斯最大汽车制造商伏尔加（Auto VAZ）汽车厂，主要发展汽车及零配件、化工、建材。斯维尔德洛夫斯克州钛谷特区所在地为俄罗斯工业制造、交通物流中心之一，全球最大的钛金属生产商——上萨尔达金属公司为该区最主要的投资者，主要发展钛金属加工、航天、船舶和机械工程。普斯科夫州莫格利诺特区于2012年设立，主要发展消费产品制造、木材加工和建材等行业。卡卢加州柳季诺沃特区邻近莫斯科市，于2013年设立，以医疗器械、机械零配件产业为主。

科技创新型特区偏重于高科技产品的制造以及技术的商业化应用和推广。莫斯科市泽雷那格勒特区为俄罗斯电子产业中心，素有"微电子城"的美誉，主要发展微电子、光电子、纳米科技和生物科技产业。莫斯科州杜布纳特区是拥有核能技术联合研究所、卫星通信技术中心、核能物理科学研究所及相关专业机构的科学中心，主要发展软件、信息科技及无线电通信、纳米科技、核能科技及生物科技产业。圣彼得堡特区一直是精密仪器及电子科技的发展中心，主要发展信息科技及无线电通信、医疗科技、纳米科技以及精密仪器产业。托木斯克州托木斯克特区所在地是俄罗斯历史最悠久的教育科研中心之一，还是俄罗斯纳米技术的摇篮，主要发展信息技术和电子、医疗和生物科技、纳米科技和纳米材料、节能科技。

最新设立的鞑靼斯坦共和国创新城特区优先发展信息通信、电子、纳米和生物技术等。

旅游休闲型特区着眼于当地具有特色的观光资源，发展旅游休闲产业，包括西伯利亚地区的阿尔泰边疆区蔚蓝卡通河特区、阿尔泰共和国阿尔泰谷特区、布里亚特共和国贝加尔港湾特区和伊尔库茨克州贝加尔大门特区以及远东地区的滨海边疆区俄罗斯岛特区和北高加索旅游休闲集群（包含8个特区）。2012年，俄罗斯取缔了加里宁格勒州旅游休闲型特区。

港口型特区的重点项目是航运、船舶修理及物流产业。3个特区分别位于乌里扬诺夫斯克州（经济特区中心为机场）、哈巴罗夫斯克边疆区（海港）和摩尔曼斯克州（海港）。

各类经济特区的特点及所在地区，值得跟踪关注，具体情况如表7-6所示。

表7-6 俄罗斯批准设立的经济特区与技术园区（截至2012年）

类型	地点	所属区域	工业门类或技术
侧重技术推广型经济特区	莫斯科绿城经济特区	中央联邦区	微电子技术
	杜布纳经济特区	中央联邦区	核物理技术
	圣彼得堡经济特区	西北联邦区	信息技术
	托木斯克州经济特区	西伯利亚联邦区	新材料技术
工业生产型经济特区	利佩茨克经济特区	中央联邦区	消费电子
	叶拉布加经济特区	伏尔加河沿岸联邦区	汽车零部件、高科技石化产品
旅游休闲型经济特区	阿尔泰边疆区	西伯利亚联邦区	开发海滨类和高山滑雪类两种旅游资源；从事旅游设施建设和改造；从事矿泉水和具有治疗功效的泥浆等自然资源开发
	阿尔泰共和国	西伯利亚联邦区	
	伊尔库茨克州	西伯利亚联邦区	
	布里亚特共和国	西伯利亚联邦区	
	斯塔夫罗波尔边疆区	南方联邦区	
	克拉斯诺达尔边疆区	南方联邦区	
	加里宁格勒州	西北联邦区	
	俄罗斯岛	远东联邦区	

续表

类型	地点	所属区域	工业门类或技术
港口型经济特区	苏维埃港港口	远东联邦区	海港运输业
	叶梅利亚诺沃机场	西伯利亚联邦区	航空运输业
	乌利亚诺夫斯克—东方机场	伏尔加河沿岸联邦区	航空运输业
技术园区	新西伯利亚技术园	西伯利亚联邦区	信息技术、生物技术
	奥布宁斯克技术园	中央联邦区	信息技术、生物技术
	秋明技术园	乌拉尔联邦区	油气勘探和开发技术
	喀山技术园	伏尔加河沿岸联邦区	化学和石油化工技术
	萨罗夫技术园	伏尔加河沿岸联邦区	信息、医学和环保技术

资料来源：黑龙江信息网。

除了经济特区，斯科尔科沃创新中心也值得中小企业关注。斯科尔科沃创新中心也被称为俄罗斯"硅谷"，位于莫斯科近郊的一个村庄，俄罗斯政府 2010 年正式启动以该村庄名字命名的创新中心建设项目，将其纳入《2013—2020 年国家经济发展与创新型经济计划》，并制订《斯科尔科沃创新中心建立和发展子计划》。斯科尔科沃创新中心是俄罗斯未来城市的雏形，将成为新经济政策最大的试验场，预计将于 2020 年全部建成。创新中心以研发为基础，重点发展生物医药、信息技术、航空航天、新能源和核技术。符合条件的入驻企业 10 年内免征利润税、增值税和财产税，还享有养老保险、社会保险、医疗保险和工作签证等方面优惠政策。作为创新中心主体之一的斯科尔科沃科技园于 2012 年 3 月开始运营，截至 2013 年 9 月已吸引五大研发板块的 989 家公司加入，其中，不乏思科、IBM、微软、西门子等国际知名高科技企业。[1]

三 直面红海

有了经营俄罗斯市场多年的基础，积累了丰富的经验，能够有效地应对各种潜在风险甚至突发事件，更重要的是，对俄罗斯当地的市

---

[1] 揭昊：《俄罗斯区域投资潜力分析》，《欧亚经济》2014 年第 3 期。

场需求特点、行业竞争特点、相关团体包括政府的行为模式、上下游供应商、渠道分销商等有关情况均已十分熟悉。在这种情况下，可以自由选择留在经济特区继续发展还是自由选择合适的投资或经营区位，直面市场竞争或开辟新的蓝海。

另外，需要特别指出的是，上述"三步走"策略的实施，如果有"龙头"企业带动，效果会更加明显。从目前在俄罗斯创建的4个国家级境外经贸合作园区来看，都不同程度地具有这个特征，以中俄托木斯克木材工贸合作区与俄罗斯乌苏里斯克经贸合作区为例，中俄托木斯克木材工贸合作区的龙头企业是中航林业，俄罗斯乌苏里斯克经贸合作区的龙头企业是黑龙江省东宁吉信集团和浙江康奈集团、浙江华润公司三家企业。合作区内部分企业名单如表7-7所示。

表7-7 境外经济贸易合作区入区企业名单（部分）

序号	俄罗斯乌苏里斯克经贸合作区	中俄托木斯克木材工贸合作区
1	鑫尔泰鞋业	制材厂No1（原阿西诺锯材加工厂有限责任公司）
2	宏盛达鞋业	美克远东木业有限责任公司
3	伊斯利鞋业	中俄建设合作有限责任公司
4	诚和鞋业	恒达—西伯利有限责任公司
5	兴特鞋业	捷古里杰特林场有限责任公司
6	荣光鞋业	苏斯洛娃林场有限责任公司
7	名鸟皇鞋业	五一木材出口有限公司
8	阳光鞋业	阿西诺木业有限责任公司
9	鑫尔泰（新线）鞋业	干燥窑及成品有限公司
10	天马鞋业	法勒杜纳有限责任公司
11	天利鞋业	阿西诺林业出口有限公司
12	明泰鞋业	阿西诺胶合板厂
13	华罗鞋业	阿西诺密度板厂
14	森楠鞋业	原料集材有限公司
15	吉信木业	俄中建筑有限公司
16	利吉尔家具	俄中运输有限公司
17	超界服装厂	俄中贸易有限公司

续表

序号	俄罗斯乌苏里斯克经贸合作区	中俄托木斯克木材工贸合作区
18	金隆昌服装厂	阿西诺热电厂
19	东方彩印厂	阿西诺林业园砂石场
20	圣吉木业	
21	福联窗帘厂	
22	康福塑钢厂	
23	华阳鞋业	
24	冠臣鞋业	
25	鸿滕塑材厂	
26	汉能太阳能发电厂	
27	火炬手套厂	

资料来源：商务部合作司合作区处，http://www.mofcom.gov.cn/article/zt_jwjjmyhzq/subjecto/。

小　　结

传统的地区营商环境评价并没有区分地区营商环境对"不同规模的外商投资"或"不同规模的外资企业"影响的差异性。本部分从进入企业规模的角度给出适合中小企业进入的地区选择集。围绕这个基本想法，我们在动态面板数据的基础上，采用系统 GMM 估计的方法得出了一些全新的观点。因为这个逻辑建构本身还有待进一步推敲，这里只是谨慎给出若干优选地区，将来我们将进一步凝练上述基本逻辑，收集相关地区的典型特征数据，以期给出更具说服力的解释，向国内投资者提供更具投资价值的建议。

在进入策略上，中小企业实施"分阶段"进入的"三步走"可能更有效。即采取先进入"境外合作园区"抱团取暖，再进入俄方的"经济特区"享受"超国民待遇"，最后摆脱特区利用上述阶段培养的竞争力直面"红海"或开辟"蓝海"，开展卓有成效的经营。也是"走出去、走进去、走上去"海外经营的持续升级的具体化策略。之所以，采取"三步走"进入策略，主要是基于如何有效地弥补中小企业本身固有的先天性弱点而言的。

"三步走"进入策略深入融入法有着丰富的政策内涵：

首先，需要国家相关商务部门组织力量，对赴俄罗斯投资的中小企业予以及时的"创业教育"；相关部门应设立专门的对外投资管理机构，统一管理和协调全省各地区、各部门、各行业的对外投资活动。制定省（自治区）对俄罗斯投资的战略规划，提出对俄罗斯投资合作的战略目标和阶段性任务、实施的步骤和要采取的措施。建立我国企业对俄罗斯投资的事后监管体系，由对外投资管理机构收集国家外汇管理部门、国有商业银行境外分支机构、中国驻俄罗斯使领馆经商参赞处境外投资企业业务活动信息，并进行及时整理和分析，以此作为监管依据。

其次，注重经济特区的作用。经济特区是俄罗斯政府为拉动地方经济发展而设立的区域。一般而言，经济特区中企业能够得到普遍的优惠政策。例如，加里宁格勒州特区内企业建立前6年免除企业利润税和财产税，从第7—12年利润税和财产税减半征收。利佩茨克州通过有关经济特区地方法律，提供减免税和提供补贴等优惠政策。例如，企业入驻5年内免除财产税、对入驻企业引资项目贷款利息提供地方补贴、对企业入驻安置提供地方补贴等。充分利用这些政策，有助于企业降低成本，提高竞争力，成功地实现境外投资。

最后，加快培育骨干企业作为对俄罗斯投资主体。鼓励生产企业与专业外经贸公司联合，中小企业联合，实行一业为主，多种经营。同时，要鼓励民间资本进入外经贸领域，积极支持有条件的民营企业开展对俄罗斯经贸业务，在融资、税收、用汇、经营范围、配额许可证管理等诸多方面给予优惠待遇，使之在对俄罗斯经贸中做大做强。[1]

---

[1] 杨雪峰：《俄罗斯投资环境分析》，《商业经济》2012年第22期。

第八章　中资企业进入俄罗斯的区位选择

中国对外投资起步较晚，但发展速度较快，较大规模的对外投资还是在1992年党的十四大报告提出"要积极扩大我国企业的对外投资和跨国经营"以后发生的，时至2014年，我国首次成为资金净流出国，说明我国的对外投资水平已经发生了量上的巨变。在这个过程中，中资企业投资俄罗斯数量和份额始终与中俄两个转型大国的经济体量不相匹配。很重要的原因是，中资企业对俄罗斯地方市场缺乏了解，对俄罗斯各地区营商环境、投资机会的了解还远远不够，前文各章节的分析无疑有助于中资企业对俄罗斯投资时的区位选择决策。同时，从既有的投资企业的若干特点着手，总结梳理中资企业投资俄罗斯各地区的若干特征也是十分必要的，能达到多方面的目的：首先，可以从实际案例层面验证前述分析成果；其次，可以为后来的投资者提供直接借鉴，按照传统理论，"外国直接投资的集聚更容易引发新的外国直接投资的流入"。

但是，中资企业投资俄罗斯的区位信息并不容易获取，我们通过咨询外交部驻俄罗斯的大使馆之经商参赞处、商务部的相关部门都无法直接获取相关的信息。好在由商务部合作司投资处创建的"境外投资管理系统"于2009年5月1日开始投入运行，根据该系统，我们获取了中国境外投资机构的相关信息[①]，截至2015年9月18日，该系统显示，有1225家在俄罗斯的境外投资企业（机构）（中国企业投资俄罗斯的组织形式或企业的组织形式主要包括三种即代表处、分支机构与公司），后发现有大量重复，删除重复数据

---

① http：//wszw.hzs.mofcom.gov.cn/fecp/fem/corp/fem_cert_stat_view_list.jsp.

后,在俄罗斯的中国投资企业(机构)共计872家,其中,能获取在俄罗斯投资地区或区位方面信息的有265家。虽然这872家企业并不是所有在俄罗斯投资的中资企业的实际数量,但在商务部注册的这些企业也具有一定的代表性。下面就以这872家企业为例,分析中资企业投资俄罗斯的若干特点;然后,以其中的265家企业为例,分析其地域分布特征。

第一节 在俄罗斯投资企业的总体投资特征

首先,从商务部合作司投资处历年核准的企业个数来看,1998—2007年,历年的审核企业总数为14家,其中,1999年、2000年、2005年和2006年为零。这里只给出了2008—2014年各年以及2015年9月18日之前的核准企业数(45家),如图8-1所示。图8-1在一定程度上能反映出2008年国际金融危机爆发后国家出台鼓励"走出去"政策与俄罗斯国内对外资需求进一步提升等一"推"一"拉"产生的总体效果。但是,从2012年开始至2014年比之前有明显下滑,这反映了国内总体经济活力下降的趋势,与俄罗斯总体营商环境的不断改善形成明显对比。

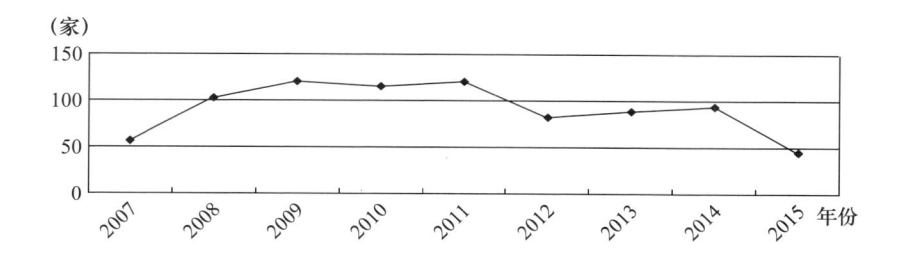

图 8-1 2007—2015 年商务部核准的投资俄罗斯机构或企业总数

同时,也在一定程度上说明前期投资企业的经营绩效可能没有达到预期效果,对潜在的后来者无法产生正面的示范或激励效应,导致投资俄罗斯的中国企业总数出现下滑。

其次,从我国各省级地区投资俄罗斯企业数量及占比来看(我们这里以占比超过1%的省份为例,同时,为了比较省级地区间的差异,这里把央企单独作为一类企业进行统计,如图8-2所示),福建省、四川省、广东省、湖北省、河南省、河北省、湖南省、上海市、北京市、辽宁省、江苏省、内蒙古自治区、吉林省、山东省、浙江省、黑龙江省16个省份占比在1.49%—27.75%,东北三省和内蒙古自治区4省份占有的地理位置优势明显,排名靠前,尤其是与俄罗斯接壤的黑龙江省,以242家企业居首位。浙江、山东、江苏3省份排名依次为第2位、第3位和第6位,这3个省份也是我国GDP总量排名前五强的经济大省。央企占比排名第4位,总数为66家,占7.57%。贵州省、云南省以及西藏自治区在俄罗斯投资的企业数为零。以上全国各地投资俄罗斯的企业数及占比情况除反映出部分地区的地理优势之外,总体上也能反映出经济总体发展的情况。只有广东省是个例外,排名居第14位。

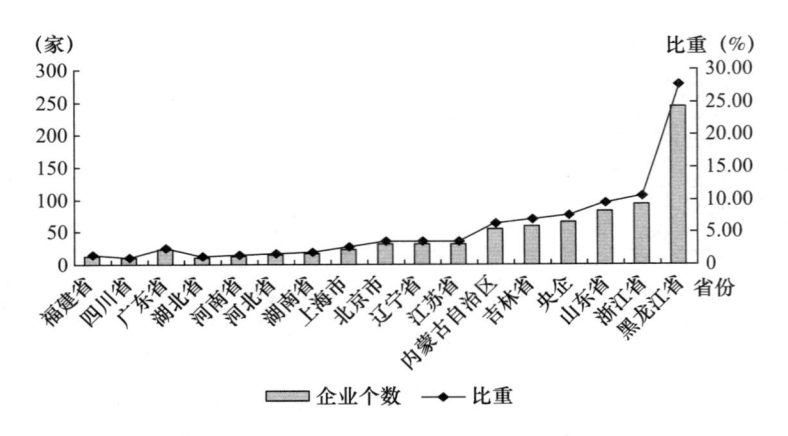

图8-2 我国部分省份在俄罗斯投资企业数及比重

再次，从行业和业务特点角度①，我们发现，中资企业对俄罗斯直接投资的行业主要集中在木材采伐和农业种植为主的农林牧渔业，这反映出中俄两国资源禀赋之间的互补性。与早期不同的是，目前这种农业互补性正在变成现实；而且，该领域的投资前景仍然十分广阔。

最后，不动产投资、建筑工程承包等行业的中国企业对俄罗斯投资也比较活跃，结合历年《中国对外直接投资统计公报》②的数据来看，尽管受到2008年国际金融危机的影响，2010年和2011年投资存量有所下降，但俄罗斯的潜在需求尚未释放。另外，中国大型企业尤其是国有企业看重的往往是制造业和采矿业。从投资存量来看，也一直是中国企业投资较多的行业，尤其是采矿业呈现出逐年上涨的趋势。除此之外，中国企业对俄罗斯直接投资还涉及租赁和商务服务业、批发和零售业、金融业和建筑业等领域；尽管总量较小，但发展空间很大，尤其是租赁和商务服务业以及批发和零售业投资存量上升趋势明显，金融业在"一带一路"框架下有望迎来真正的发展期。

以上从总体层面的分析为我们进一步深入投资区位选择层面提供了一个宏观参考框架。

第二节　在俄罗斯投资的地区选择分析

这里以笔者获取在俄罗斯地理区位信息的265家企业为例展开阐述。这些企业主要分布在营商环境较好的商业较为发达的地区，如莫

---

① 这里，我们按照中国国家统计局采用的《国民经济行业分类标准》（GB/T 4754—2011），即A农、林、牧、渔业，B采矿业，C制造业，D电力、热力、燃气及水生产和供应业，E建筑业，F批发和零售业，G交通运输、仓储和邮政业，H住宿和餐饮业，I信息传输、软件和信息技术服务业，J金融业，K房地产业，L租赁和商务服务业，M科学研究和技术服务业，N水利、环境和公共设施管理业，O居民服务、修理和其他服务业，P教育，Q卫生和社会工作，R文化、体育和娱乐业，S公共管理、社会保障和社会组织，T国际组织。

② 参见商务部网站：http://fec.mofcom.gov.cn/article/tjsj/tjgb/。

斯科市、圣彼得堡市等；俄罗斯的大中型城市往往也是地方首府所在地，经济较为发达，基础设施较为完备，行政负担相对较小，市场需求潜力大，往往是所选联邦主体后的具体落脚点。除此之外，与中国东北地区相邻的俄罗斯远东地区和西伯利亚地区，历史上两国的边贸活动一度十分活跃；因为占据地理位置优势，又因工业基础雄厚，科技较为发达，而且坐拥丰富的油气、矿产、木材等自然资源，往往被中国东北地区的投资者所关注。另外，中国东北地区与俄罗斯远东地区和西伯利亚地区的合作也得到了两国政府的高度重视，为中国企业对俄罗斯直接投资提供了大量政策支持，使远东地区和西伯利亚地区成为仅次于莫斯科市和圣彼得堡市的第二大投资区域。源于对俄罗斯相应地区地理、交通、人文等熟悉带来的便利，对与母国邻近地区的投资是整个外资投资俄罗斯的一个显著特点。比如，欧洲对俄罗斯投资除采掘业外，主要的资金集中在莫斯科市和莫斯科州、西北联邦区和圣彼得堡市、中央联邦区和乌拉尔联邦区。与美国和日本的投资不同，西欧对俄罗斯西伯利亚地区和远东地区的投资很少。德国投资的主要去向是俄罗斯工业发达的中央联邦区、伏尔加沿岸联邦区和乌拉尔联邦区。芬兰的投资集中在俄罗斯的西北地区和卡累利阿共和国。日本对俄罗斯的投资主要集中在远东地区和西伯利亚地区，对俄罗斯其他地区的投资兴趣也是集中在亚洲地区。韩国投资主要集中在远东地区。[①]

从这 265 家投资企业的行业分布来看，投资总体偏重于劳动密集型行业、资源行业[②]；高端制造行业偏少；这也说明，无论是在国家层面还是在地区层面，中俄两国的投资合作空间仍然有较大潜力有待进一步挖掘。与我们之前给出的投资区位选择的建议比较，可以看

---

① 尹雪菲：《俄罗斯投资环境评估与对俄投资策略研究》，硕士学位论文，吉林大学，2006 年。

② Behrman（1972）认为外国直接投资（FDI）可以被分类。跨国公司（MNE）可以被分为四种类型，即资源寻求者（resource seekers）、市场寻求者（market seekers）、效率寻求者（efficiency seekers）和战略资本或能力寻求者（strategic asset or capability seekers）。参见 Behrman, J. N.（1972）*The Role of International Companies in Latin America: Autos and Petrochemicals.* Lexington, MA: Lexington Books。

出,上述行业和地区的分布与我们之前的分析具有较强的一致性。

综合这 265 家企业在中国的所在省份来看,除了占据地理优势地位的东北三省,特别是黑龙江省,传统经济强省和大省是赴俄罗斯投资的主力。另外,国有企业则具有典型的资源获取型特征。我们还发现,金融领域的企业赴俄罗斯投资的数量非常少,以至于在这个样本里面几乎找不到。

同时,为了便于读者更多地通过实际案例了解中资企业投资俄罗斯的特征,我们再以美国企业研究所和美国传统基金会设立的中国"全球投资跟踪"数据库(China Global Investment Tracker),2006—2015 年,中国投资俄罗斯的 54 个投资项目为例展开分析[①],通过简单的统计分析发现,从行业分布来看,能源、金属(冶金)、房地产投资项目数占比均超过 15%;金融业占 7.41%;农业和木材加工均占 5.56%;科技行业投资项目数最少,仅占 3.7%。具体行业分布情况如图 8-3 所示。

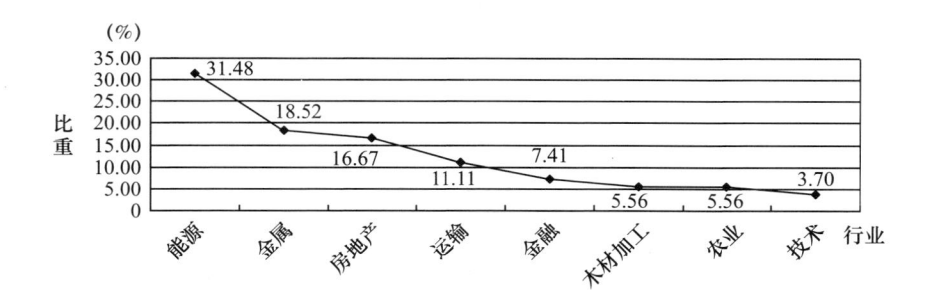

图 8-3 中国投资俄罗斯的 54 个投资项目的行业分布

从 2006—2015 年累计投资额(百万美元)来看,能源、金属(冶金)、房地产(建筑)、运输业以及农业累计投资居前 5 位,具体

---

① 该数据库包括国内投资企业名称、对外直接投资金额、投资规模占比、国外合作企业、对外投资一级行业、对外投资二级行业、东道国、东道国所属地区。该数据库统计了中国 1994 个企业对外直接投资 100 万美元及以上的投资条目,与商务部的对外投资企业目录相比,在资金门槛上较高,两者互为补充。

行业分布情况如图 8-4 所示。与图 8-3 比较可知，金融业的投资企业数或次数排第 5 位，但其累计总额却排在第 7 位。

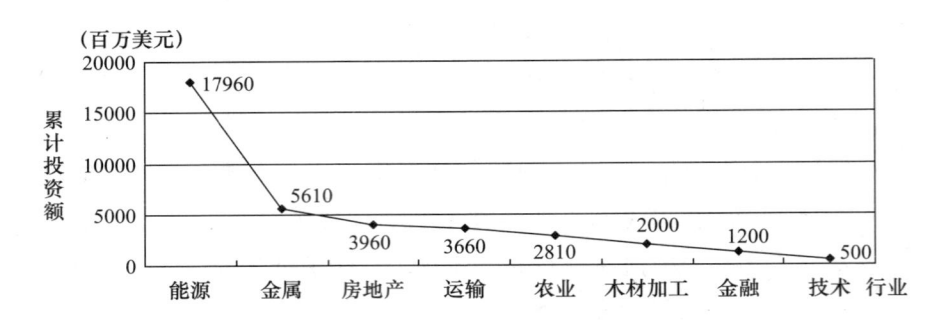

图 8-4 中国投资俄罗斯的 54 个投资项目的行业累计投资额

　　从投资项目的地区分布来看，共计分散在俄罗斯 31 个地区，频次为两次及以上的投资地区如图 8-5 所示。观察地区特征可以发现，莫斯科市的消费市场规模在俄罗斯各地区排名中居第 1 位；地处远东联邦区①的阿穆尔州木材资源十分丰富；亚马尔—涅涅茨自治区居油气行业在俄罗斯地区排名第 2 位；车里雅宾斯克州、克拉斯诺亚尔斯克边疆区两个地区分居冶金行业在俄罗斯地区排名第 5 位和第 7 位。②

　　如果考虑到所有 31 个地区，会发现这些地区中，别尔哥罗德州、车里雅宾斯克州、克拉斯诺亚尔斯克边疆区、克麦罗沃州、利佩茨克州 5 个地区的冶金业发展在俄罗斯居领先行列。亚马尔—涅涅茨民族自治区、乌德穆尔特共和国、萨哈林州、鞑靼斯坦共和国 4 个地区的油气资源开发在俄罗斯居领先地位。莫斯科市的消费市场规模位居俄罗斯第一。卡卢加州、利佩茨克州、梁赞州、图拉州、乌里扬诺夫斯

---

　　① 该地区木材资源居全俄罗斯前列，森林总面积、森绿覆盖面积均居全国第一，木材储量和适合加工的木材量居全俄罗斯第 2 位。俄罗斯的珍贵树种主要集中在远东地区，而且该地区也是单位面积立木蓄积量最高的地区。参见中国林业网：http://www.forestry.gov.cn/portal/main/map/sjly/eluosi/russia01.html。

　　② 这里的排行是根据 Кузнецова, О. (2016) 的论文"Различия в привлекательности российских регионов для отечественных и иностранных инвесторов"给出的计算方法整理而得，该文刊于 Вопросы экономики，№. 4，2016，С. 86-102。

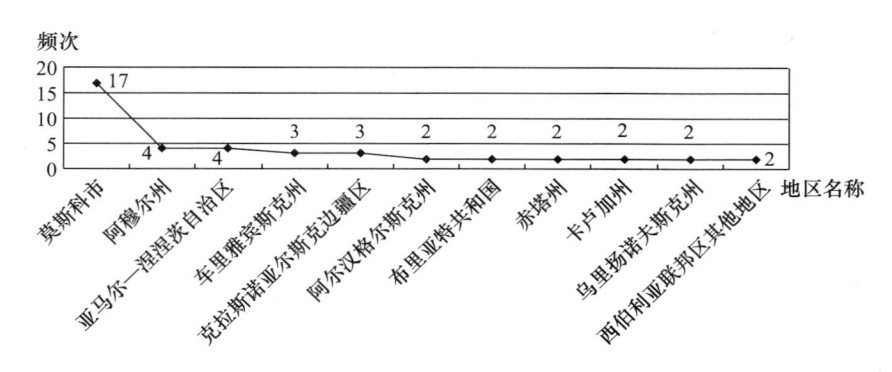

克州、雅罗斯拉夫州 6 个地区的消费市场规模也居全国前列。

图 8-5　中国投资俄罗斯的 54 个投资项目的地区分布

需要特别指出的是，从"全球投资跟踪"数据库里面提到的 54 个投资俄罗斯项目的企业或机构的所有制背景来看，除腾讯、福耀玻璃、赛伯乐投资集团等少数几家企业外，其余绝大多数是国有企业或国有控股企业。

第三节　基于典型案例的个案分析

中资企业投资俄罗斯的行业越来越多样化，区位的选择既考虑企业的长远发展战略，又能因地制宜的成功案例也越来越多。这里，我们在这 265 家企业中，精选了几个案例，通过"解剖麻雀"的方式，达到多侧面、多角度了解俄罗斯地区营商环境具体方面的若干特征的目的，从而有利于企业进行区位选择。

一　梦兰星河能源股份有限公司收购项目

该项目全称梦兰星河能源股份有限公司收购萨哈共和国（雅库特）图伊玛达石油天然气封闭式股份公司股份项目。[1]

---

[1] 选自徐绍史主编《"一带一路"双向投资研究与案例分析》，机械工业出版社 2016 年版。

（一）项目主体概况

梦兰星河能源股份有限公司是由江苏梦兰集团有限公司（47%）、黑河星河实业发展有限公司（47%）、上海梦星投资合伙企业（6%）共同投资设立的股份有限公司，公司注册资本48888万元人民币，主要业务方向是参与俄罗斯东西伯利亚石油、天然气的勘探开发，跨边境石油储运与油气深加工。

2011年7月，梦兰星河能源股份有限公司在俄罗斯阿穆尔州设立了全资子公司"阿穆尔石化有限责任公司"，并获得了《中国对外投资批准证书》。基于上下游一体化、互利共赢的原则，风险共担、利益共享。以"综合体项目"为依托，积极向上游寻求特许油田区块的竞拍、勘探、开采、集输，向下游参与石化深加工项目的合作。

（二）萨哈共和国概况

萨哈共和国（雅库特）位于俄罗斯北部，国土面积310万平方千米，既是俄罗斯面积最大的联邦主体，也是世界最大的省级行政区域。萨哈共和国（雅库特）的特点是地域辽阔、资源丰富、人口稀少，但有较完善的工业体系，经济发展速度超过俄罗斯平均发展水平。在东西伯利亚地区和远东地区，其GDP仅低于伊尔库茨克州，人均GDP仅低于楚克奇州。近年来，随着联邦政府大量的资金投入，萨哈共和国（雅库特）的公路、铁路及石油管道等基础设施发展迅速，尤其是东西伯利亚—太平洋石油管道的建设，使该地区的油气产业成为优先发展领域。在萨哈共和国（雅库特）已探明煤炭、油气储量分别占俄罗斯东西伯利亚地区和远东地区总储量的47%和35%。据俄罗斯科学院西伯利亚分院预测，该地区油气储量仍然具有增长的有利条件。根据对已有资料的基本评价，萨哈共和国（雅库特）50%的面积中都有可能蕴藏着大量的石油，有约30亿吨的石油储量，在2020年以前，东西伯利亚地区的石油产量将达到1亿—1.05亿吨。

萨哈共和国（雅库特）目前石油产量约为700万吨/每年，其中，苏尔古特石油公司年产近600万吨，伊利亚赫石油公司年产100万吨。萨哈共和国（雅库特）是俄罗斯地区最大的油气区。在该地区已开发34个油气田。至2011年1月1日，该地区的烃原料预测储量为

26亿吨石油、4.59亿吨天然气凝析油、12亿立方米天然气。

萨哈共和国（雅库特）获得俄罗斯自然资源部许可的油田区块共有75个，总面积为21.59万平方千米。其中27个区块尚未开采，于2015年前进行拍卖。萨哈共和国（雅库特）石油开采率为9%，天然气为13%。东西伯利亚—太平洋输油管道经过萨哈共和国（雅库特），该管道年输油量为8000万吨，总长度4758千米，其中1458千米的管道贯穿共和国附近的油气田，并拥有地区燃气管道。在萨哈共和国（雅库特）拥有油田区块的公司共有13家，具体情况见表8-1。

表8-1　萨哈（雅库特）共和国拥有油田区块的公司一览

地下矿藏使用者	地块	面积（平方米）	比重（%）
苏尔古特油气开放式股份公司	18	7009440	56.74
伊尔库茨克石油有限责任公司	4	1217480	9.86
天然气工业开放式股份公司	5	1092529	8.84
图伊玛达石油天然气封闭式股份公司	3	848200	6.87
格奥格洛巴有限责任公司	1	549000	4.45
穆库特经贸开放式股份公司	5	427740	3.46
伊列利亚赫石油封闭式股份公司	3	392070	3.17
天然气工业石油—安卡拉有限责任公司	1	301400	2.44
微地质学科学生产联合有限责任公司	1	182370	1.48
塔斯尤里亚赫油气开采开放式股份公司	2	139340	1.13
萨哈交通油气开放式股份公司	2	109300	0.88
俄罗斯—萨哈金刚石天然气开放式股份公司	2	44440	0.36
罗斯特油气封闭式股份公司	1	38550	0.31
分配的地块	48	12352759	57.21
没有分配的地块	27	9238701	42.79
地块总计	75	21591460	100

资料来源：转引自徐绍史主编《一带一路双向投资研究与案例分析》，机械工业出版社2016年版，第266—267页。

（三）图伊玛达石油天然气封闭式股份公司介绍

该公司于2011年5月根据图伊玛达—石油开放式股份公司唯一

创始人决议创立，形式为封闭式股份公司。注册资本金为100万卢布。目前，通过金融市场联邦服务部（海参崴市）办理额外发行股份至7500万卢布。

从2011年11月起，该公司已拥有联邦政府矿藏办事处的3个许可证，有权使用西阿纳巴尔、萨哈共和国（雅库特）穆赫金斯基和比留克斯基区块的矿藏进行地质研究、勘察及烃原料的开采。

公司计划在3年内对穆赫金斯基和比留克斯基特许区块进行地质勘查工作（二维地震勘探、勘探钻井钻探），油气田设备安装，建设供油及供气管道。准备工作完成后，开始石油和天然气的工业（商业）开采。石油开采由公司初步定在工业试开采油田框架内进行。

萨哈共和国（雅库特）油田区块勘探、开发项目可以为阿穆尔—黑河边境油品储运与炼化综合体项目未来长期充足的油源供应提供保障。既有利于降低从俄罗斯进口石油的成本，也有利于促进相关产业的发展，对促进地区经济发展和社会稳定具有重要意义，也是保障我国油气资源供应安全的有效措施。既高度符合国家的长远战略利益的需要，也有很迫切的现实需要。其现实的经济意义和长远的战略意义非常明显。

（四）项目收购内容

梦兰星河能源股份有限公司通过在俄罗斯设立的全资子公司俄罗斯阿穆尔石化有限公司，收购图伊玛达石油天然气封闭式股份公司75%的股份（13999万卢布，约合467万美元）。完成股份收购后，为了公司下一步经营需要，根据合作双方签署的"合作合同"，将图伊玛达石油天然气封闭式股份公司注册资本增至6亿卢布，其中，阿穆尔石化有限责任公司需出资39300万卢布（约合1310万美元），梦兰星河能源股份有限公司直接拥有图伊玛达石油天然气封闭式股份公司所属的穆赫金斯基特许油田区块和比留科斯基特许油田区块75%的所有权。

项目投资概算：由上述股份购和公司注册资本扩增所用资本可知，收购萨哈共和国（雅库特）图伊玛达石油天然气封闭式股份公司股份项目投资总计约1777万美元。在资金筹措方面，公司收购萨哈共和国（雅库特）图伊玛达石油天然气封闭式股份公司股份项目，投资总计约 1777 万美元，资金来源全部为自有资金。

（五）收购效果

2012 年 7 月，梦兰星河能源股份有限公司作为中国首家民营企业收购俄罗斯图伊玛达石油天然气封闭式股份公司 75% 股权，拥有该公司名下两大油气田，石油储量 9660 万吨，天然气储量 644 亿立方米，已全面展开勘探、设计、建设工作。俄罗斯联邦萨哈共和国（雅库特）工业部希望通过和梦兰星河能源股份有限公司的成功合作，带动其他相关企业来萨哈共和国（雅库特）进行投资。

萨哈共和国（雅库特）幅员辽阔，人口稀少，极其缺少农业、道路、能源方面的相关投资。中国是距离俄罗斯最近的一个国家，萨哈共和国（雅库特）对引进外国投资，特别是对中国的投资表示极大的欢迎。梦兰星河能源股份有限公司积极响应我国"一带一路"倡议，实现互利共赢。

二 新时代印刷有限公司在俄投资建厂项目

项目全称为"安徽出版集团俄罗斯新时代印刷有限公司合作项目"，项目所在地是俄罗斯联邦奥廖尔州。[1][2][3][4]

（一）项目背景和优势

俄罗斯新时代印刷有限公司位于奥廖尔州首府的意大利大街 23 号，2004 年 7 月 22 日，在俄罗斯联邦奥廖尔州注册成立，注册资本为 100 万美元，其中中方控股 96%，俄方 4%。同年 12 月正式建成投产，以加工精装书籍、杂志、广告宣传品为主。新时代印刷有限公司正式投产，并成为我国出版行业第一家"走出去"的印刷企业。

俄罗斯整体印刷水平、规模、技术含量只相当于中国 20 世纪 80 年代的水平，比较落后。在奥廖尔州，劳动印刷厂是最大的印刷企

---

[1] http://www.zaol.com.cnhttp://ah.anhuinews.com/system/2006/01/23/001424226.shtml.

[2] http://news.hexun.com/2011-04-27/129072331.html.

[3] http://www.press-mart.com/ArticleInfo--view--mtjj--badb117f-2941-4378-afe9-aea4e6aff427.shtml.

[4] http://www.bisenet.com/article/201401/134324.htm.

业，其最好的平张设备系 18 年前的双色对开胶印机，铅字排版仍在使用。中央联邦区 18 个州（含莫斯科市）仅有少数较有规模的印刷厂。俄罗斯的新闻出版、广告业却相当成熟与繁荣，俄罗斯国内印刷企业无法满足市场需求，有 70% 的印刷业务在国外印刷，因此，在俄罗斯投资印刷企业具有巨大的市场空间。

（二）奥廖尔州概况

奥廖尔州位于东欧平原中部，属中央联邦区，南部与库尔斯克州为邻，西部与布良斯克州为邻，西北部与卡卢加州为邻，北部、东北部与图拉州为邻，东部与利佩茨克州接壤，领土面积为 2.47 万平方千米，占俄罗斯联邦领土总面积的 0.14%，是俄罗斯面积较小的地区之一，在俄罗斯名列第 67 位。工业生产以机械制造、黑色冶金、建材工业和有色冶金为主，农业以粮食种植和畜牧业为主。该州国民经济总体发展是农工结合方向。按照俄罗斯评价机构《专家》给出的地区投资吸引力评价方法，长期稳定在 3B2 的水平，即属于"轻微潜力—中度风险"的水平，按照我们的量化排名，1996—2014 年其投资吸引力平均得分，总体排名第 46 位，投资潜力排名第 58 位（排名越靠前潜力越大），投资风险排名第 24 位（排名越靠前风险越大），总体上看，奥廖尔州社会稳定，法制健全，人民文化素质高，犯罪率极低，近十年来没有发生过一起重大刑事案件。在投资潜力的单项指标中，基础设施潜力和创新潜力排名比较靠前，分别居第 21 位和第 36 位。但近年来地区营商环境改善较快，2015 年总体排名上升至第 11 位。按照中小企业发展水平排名，2003—2013 年平均位次在 52 位左右。但按照 Кузнецова（2016）给出的按照销售市场规模排名，2013 年奥廖尔州的排名居第 9 位。在投资政策方面，该州十分欢迎外国投资，近几年已有德国、美国等国公司在该州有较大项目投资。

（三）项目内容与规模

项目分三期进行，三期完成以后，新时代印刷有限公司将成为奥廖尔州乃至包括莫斯科在内的中央联邦区屈指可数的综合性大型印刷加工企业。

一期：已投资 1182 万元人民币，厂房占地面积 1588 平方米。

二期：上一台胶印机、书刊齐订生产线及印刷辅助设备（包括对开电脑刀、全自动覆膜机、精装书书壳制作机等）。

三期：购置一台 8 色商业轮转机，形成印前、印中、印后完整的印刷生产线，使新时代印刷有限公司能够全面挺进莫斯科市场，实现本土化经营，本土化生产。累计需要投资 648 万美元（约 5182 万元人民币）。一期投入 1182 万元人民币；二期投入 2000 万元人民币；三期投入 2000 万元人民币。2016 年已是新时代印刷公司在俄罗斯发展的第 12 年。它不仅是安徽出版集团"走出去"的标杆企业，而且也是我国印刷业进军海外的标志性企业。

（四）经济效益和项目进展情况

根据俄罗斯的印刷产业现状，本项目能够满足俄罗斯国内对印刷业的巨大需求，同时，随着俄罗斯印刷业大好发展时机的到来，新时代印刷有限公司将取得更好的经济效益。若继续征地 6000 平方米，增加印前设备、精装及覆膜设备，年产值将达到 2000 万美元，年收益将达到 600 万美元。从 2004 年年初步建成投产到 2016 年已是新时代印刷公司在俄罗斯发展的第 12 年。2011 年完成销售额 3738 万元，比 2010 年增长了 15.4%；2012 年实现了年产值突破 4500 万元的目标，比 2011 年增长 18.5%，截至 2013 年 10 月，产值已超过 4500 万元，公司的生产能力有大幅度提高。

三　中俄托木斯克木材工贸合作区项目

（一）项目由来及合作区概况

2002 年，中俄两国政府确立了中俄总理定期会晤机制，成立了中俄森林资源合作与开发利用工作小组，于 2002 年展开《中俄森林资源合作开发与利用总体规划》一期工程——《中俄托木斯克森林资源合作开发与利用总体规划》。2007 年，《中俄托木斯克森林资源合作开发与利用总体规划》和国家境外经济贸易合作区建设任务由山东省人民政府负责、原西北林业有限公司牵头执行。2008 年 5 月，在中俄两国元首的见证下，项目正式签约，两国政府对此项目给予极高的关注和支持，俄罗斯总统直接听取项目进展情况。2011 年 7 月，中航林业有限公司在西北林业有限公司的基础上重组建立，承接项目，即由中国航空技术国际控股有限公司（占股份的52%）、烟台西北林业有限公司（占股份的38%）、烟台经济技术开发区经销中心（占股份的10%）合资组建的中航林业有限公司组织实施。2011年9月，合作区获得国家考核确认，成为国家批准建设的境外经济贸易合作区之一，是我国目前在建的19个境外合作区之一。[①] 建设地点位于俄罗斯托木斯克州阿西诺地区、捷古里杰特地区和克麦罗沃州马林斯克地区。园区规划面积为6.95平方千米，其中一期开发面积1.68平方千米，主要发展林地抚育采伐业、木材加工业、商贸物流等产业。项目总投资约为16亿美元，其中一期计划投资5.3亿美元。

境外经贸合作园区是以园区而非项目合作为载体的境外投资模式。它是多个产业合作项目在一定经济区域内的集合，是境外产业合作从环节合作向链条合作的转变，是产能转移向园区转移的演进；也是有效应对目前对外贸易中日渐多发的贸易摩擦的有效手段；它既意味着产业合作规模的扩张，也凸显了合作深度的增加，是对外经济合作发展到一定时期的模式创新与升级。中国境外经贸合作区都是由较早启动海外战略的大型龙头企业首创，最初在境外建设只供本企业使用的生产贸易基地，其后向兼具制造、物流、贸易多功能的综合性园区发展，最后吸引中国生产企业进入园区。对于每一个经商务部批准设立的境外经贸合作区，通过审核授牌后，国家都将给予2亿—3亿元人民币的财政支持和不超过20亿元人民币的中长期贷款。

中俄托木斯克木材工贸合作区是中俄两国政府批准的《中俄森林资源合作开发与利用总体规划》框架下，首个具有实质性推进的最大的合作开发项目。合作区规划年采伐和加工木材450万立方米，目前已引进入区企业19家，年加工各类板材可达20万立方米。截至2014年年底，合作区总投资已近4亿美元。目前，根据实际情况，与托木斯克州政府共同确定，到2017年投资额为5.3亿美元。

---

① 本部分的内容根据公司网站及权威媒体报道等材料整理而得。参见中航林业有限公司网站：http://www.avic-forestry.com/。

托木斯克州①木材原料潜力巨大，原木的储备量20.8亿立方，在俄罗斯联邦中居第8位，年设计规划的采伐量有380万立方，而目前的利用量只占规划采伐量的7%。另外，优惠的出口关税政策对产品的出口非常有利。俄罗斯对经过加工的木材，以及刨花板的出口实行零关税或较低的关税，这就为木材的出口提供了很大的价格优势。同时，托木斯克州森林工业发达，发展前景广阔。2000年，由俄罗斯国家森林工业运输设备设计所和国家纸浆造纸工业企业设计所共同设计并制定了托木斯克州森林资源开发战略，全州制定了包括纸浆造纸、板材生产、锯材加工、木材采伐等项目的建设实施目标和方案，并在劳动力资源、能源及木材储备充足，交通便利，投资前景广阔的阿西诺市建立了木材新工业园区。

托木斯克的森林资源不仅是世界上最丰富的，而且资源的质量、材种结构和生产能力也是世界上最具投资价值的。同时，托木斯克州作为俄罗斯的地理中心、经济特区之一和西伯利亚地区最富裕的区域，水、电资源丰富，基础设施较为完善，铁路交通发达，森林资源开发条件较好，木材运输方便。其中，西伯利亚大铁路和贝阿铁路及其支线为资源开发利用提供了良好的运输条件。工贸区加工的木材每年约有一半可以方便地通过横穿西伯利亚的大动脉，从满洲里和二连浩特进入中国，还有一部分可以通过海参崴出口到日本和韩国，或进入中国沿海市场。

（二）合作区总体规划

按照规划，中俄托木斯克木材工贸合作区将最终建成以木材深加工为产业支柱、融工贸商和休闲办公为一体的一流境外合作区。其中，功能区主要有旋切区、密度板生产区、定向刨花板生产区、家具生产区四大区域。林产品加工区有5个，托木斯克和阿西诺为林产工业基地，白亚尔、捷古里杰特和卡尔加索克为原料基地。园区建成后，最终将形成年采伐400万立方米、加工板材160万立方米、胶合板8万立方米、集成材3.5万立方米、密度板20万立方米、化学纸

---

① 关于托木斯克州概况的一个较为详细的介绍，参见本书第七章第一节相关内容。

浆50万吨、机械纸浆15万吨和20万件家具的生产能力。一期规划重点安排四大类项目，即20万立方米锯材厂、30万立方米旋切厂、20万立方米定向刨花板工厂和30万立方米中高密度板工厂。

合作区规划采取一区多园的方式进行建设，以木材深加工园区为核心园区，以建设在森林采伐区附近的木材粗加工区为辅助园区，采用核心加工园区带动辅助区的布局模式。

核心园区规划：阿西诺园区总规划面积3.4平方千米，起步区面积2.95平方千米，已开发面积0.95平方千米。已建有锯材、旋切单板、胶合板等产品生产线，3600立方米干燥窑已投入使用。另有密度板、热电联产、刨花板等大型项目正在建设中，已初步形成了木材采伐、储运、造材、加工、干燥等产业链。

规划目标：一期目标：2017年实现年可采伐加工原木300万立方米，销售额力争30亿元；二期目标：2020年实现年可采伐加工原木450万立方米，销售额力争50亿元；长期目标以《中俄托木斯克森林资源合作开发与利用总体规划》为指导，以境外经济贸易合作区为平台，以林产一体化为基础，努力发展成为中国最大的林木产品集成供应商、国际一流的境外经贸合作区和行业领先的林产一体化森工集团，实现公司基业长青，可持续发展。

（三）对俄罗斯投资进展情况

目前，中俄托木斯克木材工贸合作区建设已取得实质性进展。在中航林业有限公司组建之前，园区内新建标准厂房1万平方米，供热、供电、供汽、铁路线、吊车、道路、通信和污水处理等基础设施基本完善，可以满足项目建设需要。烟台西北林业有限公司和托木斯克州政府签署租赁合同，获得400余万平方千米林地的采伐权，年采伐量可达240万立方米。近期又通过竞标方式获得1.5万公顷的森林租赁采伐权。100万立方米的储木场和40万立方米木材原条加工生产线已修复完毕，并投入使用；总投资1.2亿元、年产12万立方米的旋切单板项目已正式投产；5万吨机械浆、50万吨化学浆项目环评工作已经完成，水资源评估认证工作正在进行。烟台西北林业有限公司全资子公司恒达—西伯利有限责任公司已顺利开展原木采伐工作，开始向阿西诺厂区供应原木。与此同时，招商引资工作也取得积极进展。大连维美公司有限投资1500万元的一次性筷子生产项目，已开始投产。东营胜辉木业有限公司拟投资2000万元，为宜家公司配套生产家具材料项目，正在进行具体投资方式洽谈。美克投资集团计划将二连浩特的集成材及锯材工厂迁至合作区。临沂润霖有限公司、常州华腾有限公司和烟台西北林业有限公司正在洽谈合资生产10万立方米中高密度板项目。

中航林业有限公司组建之后，境外投资企业为恒达—西伯利有限责任公司和俄中托木斯克木材工贸合作区开发投资有限公司，截至2012年对俄投资1.68亿美元，用于投资建设园区基础设施、配套设施、项目等。截至2013年6月底，公司已拥有森林资源采伐权面积33万公顷，年采伐总量可达到110万立方米。目前，俄罗斯森林资源获取难度越来越大，竞争已趋白热化态势，但获取资源仍是中航林业有限公司重中之重的工作。同时，公司也在申请FSC国际森林体系合法性认证，以规避森林经营的法律风险。

采伐能力及实际采伐状况方面，公司已拥有世界最先进的11套共30台加拿大虎猫和芬兰庞塞的采伐设备，同时加大了采伐区道路、桥梁、采伐基地等基础设施的建设，以及工程机械和各种运输车辆的投入，仅采伐和运输设备的投入已超过1亿元人民币。目前，年采伐能力可达70万立方米。根据加工能力需要，2012年10月至2013年3月采伐季共采伐木材32万立方米。在生产加工方面，已建有锯材、小旋切单板、胶合板等产品生产线，年加工板材可达15万立方米。2012年，生产板材5.45万立方米，回运板材4.15万立方米；2013年1—7月生产板材5.26万立方米，回运板材4.26万立方米。在建项目进展方面，引进意大利的年产10万立方米的旋切单板生产线正在完善配套工程，已于2013年8月底调试运营；年产20万立方米的中密度板生产线正在建设和安装，已于2014年第二季度投产。36兆瓦热电联产项目一期工程——12兆瓦热电联产项目正在进行设计和设备招投标，已在2014年年底投入运营。二期工程燃气发电争取2016年年末投入运营。还在筹建年产30万立方米刨花板生产线，已与中国福马集团、连云港港口集团开展合资和设备选型前期论证工作。

同时，中俄托木斯克木材工贸合作区目前尽管已引进入区企业19家，但也急需国内外企业参与投资合作，合作领域包括：森林采伐、运输、锯材加工、木片生产等森林资源开发和各类地板、细木工板、中密度板、胶合板、刨花板、集成材、实木门及木制家具产品的生产加工和制浆造纸、印刷及热电联产项目等。

（四）进一步发展的制约因素分析

2015年2月底，中航林业有限公司在俄罗斯投资的中俄托木斯克木材工贸合作区年产11万立方米旋切单板项目正式投产运营，标志着这一国家"丝绸之路经济带"重点项目由历时多年的基础建设转向全面生产运营。合作区本次启动的旋切单板项目，产能11万立方米，总投资2000余万美元。生产的优质单板主要用于制作高品质胶合板、复合地板、LVL等下游产品。最终产品将主要运回国内，少量销往欧洲。

尽管发展势头良好，但仍存在若干制约对俄罗斯投资合作的因素，主要有以下三项。

第一，运输成本过高。项目在俄罗斯境内主要依靠公路运输，2011年4月15日第272号俄联邦政府令《关于批准汽车货运条例的决议》规定了运输"可分割"货物时允许的最大载重量——从2013年4月起，5轴及以上汽车为40吨。对于超过此标准的需要加收超载费。按此标准，我方公司运输车辆均需要交纳巨额的超载费用，对项目的发展带来极大的不利影响。另外，俄罗斯铁路运力不足，车皮紧缺，导致能源、资源开发项目产品不能及时得到运输和销售，且运价经常变动，导致企业运输成本上升。俄罗斯行业技术壁垒短期内较难克服。俄罗斯木材加工行业自成体系，近30年来发展较慢，尚未与国际接轨，依然沿用20世纪60年代的行业技术标准体系，不能及时消化吸收先进技术和管理理念，导致项目成本上升、项目进展不畅。

第二，俄罗斯企业缺乏市场竞争意识。由于俄罗斯社会化分工程度不高，企业市场竞争意识差，社会化服务性行业发展动力不足，体现在木材加工行业的咨询、设计、建设等方面企业数量和技术能力不能满足外商投资需求，大型项目建设速度缓慢。

第三，人才和劳动力缺乏。当地严重缺乏木材加工行业专业技术人才和驾驭大中型企业的管理人才，尤其是普通劳动力严重不足，加大了运营的难度。

四 三个典型案例总结分析

（一）梦兰星河能源股份有限公司项目收购成功原因分析

国际市场是国内市场的网络延伸、服务延伸和业务延伸，梦兰星河能源股份有限公司通过国内及国际合作为"走出去"打下良好基础。通过国际市场来培养其国际竞争力，从而能与跨国公司抗衡，并在国际石化市场上占据一席之地。总结其经验可大致归纳为以下四个方面：

首先，符合两国及项目主体公司利益需求。该项目立足两种资源、两个市场，充分利用中俄能源领域合作的互补优势，必将为两国能源领域合作的战略升级带来新的内容，也将成为两国石油合作的必要补充部分。项目建成投产后，可以为俄罗斯联邦政府和当地政府带来巨额的税收，还可以拉动相关产业发展，缓解当地剩余劳动力的就业矛盾。

其次，公司战略明确。梦兰星河能源股份有限公司充分利用自身条件，选择自身优势业务领域和有利的国际经营区位，努力适应国际市场变化，积极拓展国际领域项目开放，提高公司整体竞争能力，把自身建设成为具备国际竞争能力的跨国企业集团。在企业战略准备阶段，正确地实施国际化经营战略，以保证预期目标的实现。在实现跨国公司阶段，通过一段时间的国际化经营运作，公司的国际竞争实力增强，逐步积累国际经营经验，加强与目标国企业合作，建立国际生产体系，包括原油勘探开采、炼油化工生产，建立起国际营销体系和信息网络，并逐步建立起梦兰星河能源股份有限公司的国际品牌形象。

再次，项目考察准备翔实。梦兰星河能源股份有限公司代表团对萨哈共和国（雅库特）图伊玛达石油公司曾进行详细的商务考察，为综合体项目未来长期充足的能源供应寻求新保障；计划安排得当，提前介入，适时探讨参与俄罗斯上游特许油田区块竞拍，勘探及开采的可能性；充分利用梦兰星河能源股份有限公司对俄罗斯合作平台，以及大庆市一直以来富余的专业勘探设备和人才队伍，尝试在俄罗斯特许油田区块开发过程中进行合作的可能性。

最后，建立企业创新机制。为增强企业发展后劲，梦兰星河能源股份有限公司施行强强联合机制，增强公司整体实力，集中资金及技术力量，优先考虑并开发具有突破性作用的项目。不断完善项目开发进程，着眼公司长远发展，创造国际竞争的所有权优势。加强培养国际化经营人才，建立培养及吸引人才的良好机制，做到培养与使用相结合，并建立相应的人才激励机制。

（二）新时代印刷有限公司项目成功原因分析

新时代印刷有限公司项目在俄罗斯得以健康稳步发展的经验值得进一步总结和发扬。

首先，以情感培育客户，以高品质稳定客户。从最初的艰难立身到如今的大量订单，公司靠着高质量和好服务奥廖尔建立了好口碑，公司知名度在周边地区也迅速提高。《俄罗斯邮报》曾以"让中国人在这里走得更远"为题专门报道了公司。初到奥廖尔，安徽的创业者们就体会到了创业的艰难。因为不熟悉当地的制度，加上资金有限，仅公司注册一项就费尽周折。历经艰难，2004年12月初，新时代印刷有限公司开始试生产。新时代印刷有限公司在奥廖尔的第一笔业务是2万本期刊和一批挂历，因排版软件与俄罗斯当地采用的排版软件不兼容，加上当时车间的暖气还没到位，印刷生产无法正常进行，由此遭到了当地3家出版社的"批评"。在这种情况下，创业者一边抓紧时间调试设备，一边"以情感培育客户，以高品质稳定客户"，每天工作16—18个小时，经常还要充当搬运工为出版社搬运货物。汗水终于有了回报。2005年年初，新时代印刷有限公司的《奥廖尔1945》精装书刚一面世，就受到了当地3家出版社的好评。同时，高品位期刊《地位》也被同行誉为精品。到2005年年底，新时代已同3家出版社、3家杂志社以及近10家广告公司建立了长期合作关系，占据了奥廖尔80%的印刷市场。

其次，勇于开拓"新天地"，走出当地市场。面对奥廖尔已经饱和的印刷市场，新时代印刷有限公司决定走出奥廖尔去开拓新市场。经过一系列精心推介，新时代印刷有限公司在俄罗斯中央联邦区的知名度日渐提高，客户也源源不断地增加，最远到达北极圈内的摩尔曼斯克。新时代印刷有限公司开始扭亏为盈，此后保持着年均纯利润率10%的增长。就在大家准备喘口气时，金融危机来了，印刷成本增加，业务量萎缩，这给新时代印刷有限公司带来不小的影响。为此，新时代印刷有限公司再次调整发展方向，准备进军精品和特种印刷市场，几乎与此同时，安徽出版集团也同奥廖尔当地政府签订了二期投资意向书，加大在高科技方面的投入，并以印刷为基础，发展商贸旅游业务，开展相关业务代理。

2013年7月，新时代印刷有限公司第一个集装箱铜版纸运行试验成功，相继又发运了两个集装箱运抵圣彼得堡港。公司在做好传统印刷业务的同时，进出口业务也由此展开。

再次，开拓市场与培育品牌的良性循环。利用当地主流媒体，积极宣传。在俄罗斯奥廖尔州召开的会议上，安徽出版集团在俄罗斯投资的新时代印刷有限公司负责人作为中资企业代表发言。当地发行量最大的主流媒体《共青团报》及俄罗斯中央电视台第二频道相继进行了连续报道，表示愿为新时代印刷有限公司的发展护航，并配发了新时代印刷有限公司代表发言的照片，在当地产生了很大的反响。因为影响力日增，公司被奥廖尔移民局评为2012年度外资文明企业，并获得2012年度俄罗斯中俄友好协会特殊贡献奖和2013年度俄罗斯作家协会特别印刷奖。这说明，公司的知名度在不断提高。同时，公司不仅成功"抢滩"莫斯科印刷市场，业务还遍及布良斯克、库尔斯克、图拉等10多个州和东欧一些国家，已发展成为当地具有较强实力的综合性印刷企业和受欢迎的中资企业。声名远播，客商自然纷至沓来。在俄罗斯有较大影响的奥廖尔市《春汛》作家出版社特别邀请新时代印刷有限公司职工代表到出版社做客。而通过参加莫斯科图书展、国际印刷展览，拜访莫斯科一些大出版社、印刷大学等方式，新时代印刷有限公司增加了莫斯科社会科学院、莫斯科商城等新的客户，并签订了长期合同。新时代印刷有限公司在俄罗斯闯出了一片天，不但为安徽打造跨国企业迈出关键的一步，也为我国文化产业寻求海外发展提供了宝贵经验。

最后，海外员工的创业精神。离开祖国，在遥远的俄罗斯打拼并不是一件容易的事情，但却是一件最让海外员工有凝聚力和成就感的事情！2012年冬季，俄罗斯遇上了百年不遇的寒流，连续一个多月零下30多摄氏度，给新时代印刷有限公司的生产和员工的生活带来了极大的困难。生产上，由于气温低，暖气起不了多大作用，油墨和做壳胶化不开，连机器的机油都冻凝固了。为了不影响质量，只能将机器临时移到暖气下，等油墨烘热后再加到机器里。生活上，员工为了不影响生产进度，只能在很低的温度下工作，很多人因此感冒了，但大家没有怨言，也没有一个人退缩。更为困难的是，由于持续零下30多摄氏度的低温，供生产和生活用水的管道全线冻结了，造成整个厂区停水。公司只能组织人员每天到10千米外的市区，用桶运水。为保证生产用水，创业者压缩生活用水，并想尽一切办法节约每滴水。了解到这一情况，总部立刻拨款，改善生活生产环境。在2013年夏季的3个月里，员工维修了冬天被冻裂的水塔，挖开冻土更换了300米的水管，维修并加长暖气管，更换4股200米电线，更新供暖锅炉及煤气管道，加盖铁瓦维修漏雨的晒版机房顶等。以上所有这些工程，全部都是员工自己动手，肩扛手抬，集思广益，用尽各种办法完成的。为了更好地融入本地的社会生活，员工还积极参加社会公益活动，每年向俄红十字会捐款资助贫困家庭，赞助中俄友协的社会活动等。在当地树立了良好的企业形象。对这段海外创业生涯，创业者用了四个字进行总结：忍、仁、人、韧。四个字体现了中华民族的优良品质。从某种层面上说，新时代印刷有限公司率先走出去发展的意义，不仅仅在于它在全国出版行业中是首家，更在于它发扬"咬定青山不放松"的精神，为我国文化产业拓展海外市场探索出了一条创业之路。

(三) 中航林业有限公司推进托木斯克州木材工贸合作区项目的策略

进一步推进中俄托木斯克木材工贸合作区向前发展,需重点考虑解决以下四个方面的问题,这对后续进入俄罗斯投资木材加工业的企业而言,具有重要借鉴意义。

首先,降低人财物成本方面。协调解决境外资产融资问题。一方面积极推动和争取国家开发银行、中国进出口银行等政策性金融机构的优惠贷款;另一方面金融机构要改进对境外投资企业的授信政策,积极推进和改善买方信贷政策,完善企业境外投资的信用担保制度。同时,为更好地管理合作区日常事务,中方大量的工作人员要经常往返园区,希望双方政府能加强合作,协调相关部门为合作区的中方管理人员和劳务人员办理三年期的工作签证,以确保人员能够长期便利地深入一线工作;同时,可降低人员往来费用。

其次,行业标准方面。中俄双方应协调推动俄方引入国际林业产业技术标准,简化单体项目设计审批,并加快审批速度。建议推动中国林产工业类设计院与俄方有关设计机构合资来实质性推动项目前期进程。

再次,基础设施方面。两国政府应高度重视项目在俄罗斯运输问题。一方面,建议俄联邦公路局取消汽车运输超载费用。另一方面,建议双方政府针对能源、资源开发重点项目要确保铁路车辆供给。同时,加大国家对资源回运运费补贴力度,以保证项目的铁路货物运输。另外,需要协调俄罗斯政府加强项目所在林区和市区的基础配套设施建设,特别是对通往捷古里杰特地区的 50 千米土路尽快进行沥青铺设工作,以便利产品运输。阿西诺主园区所在的阿西诺市城市综合配套难以吸引人才长期居住和工作。

最后,政府扶持方面。中国政府与俄方共同推动将项目上升为俄联邦生产性经济特区和纳入俄联邦国民经济优先发展项目,以争取俄方在基础设施、人才培训等一系列政策方面的支持,在此问题上,托木斯克州政府态度非常积极。在俄罗斯从事资源、能源类大型项目的开发与利用,存在投资大、地域广、回收期长、资源获取难等特点,应作为国家战略，从项目和园区建设各环节给予倾斜政策支持，尤其是财政和税收方面的支持。此项目作为《中俄托木斯克森林资源开发与利用总体规划》，作为地方政府的山东省政府十分有必要加大对俄罗斯投资项目的政策和资金支持力度，如黑龙江省对本省牵头承建的乌苏里斯克经济贸易合作区每年两千万元的资金支持。

第四节　中资进入俄罗斯的区位选择政策建议

中俄两国同为转型大国，与西方发达国家成熟的市场体制不同的是，均存在很大潜力去改善营商环境，这是一个长期的艰难的过程。尤其是在中国进入所谓"中等收入陷阱"阶段、两国都致力于发展创新型经济的当下。因此，政府层面推进两国经贸投资合作的短期性、"临时性"的扶持政策，作为民间自发经贸合作的"补充"往往能促成较大规模、较为重要的投资合作。基于上述考虑，本章首先从投资者角度给政府提出若干建议，旨在通过推动经济合作倒逼营商环境改善，由此可能引致更大规模、更优质的资金流入；然后，从国内投资者的角度，在原则性、地区层面和行业层面给出若干建议。

一　政府层面的建议

第一，推动落实以"中国东北—俄罗斯远东"和"长江—伏尔加河"两组地区为代表的两国地区间合作。前者的标志是2009年中俄两国共同出台的《中华人民共和国东北地区与俄罗斯联邦远东及东西伯利亚地区合作规划纲要（2009—2018年）》；后者于2013年5月正式启动。

"中国东北—俄罗斯远东"这组毗邻地区同属资源丰裕型地区，过去长期依赖石油、矿产、林业等能源资源，在产业结构方面，重工业占垄断地位，第三产业及创新部门发展相对滞后；在地理位置上，两个地区同处东北亚，交通便利程度有待提高，周边可资利用的国际市场资源有限，两个地区经济发展获取发达国家或地区的溢出效应方面严重不足，地区经济的开放程度和国际化水平均有待于进一步提升。目前，中国东北与俄远东地区合作的主要问题是合作结构失衡、含金量较低、经营不规范等；各自的发展潜力远没有得到充分开发，两个地区合作的广度和深度有待进一步挖掘。虽然"合作规划纲要"已落实部分合作项目。但是，总体来看，远东地区开发进展迟缓，已经制定的各类规划和项目，在时间已经过半的情况下，进度远不到一半。[①] 改变上述困局的突破点在于改善两大区域的交通运输条件，降低合作的综合交易成本。从目前来看，两个地区正加紧建设多条跨境通道，同江铁路桥、黑河公路桥、跨黑龙江索道和滨海跨境陆海联运稳步推进，中方积极参与扎鲁比诺、纳霍德卡等港口建设和开发。为支持两国贸易和基础设施建设，中方有关商业银行与俄远东发展部签署了50亿美元融资合作协议，同俄罗斯外经银行签署了总金额100亿元人民币的贷款协议。同时，双方在互联互通、金融、农业、油气管道等领域的诸多项目业已全面铺开，尤其是黑龙江省等多个省份已在远东建立合作园区，开展"种养加"一体化等农业合作项目。一批实力雄厚的中资企业陆续入驻俄罗斯远东跨越式发展区和符拉迪沃斯托克自由港，等等。但上述合作均属于合作挖掘各自潜力的范畴，对两个地区形成合力，利用开拓第三方市场方面还没有取得成效。这正是投资者努力的方向所在。远东地区开发是一项长期系统工程，中国东北参与俄远东地区开发优势得天独厚。短期内，两个地区应扬长避短，在政策对接、项目遴选、中长期规划等方面多下功夫，做大做实双方合作。中期范围内，应积极开拓思路，重点推进道路联通和资金融通。加快跨境基础设施和通道建设，早日在两地区间建成大运量、现代化、立体式跨境口岸交通网。远东地区开发涉及项目往往建设周期长、资金需求量大，要充分发挥市场作用，推动两国和地方性金融机构紧跟项目，为两个地区合作提供多种形式的融资支持，在边境贸易中，更多地采用人民币和卢布结算并持续扩大本币结算规模。长期

---

① 刘爽：《俄罗斯远东开发进程与中俄合作》，《俄罗斯中亚东欧市场》2013年第5期。

内，应发挥合力，两个地区凝聚力量，开拓国际市场，形成国际性影响力。

"长江—伏尔加河"地区组属于非毗邻地区合作模式，将两国合作从上述"中国东北—俄罗斯远东"之间的相邻地区扩展至内地，需要从地区营商环境、地区中小企业发展、地区部门结构特点、市场规模等角度出发，进一步发现伏尔加河联邦区内的若干适合投资的地区，探索与中国境内长江中上游相关地区之间优势互补、错位发展的合作空间。同时，对上述两组地区合作的特点进一步梳理、深化认识。在地理空间上，主要合作范围包括中方长江中上游的四川、重庆、湖北、湖南、江西、安徽6省（市）及俄罗斯伏尔加河沿岸联邦区14个联邦主体。虽然两大区域将农业、食品、建材、住宅及商用地产开发、仪器设备、旅游和信息技术等领域确定为双方投资合作的优先方向，但首要问题是交通领域的互联互通问题，然后，要发挥企业的积极性，根据两个地区之间的资源禀赋、产业结构等经济维度上的特点探索两个地区之间合作的契合点，同时，注意将两个地区之间的合作同长江经济带战略以及西部大开发、中部崛起发展战略以及"一带一路"倡议与"欧亚经济联盟"对接框架等区域合作框架密切结合起来。目前，从中国长江经济带的上游城市重庆出发的国际铁路大通道"渝新欧"途经伏尔加河沿岸联邦区的奥伦堡州等地区，为中俄两河流域的携手合作奠定了交通基础，但远远不够。当前应加快落实重庆、武汉等地直航喀山在内的伏尔加河沿岸联邦区若干重要城市的航班。在经济相似性和互补性方面，长江中上游地区与伏尔加河流域无论从经济规模还是地理位置来看都有相似性，尤其是双方在工业发展和技术水平上，水平十分接近。伏尔加河沿岸联邦区下辖14个联邦主体，工业基础雄厚，科研力量发达，是俄罗斯综合实力较为雄厚的地区，机械制造、石油化工、轻工、食品加工、木材加工等较发达；中国长江中上游地区五省一市（重庆、安徽、湖北、湖南、江西、四川）在交通、资源、产业和人力资源等多方面具有优势；接下来，如何在航空、高科技研发、工业园、交通等高端领域的合作是重要突破方向所在。

第二，加快"一带一路"倡议与"欧亚经济联盟"的对接。中国倡导的"一带一路"倡议与俄罗斯主导的"欧亚经济联盟"对接带来的投资空间巨大，可以有效地带动沿线国家，尤其是上合组织各成员国基础设施建设和整体经济的全面发展。根据中俄两国元首2015年5月8日在莫斯科会晤期间签署的《关于"丝绸之路经济带"建设和"欧亚经济联盟"建设对接合作的联合声明》，俄方支持"丝绸之路经济带"建设，愿与中方密切合作，推动落实该倡议。中方支持俄方积极推进"欧亚经济联盟"框架内一体化进程，并将启动与"欧亚经济联盟"经贸合作方面的协议谈判。两国元首同意，挖掘合作潜力和优势，扩大两国能源、农业、高铁、航空、航天、金融投资领域、基础设施建设、远东开发等方面合作，扩大两国教育、文化、卫生、旅游等人文领域合作，会晤期间涉及能源、交通、航天、金融、新闻媒体等领域32项合作文件得以签署，总价值达250亿美元，目前要加速项目落地实施。2017年5月14—15日，在北京举办的"一带一路"国际合作高峰论坛期间及前夕，各国政府、地方、企业等达成一系列合作共识、重要举措及务实成果，在"加强金融合作，促进资金融通"方面，中国国家发展和改革委员会将设立中俄地区合作发展投资基金，总规模1000亿元人民币，首期100亿元人民币，这将极大地带动中俄企业间的经贸联系，为中国企业投资俄罗斯提供助力。

第三，积极利用在西方制裁背景下俄罗斯在经济外交层面更加积极地"向东看"这一策略性转变的"窗口期"[①]，推动相关经贸投资合作。在俄罗斯和西方关系趋冷的背景下，俄罗斯业已加快"向东看"，积极深化与包括中国在内的亚太地区经济体的互利合作。这种判断早已不是停留在头脑中的观念了，早已具体化为行动了，比如，2014年以来，中俄两国天然气合作取得的重大突破：2014年5月两

---

① 尽管俄罗斯联邦政府总理梅德韦杰夫曾表示，俄罗斯"向东看"不是对欧洲"毫无意义的复仇"，俄罗斯加快融入亚太经济，目的是成为名副其实的欧亚强国。不过，他承认，在与西方关系恶化的背景下，俄罗斯此举具有战术性特点，是应对制裁的合理选择。

国政府签署了《东线天然气合作项目备忘录》；同年11月，双方又签署了通过西线管道自俄罗斯向中国供应天然气的相关文件。两国同意继续研究构建"中国（北京）—俄罗斯（莫斯科）"欧亚高速运输走廊项目，确保在优先实施"莫斯科—喀山"高铁项目上开展全面合作，等等。这个窗口机遇期的潜力还很大，两国政府发挥作用的空间还很大。

第四，各地方政府应推进当地企业同俄罗斯经济特区投资合作，应积极开展对俄罗斯经济特区的调研工作，努力做好对相关企业的宣传和引导工作，搭建政府和园区投资合作平台，有针对性地选择合作对象，密切关注俄罗斯经济特区发展的最新动向并适时调整合作策略，以俄罗斯经济特区为突破口，推进对俄罗斯经贸科技合作创新发展和转型升级。

第五，政府组织构建市场机会分析报道跟踪机制，密切关注俄罗斯市场投资随时有可能出现的重大机遇。比如，前几年曾经出现的即2012年在俄罗斯远东城市符拉迪沃斯托克（海参崴）举行的APEC会议，带来了修建大桥、铁路等基础设施的投资机会；2014年俄罗斯城市索契举办世界冬奥会之前的投资机会；再如，俄罗斯政府大力改善民生，推动住宅建设，促使俄罗斯房地产投资热潮的出现等。俄罗斯的这些建设，需要大量基础材料和产品，比如水泥、装饰材料、家具、灯具等，这为我国的相关企业开拓俄罗斯市场提供了难得的机遇。这要求相关的分析和研究要紧密跟踪俄罗斯国内的动态，这需要一种机制。

二 国内投资者角度的建议

政府努力打造优良的营商环境，建构各种公共服务平台，提供各种绿色便捷通道，目的是更好地服务于企业经营和投资。这里从国内投资企业的角度，分别从投资的原则性、地区层面和行业层面给出若干建议：

（一）原则性建议

从指导国内企业赴俄投资的中观、宏观指导角度，注意当前俄罗斯各地区吸收外国直接投资流入的两个特点：一是对外国投资者而言，在尽量防范经济风险的情况下，俄罗斯作为全球第二大转型经济体，其由计划经济体制向现代市场经济转型过程中，不断释放出的制度红利仍然为各国投资者所重视；这一点对我国投资者在不远的将来，由资源获取型投资阶段向更高级的经贸投资阶段过渡尤为重要。二是通过设置地区地理位置虚拟变量和地区类型虚拟变量，结合环境因素中的自然资源变量在计量模型中的表现，我们似乎可以谨慎地得出以下认识：俄罗斯虽然有丰富的自然资源，但从数据分析上看不出它给外国投资者带来的好处；相对地，传统的投资动机如市场规模、劳动力状况、市场体系完善程度等可能仍然是俄罗斯地区外国直接投资流入的主要推动力，或者说资源寻求型外国直接投资在之前的外国直接投资流入中并不占主导地位。根据上述从俄罗斯地区层面的数据分析得出的若干启示，我们这里针对中资企业投资俄罗斯的区位选择给出以下原则性建议：

首先，俄罗斯幅员辽阔，各地发展模式差异较大，尤其是在营商环境的软环境方面，因此，相对西方市场经济较为成熟完备的国家或地区，在选择合适的俄罗斯投资地区时，需要付出更多时间和精力。

其次，在参考对俄罗斯各地区投资潜力或投资价值方面的分析报告时，不应过分依赖数据分析，精致的数理模型往往不能带来对等的投资价值；相比较而言，关于俄罗斯地区排名方面的信息更具参考意义。在相对比较的意义上展开分析结合现场实际考察，往往能达到事半功倍的效果。

再次，要重视短期政策因素与中长期环境改善的叠加效应。比如，我们应充分以《俄中投资合作规划纲要》和《俄罗斯远东和东西伯利亚地区与中国东北地区合作规划纲要（2009—2018年）》为指导框架，完善对俄罗斯投资企业的管理，积极探索跨国并购等主流投资方式在中国对俄罗斯直接投资中的应用，尝试构建促进中国对俄罗斯直接投资可持续发展的新的战略模式。再如2015年5月8日，在中国国家主席习近平对俄罗斯进行国事访问期间，习近平与俄罗斯总统普京会面后，双方共同签署并发表的《关于"丝绸之路经济带"建设与"欧亚经济联盟"建设对接合作的联合声明》（以下简称"联合声明")。据此"联合声明",双方努力将"丝绸之路经济带"建设和"欧亚经济联盟"建设相对接,确保地区经济持续稳定增长,加强区域经济一体化。"丝绸之路经济带"与"欧亚经济联盟"对接的倡议更可能是一个更具体的"路线图"的开端,这一宏伟项目要由许多内容组成,包括交通、物流、石油天然气管道等,需要一整套规划来加以实施,2017 年 5 月 14—15 日在中国北京举行的"一带一路"国际合作高峰论坛将成为从提出和讨论理念阶段向实际行动阶段转变的标志,建议国内投资者密切关注。

最后,要注意选择合适的投资方式。国际直接投资方式的选择非常复杂,需要根据各种投资方式的适用条件,并结合影响中俄投资合作的关键因素、两国的具体国情以及投资企业的具体情况,进行综合分析才能最终确定。目前,设立子公司、联营公司和分支机构(如代表处、办事处)等是中国企业对俄直接投资的主要方式,但为了提高企业的经营绩效和投资效益,需要根据俄罗斯对外国投资市场准入的相关规定并结合企业自身实际,具体选择适当的投资方式。中国企业如果投资俄罗斯的油气、水电、采矿、钢铁、煤炭等战略资源性领域将会受到控股限制,多数企业只能拥有境外企业 50% 以下的股东或成员表决权,在这种情况下,中国企业在投资方式上只可以选择跨国收购、设立联营公司或办事处等分支机构;但是,如果中国企业投资纺织、食品加工和木材加工等领域,俄罗斯对这些传统行业的外资不仅限制较低,而且还有鼓励政策,中国企业对于这些领域的投资就可以选择控制力较高的设立子公司的方式,可以拥有境外企业 50% 以上的股东或成员表决权,通过对该企业的经营管理,提高投资收益。①

(二)具体地区层面的建议

通过对俄罗斯地区营商环境的直接和间接法评价方式得出以下几个地区需要国内投资者重点关注的优选地区,即莫斯科市、鄂木斯克州、莫斯科州、克拉斯诺达尔边疆区、鞑靼斯坦共和国、斯维尔德洛

---

① 高欣:《中国企业对俄直接投资的现状调查与战略对策》,《欧亚经济》2015 年第 1 期。

夫斯克州、罗斯托夫州、下诺夫哥罗德州、萨马拉州、新西伯利亚州10个最具投资吸引力地区；如果考虑到地区吸引力对内外资的区别，可以优先考虑俄罗斯地区营商环境直接法下或间接法下与对外资吸引力较高地区的重合地区。根据第六章第三节，ОУИК占预算外投资比重较高的19个地区与根据直接法得出的排名前15的地区相比，重合的是克拉斯诺达尔边疆区、利佩茨克州、莫斯科市、萨马拉州、圣彼得堡市、斯维尔德洛夫斯克州、下诺夫哥罗德州7个地区。上述19个地区与根据间接法得出的排名前15的地区相比，重合的地区有卡卢加州、克拉斯诺达尔边疆区、莫斯科市、萨马拉州、斯维尔德洛夫斯克州以及下诺夫哥罗德州6个地区。另外，由间接法的原理知道，间接法下排名比较得出的重合地区对我国中小型企业赴俄罗斯投资可能更有积极的借鉴价值。

同时，投资者注意规避的地区有车臣共和国、印古什共和国、哈卡斯共和国、卡巴尔达—巴尔卡尔共和国、库尔干州、犹太自治州、北奥塞梯共和国、卡尔梅克共和国、达吉斯坦国、卡拉恰伊—切尔克斯共和国、图瓦共和国11个地区。

在考虑上述地区的同时，针对不同类型的国内投资者，分别为风险规避型中小型民营企业和资源获取型大中型国有企业投资者给出了投资俄罗斯时需要特别关注的地区，即前者需要关注利佩茨克州、沃罗涅日州、坦波夫州、楚瓦什共和国、克拉斯诺达尔边疆区等地区，后者需要特别关注克拉斯诺达尔边疆区。

如果考虑到中资企业本身所处的营商环境包括自然环境与人文环境，就有一个推论即寻找与中国某些地区相近环境的投资地区可能是较为适合处在这些地区的企业去投资。这也许可以称为投资领域的"相似相容"原则。作为实践，推动我国长江中上游地区和俄罗斯伏尔加河沿岸联邦区的合作活动（2013年5月，在武汉举行的长江中上游地区和伏尔加河沿岸联邦区领导人座谈会正式启动了两地区合作机制，开创了两国非毗邻地区合作的新模式）可以视作上述分析思路的一个注脚，这也为相关地区赴俄罗斯投资提供了一个新的思路。

（三）行业层面的建议

上述我们推荐的优选地区是基于俄罗斯各地区的营商环境优劣程度给出的，而具体决策者不仅仅要考虑营商环境，还有大量其他因素需要考察，而行业或产业的选择是整个投资决策的重中之重。俄罗斯幅员辽阔、联邦主体众多，不同地区由于自然禀赋、制度发展的路径依赖等原因，形成了各自的产业发展特色。选择自己擅长的行业或产业会大大提升成功的概率。

这里我们借鉴《俄罗斯联邦主体社会经济状况评价》系列报告[①]中的划分方法将俄罗斯各联邦主体划分为以下四类。

第一类是金融经济中心区，包括莫斯科市、圣彼得堡市和莫斯科州3个地区。

第二类是农工业区，包括克拉斯诺达尔边疆区、奥伦堡州等26个地区[②]，即阿尔泰边疆区、阿穆尔州、阿斯特拉罕州、布良斯克州、伏尔加格勒州、沃罗涅日州、犹太自治州、外贝加尔边疆区、堪察加边疆区、基洛夫州、克拉斯诺达尔边疆区、库尔干州、库尔斯克州、马加丹州、奥伦堡州、奥廖尔州、奔萨州、普斯科夫州、阿迪格共和国、布里亚特共和国、莫尔多瓦共和国、萨拉托夫州、斯塔夫罗波尔边疆区、坦波夫州、乌里扬诺夫斯克州、楚瓦什共和国。

第三类是工业区，包括斯维尔德洛夫斯克州、鞑靼斯坦共和国等36个地区，即阿尔汉格尔斯克州、别尔哥罗德州、弗拉基米尔州、沃洛格达州、伊万诺沃州、伊尔库茨克州、加里宁格勒州、卡卢加州、克麦罗沃州、科斯特罗马州、克拉斯诺亚尔斯克边疆区、列宁格勒州、利佩茨克州、摩尔曼斯克州、下诺夫哥罗德州、诺夫哥罗德州、新西伯利亚州、鄂木斯克州、彼尔姆州、滨海边疆区、巴什科尔托斯坦共和国、卡累利阿共和国、鞑靼斯坦共和国、哈卡斯共和国、罗斯托夫州、梁赞州、萨马拉州、斯维尔德洛夫斯克州、斯摩棱斯克州、

---

① http://www.riarating.ru/.
② 俄罗斯副总理德沃尔科维奇在2015年8月28日接受"俄罗斯24"电视台采访时表示，俄罗斯农业有自己的经营方法、标准和技术，俄罗斯政府准备在中国公司遵守俄罗斯方标准的条件下允许中国公司进入俄农工综合体市场。

特维尔州、托木斯克州、图拉州、乌德穆尔特共和国、哈巴罗夫斯克边疆区、车里雅宾斯克州、雅罗斯拉夫州。

第四类是出口导向型地区,包括秋明州、汉特曼西斯克自治区、亚马尔—涅涅茨自治区、萨哈林州、科米共和国、萨哈共和国(雅库特)6个联邦主体。

如果结合当前中俄两国共同关注的"一带一路"倡议以及"一带一路"与"欧亚经济联盟"的对接,我们还会发现,更加具体的投资行业或者具有投资潜力的行业。中国对外开放,尤其是"一带一路"倡议,给俄罗斯提供了重要的机遇。如果俄罗斯利用得好的话,它可以享受比其他国家更多的机遇。东北亚是东部陆海丝绸之路的源头,如果没有东北亚,特别是中俄之间的区域一体化合作和发展,就没有东部陆海丝绸之路蓬勃发展的未来,而俄罗斯和中国是东北亚的两个大国,对构建东部陆海丝绸之路起到重要作用。[①] 而"一带一路"倡议蕴藏着的投资潜力最终还是要落实到某个地区,必将带动相关地区相关产业的发展。同时,中俄是两个毗邻的大国,这为两国扩大基础设施的合作提供了区位优势。"一带一路"倡议首先有利于带动俄罗斯远东地区的发展。没有基础设施的发展,俄远东地区经济的发展就无从谈起。因此,俄罗斯需要在"一带一路"框架下加强与中国的合作,中俄两国在远东地区基础设施建设领域也拥有广阔的发展前景。[②]

具体来说,在"一带一路"倡议与"欧亚经济联盟"对接框架下,中俄经济互补领域的合作将会进一步深化,其中,基建、能源、

[①] 参见《大公报》对李静杰研究员的采访《"一路一带"战略俄罗斯优先》,2014年12月19日。

[②] 俄罗斯阿里巴里分析中心分析师米哈伊连卡指出,俄罗斯远东开发战略与中国提出的"一带一路"倡议在本质上是相同的。目前,两国已开启中俄原油管道项目、西线天然气输送项目等,两国还计划加强在俄罗斯油气开采领域的合作,俄罗斯在高铁建设和西伯利亚铁路改造方面也有意吸引中国投资。总之,俄罗斯远东地区有大量的基础设施建设项目,加强与中国的合作是俄罗斯的必然选择。在2015年6月的第19届圣彼得堡国际经济论坛上,俄罗斯总统普京表示,俄中两国致力于将"欧亚经济联盟"发展战略同"丝绸之路经济带"建设对接,这将给双方和地区带来巨大发展机遇。参见新华网《综述:俄罗斯专家看好"一带一路"前景》,2015年6月24日。

高科技和经贸 4 个方面值得特别关注。[①]

首先,基础设施建设。相对于俄罗斯,中国在基础设施建设领域的优势十分明显。俄罗斯自然环境恶劣,对基础设施的建设要求很高,但是,俄罗斯国内又缺乏相应的技术,这严重制约了俄罗斯基础设施的发展,进而制约了经济的发展。以公路总里程为例,1995—2007 年,俄罗斯公路的总长度由 94 万千米仅扩展为 96.3 万千米。在 2013 年以前,俄罗斯全国甚至没有一条标准高速公路。直到 2013 年,俄罗斯才在圣彼得堡西部建成俄罗斯第一条高速公路,全长 49 千米,总投资为 2120 亿卢布。而同期中国高速公路总里程已达 104468 千米,是俄罗斯的 2132 倍。

根据俄罗斯联邦政府的要求,在未来十年将建成至少 7500 千米的联邦公路,在未来三年将建成 4.2 万千米的区域和地方公路。俄罗斯公路管理署曾发布消息称,俄罗斯在 2015 年道路建设规划中预拨款额为 5100 亿卢布(约 78.82 亿美元),在未来五年仍将保持每年 60 亿—70 亿美元的投资。

除了公路外,高铁建设也是俄罗斯基建的重点发展方向。"一带一路"倡议提出后,中俄两国在交通运输基础设施建设方面的合作突飞猛进。2014 年 10 月,中俄签署了《高铁合作备忘录》,拟构建北京至莫斯科的欧亚高速运输走廊。建设莫斯科至北京的跨欧亚高速铁路是双方在该领域合作的优先方向,其中,莫斯科—喀山高铁项目又是重中之重。全长 770 千米的莫斯科—喀山高铁将连接沿途多个俄城市,一旦建成,运行时间将由目前所需的 14 个小时缩短至 3.5 个小时,还将成为远东地区新的货运枢纽。

基础建设是中国的优势产业,由于中国国土广袤,因此,在基建中会面临各种复杂的自然条件,自然也就开发了相对应的技术手段。目前,中国的基建技术可以满足俄罗斯的需要。

---

① 一个结合"一带一路"倡议从可能给中国投资者带来机遇和风险角度的分析,参见陈果《俄罗斯市场:中国公司走出去面临的历史性机遇》,《广发证券定期报告》2015 年 5 月 11 日。这里仅仅涉及行业或产业层面。

中俄在基建方面的深化合作，一方面将改善俄罗斯基础设施状况，为当地经济发展奠定坚实的基础；另一方面有利于扩展中俄贸易交通方式，为中国产品销往西亚、欧洲创造便利条件。

其次，能源产业。能源产业是俄罗斯的支柱产业。随着我国经济不断发展，我国能源需求和消费大幅增长，能源供应和消费结构尚未摆脱高污染、高碳排放的传统模式，能源安全问题依然受到挑战。俄罗斯有丰富的能源资源，常规石油和天然气储量居世界前列，能源出口是其经济的支柱和财政收入的重要来源。自美欧对俄罗斯制裁升级以来，西方公司中断了与俄罗斯油气联合开发项目，因此，俄罗斯希望与具有资金和技术的中国合作。中俄能源的互补性是发展两国在能源领域战略伙伴关系的着力点，双方合作空间巨大。

中俄在能源方面的合作历史悠久，尤其是 2013 年 9 月 "丝绸之路经济带" 倡议提出以来，中俄两国能源合作成绩显著，已经达成了多项重大项目的合作协议。

在天然气方面，2014 年 5 月 21 日，中俄签署总额约 4000 亿美元、期限长达 30 年的供气协议，结束了两国已维持十年之久的天然气供应谈判。在中俄东线天然气合作顺利开展的同时，2014 年 11 月 9 日，中俄双方又签署了一系列双边合作协议，推进西线天然气项目的启动。随着中俄两国在能源领域不断深化合作，中俄能源合作将实现东西线并举，上下游协调推进，俄罗斯通过东西线天然气管道将每年向中国输送总计 680 亿立方米的天然气，中国将成为俄罗斯天然气最大的买家。

在石油方面，中俄石油领域合作在两国国家元首的关心指导下正在加强。在 2014 年 11 月 APEC 领导人非正式会议中，中俄两国元首在会谈中提及油田大项目合作，表明俄罗斯希望与中国在油气勘探开发等上游领域合作的意愿。同年 11 月，"中石油"与俄罗斯石油公司签署了"中石油"获得东西伯利亚万科尔油田 10% 股权的相关协议，标志着"中石油"正式进入俄罗斯油气上游领域。能源合作是"丝绸之路经济带"建设的战略突破口和建设重点之一。中俄在能源领域的全面、长期战略合作，有利于俄罗斯开发欧美之外的新兴市场，打破能源出口过分依赖欧洲市场的格局；也有利于确保中国能源安全，促进中国经济发展。

再次，两国合作空间广阔的高科技产业。俄罗斯在航空航天等科技方面技术一流，而中国拥有巨大的市场和需求，双方在航天领域合作拥有广阔的发展前景，比如，在民用纳米领域，核技术领域的合作都有待拓展。在高科技领域，中俄将开展和平利用核能、民用航空、航天基础技术研究、空间对地观测、卫星导航、深空探测和载人航天等领域重点项目的合作。从中俄高科技产业之间协作的现状来看，目前中俄在航空航天领域已经有比较深入而又成功的合作。2014年10月，中俄计划签署《共同开发远程宽体飞机技术项目的合同》，进行联合生产宽体飞机。此外，中俄联合研制重型直升机等大项目合作也在不断推进之中。

最后，经贸领域。改革开放至今，随着双方交流的不断加深，出现了新的变化，中俄经贸往来从贸易总量小、起点低转变为开展战略性大项目合作。当前，俄罗斯提出将俄跨欧亚大通道建设以及"欧亚经济联盟"和"丝绸之路经济带"建设合作对接，并加入了亚投行，中俄双方的经贸合作将迎来一个空前的良好机遇。

虽然当前俄罗斯经济面临着前所未有的困难，但中俄经贸合作仍保持了"逆势上扬"态势。2014年，中俄双边贸易额同比增长6.8%，突破了950亿美元，自2010年起中国已连续五年成为俄罗斯第一大贸易伙伴。为推动中俄两国经贸发展，进一步释放中俄两国在经贸领域存在的巨大潜力，中俄两国元首提出了双边贸易额2015年达到1000亿美元、2020年达到2000亿美元的发展目标。总之，经贸领域的活跃将带动一系列相关产业的投资，尤其是跨境电商的发展将加速这一进程。

小　　结

随着投资俄罗斯中资企业数量的增加，区位选择研究重要性会进一步提升。地区营商环境在区位选择决策中的作用，与行业特点、产业协作配套能力、资源（矿藏、油气资源等）开采地、地理距离优势甚至投资企业的所有制类型、投资形式（独资还是合资）等因素相比，往往隐藏在"幕后"，这与研究选择的样本数量偏少而很难将区位选择纳入有关研究模型有关。在这种情况下，所谓典型的或样本投资项目具有重要的示范意义。除了第三节提到的几个项目，我们还可以考察其他机构给出的若干样本投资项目，比如，中俄投资基金①给出的项目，包括汽车及汽车配件、资源开采、林业（木材加工）、机械制造和设备、建筑 5 个行业在内 9 个投资项目。② 进一步以典型案例为基础，挖掘影响区位选择的影响因素是本部分研究继续努力的方向之一。

从当前中资企业在俄投资现状来看，以国有大型企业为主体的资本密集型项目、资源开采加工项目具有优势地位，但是，大型私营企

---

① 中俄投资基金是一家私募股权基金，旨在通过投资获得高项目回报，并促进俄罗斯与中国的双边经济发展。中俄投资基金的项目侧重于促进两国之间的经济合作，其资本的70%将投资俄罗斯及独联体国家的项目，30%用于投资中国项目。该基金成立于 2012 年 6 月，由俄罗斯主权财富基金—俄罗斯直接投资基金和中国主权财富基金—中国投资有限公司共同出资设立。http://cn.investinrussia.com/on‐focus。

② 这 9 个项目是：长城汽车股份有限公司在图拉州开设汽车制造厂（投资额 5 亿美元，项目已实施）、力帆汽车在利佩茨克建设全流程的汽车制造厂（投资额 3 亿美元，项目已实施）、东风汽车公司在萨拉托夫州建设中型客车制造厂（投资额 1 亿美元，项目计划投资）、紫金矿业集团在图瓦共和国投资克孜尔—塔什特克多金属矿的开采（投资额 3 亿美元，项目已投产）、中国中钢集团在哈卡斯共和国投资电解金属锰生产（投资额 6.5 亿美元，项目计划投资）、中国航空技术国际控股有限公司在托木斯克州建设薄木片制造厂（投资额 2.6 亿美元，项目已投产）、黑龙江兴邦国际资源投资股份有限公司在后贝加尔边疆区建设阿玛扎尔纸浆—造纸厂（投资额 5.21 亿美元，项目已实施）、中国凯盛集团在乌里扬诺夫斯克建设各种工业部门设备的制造厂（投资额 30 亿美元，项目计划投资）、上海海外联合投资股份有限公司在圣彼得堡开发波罗的海珍珠小区（投资额 30 亿美元，项目已投产）。

业的发展势头也较为迅速，相对而言，中小型私营企业的投资潜力有待于进一步挖掘。在中国主导的"一带一路"倡议与俄罗斯主导的"欧亚经济联盟"战略对接框架下，亚欧一体化进程可能比预想的要迅速很多。在亚欧分工协作体系中间，中资企业发挥"龙头"作用，向区域价值链高端攀升，进而构建自己主导的区域价值链甚至全球价值链的过程将深刻影响中国对俄罗斯的投资过程。在目前的分工协作背景下，由于资源禀赋带来的贸易结构单一造成的贸易对投资的带动效应并不明显，但由亚欧一体化加速带来的区域价值链重构下的投资会改变这一格局，传统的由贸易而投资将向由投资而贸易转变，这将为中小型企业尤其是科技型中小企业提供难得的机遇，只要结合自身特点，仔细分析和甄别俄罗斯中小企业发展水平较高的地区，就能加速中小型私营企业赴俄投资的进程，这时的区位选择决策会更加灵活、有效。

第九章 俄罗斯对外国直接投资对中资企业投资俄罗斯的启示：文献综述视角

主流的对外直接投资理论多是基于发达国家的对外投资实践经验总结、提炼而得，尽管具有一定的普适性，但在解释新兴经济体（主要包括"金砖四国"即中国、印度、巴西以及俄罗斯）的跨国公司对外投资行为时往往暴露出这样或那样的缺陷和不足，随着新兴经济体对外投资规模占全球对外投资规模比重的持续上升，特别是近年来，新兴经济体的海外直接投资增长已超过经济合作与发展组织国家对外直接投资的增长速度（Amal and Tomio，2012），使这一问题变得日益紧迫。在新兴经济体对外投资的研究中，西方学者对俄罗斯的关注较少（Jormanainen，Koveshnikov，2012），这不仅与俄罗斯方面提供的数据不足、俄罗斯经济环境缺少透明度有关，也与研究人员的兴趣取向有关，更为重要的是，与俄罗斯对外直接投资的独特性有关。但是，从对外投资者的角度看，研究作为东道国的俄罗斯对外投资的特点无疑具有重要价值。中国在最近几年尤其是2014年首次成为净外资输出国以来，对外直接投资增速十分明显。俄罗斯作为中国最大的陆地接壤国家，尽管具有若干地理上的便利优势，但相互投资潜力始终未得到充分开发，尤其是在"一带一路"倡议与俄罗斯主导的"欧亚经济联盟"对接的框架背景下，如何深入开展对俄罗斯投资，需要从各个角度进行深入研究。

第一节　俄罗斯对外国直接投资简要回顾

俄罗斯公司的投资扩张始于20世纪初，主要集中于俄罗斯帝国的卫星国或附属国，但也有部分公司成立于西方国家。例如，在英国伦敦创建的莫斯科人民银行（当今的俄罗斯外贸银行）就是俄罗斯最早的一家海外公司。1917年十月革命之后，俄罗斯公司的国际化进程戛然而止。苏联时期，由于缺乏市场力量的推动、国内意识形态的障碍以及海外的政治壁垒等原因，只出现了为数不多的跨国公司，即支撑苏联出口的几家服务公司（主要位于发达国家）和几家采矿企业（尤其是在越南和蒙古国）。尽管苏联时期高度集权的计划经济体制有许多弊端，但苏联的工业仍然取得了显著增长，并培育出了若干新的竞争优势。根据世界经济与国际事务研究院IMEMO（成立于1925年，是对外政策方面为俄罗斯政府出谋划策的国家级研究机构）的估计，俄罗斯苏维埃联邦社会主义共和国1990年的人均GDP按购买力平价计算为1.3万美元，相当于美国水平的40%，且稍高于德国、意大利或法国水平的50%。据此能够做出大致推断苏联公司的国际化具有很大的提升空间。

20世纪90年代，俄罗斯的国内产出显著下降。然而，在艰难的改革之后，俄罗斯的经济终于步入了较快的增长轨道。20世纪90年代私有化期间，大型私有工业集团和综合性大企业大多脱胎于苏联时期的石油、钢铁、有色金属和部分其他产业的知名巨头。尽管一些行业仍主要由国家控制，但其市场导向更加明确。政府推动的市场导向的改革，促使俄罗斯几乎所有竞争性行业都不同程度地开启了自己的国际化进程。（IMEMO - VCC Survey, 2009）联合国统计数据表明，俄罗斯对外直接投资额在21世纪初仅为200亿美元，然而，到2013年已超过5000亿美元；同时跨国并购也增长迅猛（见表9-1）。研究者对这一突飞猛进的投资增长幅度以及由其产生的众多新颖话题进行了分析研究。在2000年之前，关注俄罗斯跨国公司的研究寥寥无几，然而十多年过去了,已出现多达上百篇的专项研究,研究成果显著增加(Liuh-to, K., Majuri, S. S., 2014),尽管相比其他国家甚至新兴经济体的研究成果数量还是少很多。

表 9-1　　按照东道国划分的跨国并购（1993—2008 年）

单位：百万美元

国家和地区名称	1993—1996 年	1997—2000 年	2001—2004 年	2005—2008 年
世界各国	493	1700	5498	72,343
发达国家	493	1356	1956	37049
欧洲	293	1324	860	16112
欧盟	293	1324	760	15501
奥地利	—	—	4	3065
比利时	—	—	—	18
保加利亚	—	816	5	53
塞浦路斯	—	—	—	420
芬兰	45	—	—	1092
希腊	—	—	—	170
匈牙利	6	15	—	177
意大利	—	—	—	3560
卢森堡	—	—	—	850
荷兰	242	—	10	1245
罗马尼亚	—	300	121	223
斯洛伐克	—	—	72	—
斯洛文尼亚	—	—	—	—
瑞典	—	—	—	—
英国	—	183	343	4140
北美洲	—	—	1096	20472
加拿大	—	—	68	13155
美国	—	—	1028	7316
其他发达国家	200	32	—	465
澳大利亚	—	2	—	461
日本	200	—	—	—
发展中国家	—	60	1205	4431
非洲	—	—	1205	1415
尼日利亚	—	—	—	250

续表

国家和地区名称	1993—1996 年	1997—2000 年	2001—2004 年	2005—2008 年
亚太	—	—	—	3015
土耳其	—	—	—	2031
中国	—	—	—	22
马来西亚	—	—	—	92
东南欧和独联体(转型经济体)	—	—	—	—
东南欧	—	—	227	268
波斯尼亚和黑塞哥维那	—	—	—	157
克罗地亚	—	—	—	—
塞尔维亚和黑山	—	—	225	59
独联体				
亚美尼亚	—	—	27	922
吉尔吉斯斯坦	—	—	—	250
俄罗斯联邦	—	268	1259	21385
乌克兰	—	15	252	3084

资料来源：UNCTAD，cross–border M&A database.

第二节 俄罗斯对外直接投资影响因素、动机以及行业与区位选择

一 俄罗斯对外直接投资的影响因素

Andrei Panibratov（2012）分析认为，俄罗斯国内经济的稳定增长，广泛的政府支持和高质量的人才潜力，有利于增加跨国公司的国际资产，增强客户基础，提高全球竞争并成为"典型"的跨国公司的能力，从而推动俄罗斯跨国公司的对外投资。进而作者得出结论认为，俄罗斯跨国公司的未来前景广阔，前提条件是俄罗斯能够实施结构化改革，改变目前俄罗斯经济过度依赖自然资源的局面。

Amar I. Anwar 和 Mazhar Y. Mughal（2014）利用 1992—2012 年俄

罗斯公司层面的数据，研究了俄罗斯全球范围内对外直接投资的影响因素，主要包括本国和东道国经济发展水平、地理位置、文化和制度等驱动因素。结果表明，国内人均产出、东道国人均产出和通货膨胀率以及东道国自然资源的丰裕程度对推动俄罗斯跨国公司的对外投资决策发挥着显著作用。东道国的出口也增加了俄罗斯对该国的投资，然而投资国的制度对俄罗斯对外直接投资的影响不大。

A. Kuznetsov（2010）指出，俄罗斯跨国企业的发展在很大程度上取决于整个俄罗斯经济现代化的速度。2008年国际金融危机后，许多国家把更高端的产业作为它们的经济基础。俄罗斯能否改变其资源产业占比过高的局面尚存疑问，俄罗斯应进一步推进相关改革（包括制度环境的变革和真正的反腐败斗争），为发展高新技术产业和高附加值服务业创造条件，如若不然，俄罗斯的对外直接投资将只会出现短暂的繁荣。K. Kalotay 和 A. Sulstarova（2010）则验证了主流理论在俄罗斯背景下的适用程度以及特定因素，例如国有制所发挥的作用，认为本国因素在塑造俄罗斯对外直接投资方面发挥着格外重要的作用。

跨国并购的重要性近年来日益上升。K. Kalotay 和 A. Sulstarova. （2010）基于传统外国直接投资理论的假设，采用联合国贸发会议、世界银行发布的权威数据，以俄罗斯跨国并购额度作为被解释变量，俄罗斯本国的 GDP、东道国 GDP、东道国自然资源、东道国服务水平、东道国专利、东道国与俄罗斯的距离、是否独联体成员国和汇率水平 8 个影响因素作为解释变量，构建回归模型发现：通过显著性检验的变量有 5 个，即俄罗斯本国的 GDP、东道国 GDP、东道国自然资源、东道国服务水平和是否独联体成员国；东道国专利水平影响为负，但不显著；东道国与俄罗斯的距离的影响为负，也不显著；汇率影响为正，同样也不显著。如果将样本锁定在发达国家，那么，通过显著性检验的变量分别是：俄罗斯本国的 GDP、东道国 GDP 和东道国自然资源；东道国服务水平的影响为负，但不显著；东道国专利水平的影响也为负，同样不显著；与俄罗斯的距离影响为正，同样也不显著，汇率水平的影响为负，但不显著。通过该研究发现，东道国和母国的市场规模特别重要。这提示人们在研究新兴市场跨国公司对外投资的时候应特别注意这一点。另外，东道国的自然资源也是俄罗斯对外直接投资的重要影响因素。

当然，除上述传统框架下的影响因素分析之外，也出现了专门针对新兴市场国家或转型国家跨国公司国际化的解释，可以看作对发达国家跨国公司国际化理论的修正或补充，对分析包括俄罗斯在内的新兴市场国家或转型国家跨国公司的国际化行为更具解释力（发展中国家和转型经济体非金融跨国公司海外资产前100强排名中的俄罗斯跨国公司名录见表9-2），以之作为分析俄罗斯企业国际化现象的指导性框架会得到新的启发。目前分析新兴市场国家或转型国家企业跨国投资的文献比较多。这里提到的是其中少数代表性学术文献的观点。

I. Mihailova 和 A. Panibratov（2012）通过梳理新兴市场公司国际化战略特征，认为公司国际化决定因素的发现或结论是模糊的甚至有显著差别，作者进而在分析出现这种现状深层次原因的基础上提出一种多层次的理论框架，该理论框架拟尝试解释影响新兴市场公司国际化战略形成的制度、行业和公司层面的综合性决定因素的作用，作者采用来自7个行业的18家俄罗斯跨国公司的经验数据验证了这一理论框架。研究的边际贡献在于：首先，它试图通过整合宏观和公司两个层面的决定因素以及行业特定因素来阐述新兴市场国家企业的国际化行为，该方法能够更好地理解新兴市场公司的战略多样性，能够更好地解释全球业务环境的复杂性。其次，研究提供了对行业和公司层面的制度性影响因素的更深层次的理解。同时，基于现有的对新兴市场公司战略独特性的争论，作者强调学者需要更加系统化地对现有的不同方法以及现有的各种国际化战略进行区分，以明确分析方法的多样性问题。这增强了投资者对国际扩张影响因素的认识。

N. Gaffney、P. Cooper 和 B. L. Kedia 等（2014）采用所谓动态多层级理论框架，通过将国家文化的概念与制度理论下的非正式和正式制度分析整合起来的方式对现有理论进行补充。将全球化思维的多层面视角作为分析公司决策过程的前提，认为市场化制度转型是全球化思维的宏观背景，进而对影响新兴市场跨国公司对外直接投资的本国制度以及组织内的组织化思维进行了研究，发现新兴市场跨国公司的国家化特征可部分由发生在本国的制度转变压力以及决策者的全球化视野和能力来解释。

表9-2　发展中国家和转型经济体非金融跨国公司海外资产前100强中的俄罗斯公司（2010年年底）

公司名	行业	排名 资产规模	排名 跨国经营指数水平	海外经营指标（百万美元）资产	海外经营指标（百万美元）销售额	海外经营指标（百万美元）雇佣工人，千人	跨国经营指数（%）
卢克石油公司（Lukoil）	石油、天然气	9	63	23317	71631	19607	42
俄罗斯欧亚控股集团（Евраsznyn）	冶金	39	55	9356	8702	24251	47
北方钢铁集团（Северсталь）	冶金	42	71	8701	7370	14100	39
维佩尔通信公司（Вымпелком）	电信	50	81	7123	2398	9966	27
俄罗斯系统股份制金融集团（АФК Система）	电信	53	96	6151	2983	18563	13
车里雅宾斯克钢铁集团（Мечел）	冶金	56	79	5768	4927	9149	32
俄罗斯铝业公司（РУСАЛ）	冶金	70	74	4483	8696	8932	36
诺里尔斯克镍业公司（Норильский никель）	冶金	71	73	4166	11713	2307	37
移动电信公司（МТС）	电信	83	91	3120	1906	6385	18
冶金钢管公司（TMK）	冶金	96	82	2383	2934	4855	27

资料来源：UNCTAD, *World Investment Report* 2012. Country Fact Sheet：Russian Federation, Presence in the top-100 non-financial TNCs from developing countries, ranked by foreign assets, 2012, p. 2。

Atterby、Johanna 和 Brilkman Clas（2011）在研究中国和俄罗斯

2007—2008年对外直接投资的决定因素时,基于两国官方数据,采用普通最小二乘法估计回归模型来确定两国对外直接投资的决定因素发现,中国的对外直接投资是以市场为目标的,而不是以战略资源为目标的。以自然资源为目标的变量并不显著,市场、自然资源和战略资产的变量对俄罗斯也同样不显著。这使作者认为,一般的理论无法完全解释中国和俄罗斯的对外直接投资,尤其是后者,作者进而认为,针对这两个国家应提出专门的理论。K. Kalotay(2008)也认为,对俄罗斯联邦对外直接投资的解释有着许多不同的投资理论。例如,在母国因素影响一定的条件下,折中模式可能更适用于俄罗斯跨国企业;而另一些理论则需要在今后的研究中做更为彻底的思考。

Rajah Rasiah(2006)认为,经典理论如邓宁(1981)的对外直接投资理论在理解新兴经济体对外直接投资方面仍然具有很强的解释力,这些理论甚至认为,新兴经济体的对外直接投资导向就是发达经济体。而联合国贸发会议(2006年)报告称,2005年的一份调查显示,市场与自然资源是新兴经济体对外直接投资的主要驱动因素,一些证据表明,新兴经济体对外直接投资的这些关键驱动因素都十分重要,比如市场、自然资源、劳动力、技术、资金奖励和价值链的控制。由于每个驱动因素的特征都至关重要,本国政府需要更加关注本国跨国公司的动机和活动,而非全球调查提供的整体状况。

总之,俄罗斯对外投资的公司会越来越多,在全球发挥的影响会越来越大。例如,俄罗斯天然气工业股份公司、卢克石油公司、诺里尔斯镍业公司,以及已跃居全球领先地位的谢维尔钢铁公司(K. Kalotay,2008)。与国家的要素禀赋有关的是其资源领域的对外直接投资将长期位居重要地位,这与其他新兴经济体的对外直接投资的知识寻求型导向十分不同。就投资目的而言,在可以预见的未来,俄罗斯的对外直接投资将继续集中精力控制价值链的上游(勘探和开采)和下游(分销)。另外,政府与大企业的关系结构将对未来俄对外直接投资产生重要影响,如果这些公司的地位退化为政府的依附者,那它们将成为政府外交政策的追随者,无论其所有权归谁。如果国家力量的崛起是良性的,那么人们可以期望在俄罗斯的跨国公司那里获取更多的私人利益，公司会采用更多样化的战略。未来的研究需要密切关注这方面的新近发展，并为之提供客观、科学的解释（K. Kalotay，2008）。

二 俄罗斯对外直接投资的动机

在许多情况下，跨国公司追求几个目标，相同的收购和对外国直接投资，可能在同一时间有几个动机。在传统的四类动机中，S. Filippov（2010）特别关注俄罗斯跨国企业的研发活动，发现获取外国技术是推动其国际化进程的一个关键性动力。比如，2009 年 9 月，由加拿大汽车制造商麦格纳和俄罗斯国有银行俄联邦储蓄银行联合购买通用汽车德国子公司欧宝 55% 的股权。俄联邦储蓄银行作为俄罗斯汽车制造商嘎斯的最大债权人，这次交易后，进入了世界的工业中心地带，意味着其可能获得更多的先进技术（A. Panibratov and K. Kalotay，2009）。

第一，资源寻求动机是指投资的目的在于谋求生产要素或天然资源。俄罗斯对独联体国家的企业扩张很大程度上可以由资源寻求动机解释。典型的例子包括俄罗斯卢克石油公司（LUKOIL）在盛产石油的阿塞拜疆开展相关投资业务和俄罗斯钢铁制造商车里雅宾斯克钢铁集团（MECHEL）在哈萨克斯坦进行的投资，目标是获得有价值的原料用于制钢。

第二，市场寻求型动机是指投资旨在进入新市场或维护现有产品的市场规模。可以由乌普萨拉模型和投资发展路径（IDP）理论[①]来解释。俄罗斯的跨国公司一直在扩大它们在邻近的独联体市场上的既

---

① 乌普萨拉模型是瑞典 Uppsala 大学 Johanson 和 Vahlne 在分析瑞典企业国际化过程的基础上提出的渐进式企业国际化理论。Uppsala 模型认为，企业开展国际化所经历的国际化过程一般如下：偶然的出口、代理出口、建立海外销售机构、海外直接生产。即企业的国际化是一个逐步发展的过程，也是企业系列递进决策的结果。并将模型的重点放在企业通过逐步收购、整合和利用国外市场和知识，从而逐步加深在国外市场参与的行为模式上。该模型还率先提出了"心理距离"的概念。即阻碍市场信息流动的因素的总和。比如，在语言、教育、商业惯例、文化和工业发展上的差异。认为投资国和东道国之间文化和语言的差异会决定对外直接投资的模式。投资发展路径理论（IDP 理论）：20 世纪 70 年代末 80 年代初英国经济学及国际管理学教授约翰·邓宁（John H. Dunning）提出。该理论既涉及一国的经济发展阶段，又涉及一国在国际资本流动中的地位，IDP 理论一经提出，就受到了国际经济学领域和国际管理学领域的广泛关注。

有业务。典型的例子包括移动电信公司（MTS）和维佩尔通信公司（VIMPELCOM）在独联体市场上的扩张。俄罗斯公司受益于当地的传统和商业惯例以及共同的语言、知识分享等。而俄罗斯公司在进入发达市场时看似面临挑战多多，比如，更为激烈的竞争和更加严格的监管。然而，有些尝试还是取得了成功。例如，卢克石油公司在美国、西欧和东欧的产业下游进行的投资。总之，以资源为基础的公司接触终端客户的目的是尽力提升它们有限的利润空间。

第三，效率寻求型投资作为跨国公司的目标，可以使公司获得规模经济和范围经济或共同所有权的好处。俄罗斯跨国公司的效率寻求型投资目的是巩固其在独联体国家和东欧国家的地位，这与重新整合资产以提高效率的惯常做法不同。典例的例子包括卢克石油公司在敖德萨（乌克兰）收购精炼领域的资产、在卢甘斯克地区（乌克兰）收购利诺斯炼油厂，俄罗斯铝业公司在亚美尼亚收购铝箔厂等。

第四，战略资产寻求型。技术、创新能力对现代企业的竞争力越来越重要，因此，重点放在获取技术和研发密集型单位（公司和研究机构）上的外国直接投资动机即战略资产寻求型动机。俄罗斯公司对最先进的技术、市场营销经验和现代管理技巧等抱有极大兴趣。然而，寻求战略资产的外国直接投资以获得技术上优势的情况似乎比较少见。但俄罗斯跨国集团——雷诺瓦集团（Renova）是一个例外。该公司曾经收购了两个技术密集型瑞士公司：2006年，收购了奥利康公司（Oerlikon Corp.）10.25%的股份，以帮助奥利康公司生产汽车零部件，反过来奥利康公司的技术设备可以应用于隶属于雷诺瓦集团的乌拉尔汽轮机厂；2007年，雷诺瓦集团还收购苏尔寿公司（Sulzer AG）在石油、天然气、化工、纸浆纸张和其他工业设备生产等领域相当大的股份。

俄罗斯公司的国际化战略，不仅反映了国外市场"拉动"的力量，如上述四类经典投资动机下的投资活动，同时，也反映出来自国内的"推动"因素的影响。换句话说，国际化是受解决在本国（Child and Rodrigues，2005）出现的相对劣势这一内在需求驱动的，"逃离体制或制度"的动机（Bulatov，1998）显然是这些"推动"因素之一（Filippov，S. 2010）。Balkarova、Laura（2010）专门探讨了国内推动因素的影响，研究基于 23 个转型国家 1996—2007 年的面板数据，对跨境投资的决定因素进行了经验性分析，并评估了国内宏观经济水平和制度对对外直接投资的重要性。这项研究表明，转型国家的国内因素对推动对外直接投资具有重要影响，同时也部分揭示了 1996—2007 年在特定国家的对外直接投资中"体制逃离程度"的问题。

Amar I. Anwar 和 Mazhar Y. Mughal（2014）利用 1992—2012 年俄罗斯公司层面的数据对俄罗斯企业对外直接投资的动机进行排序，该研究表明：俄罗斯对外直接投资的主要动机是市场寻求，其次是资源和技术收购，效率寻求并非主要目的。K. Kalotay 和 A. Sulstarova（2010）从行业和地区角度提出，俄罗斯公司对独联体和发展中国家的投资动机，以控制上游的自然资源为主，对高收入国家的投资，则以控制下游的市场为主。

三 俄罗斯对外直接投资的行业选择

根据 IMEMO – VCC Survey（2009）给出的调查结果即俄罗斯跨国公司前 20 强名单，如表 9 – 3 所示，我们可以发现，前 20 强中包含有诸多自然资源型公司。这与 20 世纪 30—50 年代苏联发生的大规模强行工业化的历史以及苏联科技发展的不平衡性（重点发展与国防工业相关的产业）有关，正是上述原因，致使俄罗斯的跨国公司多集中于石油、天然气、钢铁和有色金属等行业，由于路径依赖，导致如今有竞争力的产业主要集中于与自然资源、军事、核技术和航天技术发展相关的产业上（IMEMO – VCC Survey，2009）。

表 9 – 3　　　　俄罗斯的跨国公司前 20 强（2008 年）

单位：百万美元、千

排名	公司名	资产 合计	资产 外国	销售额 合计	销售额 外国	雇员数 合计	雇员数 外国	跨国经营指数
1	卢克石油公司（Lukoil）	71461	23577	107680	87677	152.5	23	32
2	俄罗斯天然气工业股份公司（Gzprom）	284047	21408	123150	79412	376.3	8	25

续表

排名	公司名	资产 合计	资产 外国	销售额 合计	销售额 外国	雇员数 合计	雇员数 外国	跨国经营指数
3	北方钢铁集团（Sever-stl）	22480	12198	22393	13514	92	14	43
4	耶弗拉兹钢铁公司（Evrz）	19448	11196	20380	12805	134	29.5	47
5	雷诺瓦集团（RENOV）	20000	8500	17000	9150	100	31.2	—
6	基本元素集团（Bsic Element）	20000	6200	21400	—	300	—	—
7	新利佩茨克钢铁公司（NLMK）	14065	4985	11699	7138	70.1	5.9	35
8	俄罗斯现代商船公司（Sovcomflot）	5727	4642	1634	—	5	1	—
9	诺里尔斯克镍业公司（Norilsk Nickel）	20823	4600	13980	10355	88	3.9	34
10	维佩尔通信公司（VimpelCom）	16760	4386	6115	1520	38.4	10.3	26
11	俄罗斯系统股份制金融集团（Sistem）	29159	3804	16671	3983	80	11	17
12	冶金钢管公司（TMK）	7071	2361	5690	2302	48.5	4.1	27
13	车里雅宾斯克钢铁集团（Mechel）	12010	2315	9951	4609	83.1	7.9	25
14	俄罗斯海外石油公司（Zrubezhneft）	2433	1900	774	—	2.6	0.7	—
15	俄罗斯统一电子系统股份公司（INTER RAO UES）	3467	1374	2358	1594	15	13	65
16	俄罗斯焦炭集团（Koks）	2817	1073	2609	2091	24.6	3.5	44
17	俄罗斯欧洲化学公司（Eurochem）	4162	1015	3818	3168	21.5	1.1	37
18	俄罗斯埃罗莎公司（ALROSA）	9553	860	3100	1472	38.1	3.1	22

续表

排名	公司名	资产 合计	资产 外国	销售额 合计	销售额 外国	雇员数 合计	雇员数 外国	跨国经营指数
19	联合机器制造厂（OMZ）	1275	714	1175	588	16.5	1.1	38
20	远东海远轮船公司（FESCO）	2164	707	1247	75	10.1	1	16

注：跨国经营指数（Transnationality Index，TNI），根据一家企业的国外资产比重、对外销售比重和国外雇员比重这几个参数所计算的算术平均值。指数值越高说明该跨国公司国际化经营的程度越高。

资料来源：IMEMO – VCC survey of Russian multinationals。

如前文所示，通常情况下，读者对俄罗斯跨国公司的认识仅限于石油和天然气巨头，如俄罗斯天然气工业股份公司和卢克石油公司等，如表9-3和表9-4所示。Andrei Panibratov（2012）在其著作《俄罗斯跨国公司：从地区领导者到全球领先地位》的第二部分（该部分约占全书一半的篇幅）对俄罗斯不同行业、不同国际化参与程度的公司进行了大量的案例研究，使人们对俄罗斯对外直接投资的行业或业务类型有了更为全面的认识。具体而言，所包含的行业较为广泛，如石油和天然气、高科技、软件、银行、冶金、电信、能源、国防、纳米技术和食品饮料，重点分析了建筑、制造（汽车和纸浆造纸）、服务（航空运输和物流）以及媒体和教育4个行业的企业。

表9-4　俄罗斯跨国公司海外资产规模前20强（2009年年末）

单位：百万美元

排名	公司名称	主要业务	海外资产
1	卢克石油公司（Лукойл）	开采、加工、销售石油、天然气，石油制品	28038
2	俄罗斯天然气工业股份公司（Газпром）	油气开采、天然气销售、电力	19420
3	俄罗斯欧亚控股集团（Евраз）	黑色冶金	10363
4	北方钢铁集团（Северсталь）	黑色冶金	9907
5	车里雅宾斯克钢铁集团（Мечел）	黑色冶金、电力	~5100

续表

排名	公司名称	主要业务	海外资产
6	诺里尔斯克镍业公司（Норильский никель）	有色冶金	~5000
7	俄罗斯现代商船公司（Совкомфлот）	海上运输	~4745
8	俄罗斯系统股份制金融集团（АФК《Система》）	电信	~4300
9	新利佩茨克钢铁公司（НЛМК）	黑色冶金	~4000
10	维佩尔通信公司（Вымпелком）	电信	3756
11	雷诺瓦集团（Ренова）	冶金、矿山、化工、建筑	~2972
12	冶金钢管公司（ТМК）	黑色冶金（铸铁工业）	2248
13	俄罗斯统一电力系统股份公司（Интер РАО ЕЭС）	电力	1338
14	俄罗斯海外石油公司（Зарубежнефть）	石油开采、加工	~1300
15	俄罗斯铝业公司（ОК《Русал》）	有色冶炼	~1100
16	核能工业联合体（Атомэнергопром）	铀矿石开采、核原料生产	812
17	运东海运轮船公司［ДВМП（Fesco）］	海洋和铁路运输	712
18	极地黄金开放式股份公司（Полюс Золото）	黄金开采	~500
19	联合机器制造厂（ОМЗ）	电力设备制造	478
20	阿康复合肥生产公司（Акрон）	矿物肥料生产	440
总额		106529

资料来源：Презентация，"Экспорт российских прямых инвестиций стабилизировался по мере окончания мирового кризиса"，23 июня 2010 г. М.：ИМЭМО РАН. С. 4.

单纯以并购方式对外投资涉及的行业如表 9 - 5（以 1993—2008 年的数据为例）所示，初级部门并购的份额在 1992—1996 年比较低，仅为 9%。但自那以后增长非常快，尤其是石油和天然气；其次是矿山开采部门。20 世纪 90 年代早期，并购主要发生在制造业，但 1997—2001 年其占比却下降到 8%，在 2005—2008 年时段又达到 24%。服务行业的并购特点是，开始即 1992—1996 年时段非常低。但在 2001—2004 年上升到 34%，在 2005—2008 年再次下降至 16%，其中，电信领域的并购增长十分明显。

表9-5 按照目标部门或行业划分的俄罗斯跨国公司的跨国并购

单位：百万美元

部门或行业	1993—1996年	1997—2000年	2001—2004年	2005—2008年
所有行业	493	1700	5498	72343
初级部门	51	1350	1864	26946
农业、林业和渔业	—	—	—	—
采矿、采石和石油	51	1350	1864	26946
采矿和采石业	—	183	6	1254
石油	51	1167	1857	25692
二次部门	200	107	695	27825
食品、饮料和烟草	—	90	8	5
木材和木材产品	—	—	—	18
石油炼制过程	—	—	—	22
化学品和化工产品	—	1	33	631
金属和金属制品	—	1	639	26586
机械行业	—	—	15	53
电气和电子设备	—	—	—	453
电子和电气设备	—	—	—	217
通信设备	—	—	—	143
机动车辆及其他运输设备	200	15	—	11
服务行业	242	243	2939	17572
电力、燃气及水	—	—	—	—
建筑公司	—	—	84	1644
酒店和赌场	—	—	—	10
贸易	—	0	1472	991
运输、仓库及通信业	—	10	863	3890
电信	—	10	851	3638
金融业	242	173	490	9067
商务活动	—	—	2	583
商务服务	—	—	2	123

资料来源：UNCTAD, cross-border M&A database.

2008年国际金融危机之后，俄罗斯原材料领域的公司仍然是海外投资的主力，这些公司也从国家的支持中获益，大宗商品价格上涨有助于其维持继续扩张的势头。同时，在国家援助中受益的金融机构的国际化进程也继续推进；钢铁制造业的公司开始正式参与海外投资。值得特别关注的是，新技术领域的俄罗斯跨国公司的表现越来越突出，已经成为俄罗斯对外投资的另一个主要方向。移动电信公司积极开拓国外市场，特别是独联体国家。同时，俄罗斯企业也开始在软件、信息技术、互联网技术和媒体领域进行海外扩张，一家俄罗斯公司收购社交网络Facebook的股份很能说明问题（S. Filippov，2011）。

四 俄罗斯对外直接投资的区位选择

俄罗斯公司的国际化已成为一种独特现象，正在吸引越来越多的学者、从业者和政策制定者的关注。新兴的俄罗斯公司已将它们的业务从周边苏联加盟共和国扩张到了西欧和北美的高端市场（S. Filippov，2011）。

从俄罗斯跨国并购的东道国分布来看，20世纪90年代早期，主要集中在发达国家，这一时期主要是"体制逃避"型对外投资，目的是寻求更加完备的制度保护，在1997—2000年、2001—2004年和2005—2008年三个时间段，发达国家的并购数量占总并购数量的比重总体上呈明显降低趋势，分别为79.76％、35.58％、51.21％。具体区位参见表9-1。从2005—2008年来看，并购额度较大的国家为加拿大、美国、英国、意大利、乌克兰、澳大利亚、土耳其、尼日利亚、芬兰；并购额度在10亿美元以下的国家由高到低分别是亚美尼亚、卢森堡、塞浦路斯、尼日利亚、吉尔吉斯斯坦、罗马尼亚、匈牙利、希腊、波斯尼亚和黑塞哥维那、马来西亚、塞尔维亚，相对小额的并购多数发生在苏联加盟共和国或地区。除个别国家之外，地域邻近特征十分明显。

从表9-6可以看出，塞浦路斯是俄罗斯跨国公司的主要离岸地，且它与俄罗斯之间的投资关系对俄罗斯和世界经济的整体经济发展形势的依赖程度较大。英国和荷兰连同诸多小型离岸中心都是俄罗斯伪对外直接投资所青睐的目标。另外，美国和加拿大已成为俄罗斯对外直接投资（尤其来自钢铁产业）的主要国家，乌克兰和德国的重要性有所下降。在白俄罗斯，俄罗斯天然气工业股份公司是唯一重要的俄罗斯投资方。印度和阿拉伯联合酋长国是吸引俄罗斯公司投资的最新区域，同时，乌兹别克斯坦和亚美尼亚，以及捷克共和国和保加利亚则充分体现了对外投资决策过程中近邻效应和文化纽带的重要作用（IMEMO – VCC Survey，2009）。

表9–6　　　　俄罗斯非金融类对外直接投资的目的地　　单位：百万美元

排名	目的地	2007年 1—6月	2007年 7—12月	2008年 1—6月	2008年 7—12月	2007—2008年
1	塞浦路斯	10775	3856	7836	-409	22058
2	荷兰	9170	3332	1234	1384	15120
3	美国	330	644	6307	1369	8650
4	英国	1100	1354	4502	970	7926
5	加拿大	13	168	57	6667	6905
6	百慕大	1049	1639	1927	2141	6756
7	瑞士	404	1001	1155	1305	3865
8	卢森堡	516	-19	1365	1235	3097
9	乌克兰	491	1111	530	234	2366
10	德国	253	420	944	457	2074
11	直布罗陀	309	578	419	538	1844
12	白俄罗斯	707	58	708	-37	1436
13	阿拉伯联合酋长国	44	857	126	114	1141
14	乌兹别克斯坦	307	47	201	186	741
15	西班牙	92	167	202	256	717
16	开曼群岛	25	28	-47	647	653
17	捷克共和国	76	172	177	141	566
18	保加利亚	58	110	164	224	556
19	亚美尼亚	101	168	38	240	547
20	爱尔兰	147	80	149	143	519
21	奥地利	87	143	92	161	483
22	法国	115	143	85	132	475

续表

排名	目的地	2007年1—6月	2007年7—12月	2008年1—6月	2008年7—12月	2007—2008年
23	土耳其	32	151	147	125	455
24	匈牙利	15	-27	450	12	450
25	印度	0	13	443	-43	413
	前25强	26216	16194	29211	18192	89813
	总额	27462	17749	31190	19550	95951

资料来源：Central Bank of Russia.

第三节 国际金融危机对俄罗斯对外国直接投资的影响及前瞻

与世界大多数的公司一样，2008—2010年，俄罗斯跨国公司同样遭遇了全球经济危机。尽管人们对该话题拥有广泛的兴趣，但对其进行的学术研究却十分有限（S. Filippov, 2011）。

总体上看，国际金融和经济危机对俄罗斯对外投资的影响并不是十分严重。但对外投资存量在2008年却有显著下降（见表9-6）。主要原因是资本价格的下降，并无重大的资本撤出。举例来说，2009年上半年，LUKOIL因海外收购投入了15.65亿美元，并对其海外分公司的发展投入了6.61亿美元。包括2月份，公司投入了约10.5亿美元，用于完成在意大利的ISAB收购案；4月份，一次出资1.5亿美元收购了土耳其的近700个加油站、部分基础设施项目和1个小型工厂（Akpet收购案）。俄罗斯天然气工业股份公司则在2009年2月份成为拥有塞尔维亚NIS及其精炼厂51%股份的所有者（投资约为5.6亿美元）并增加了其在Beltrasgas的股份，增加到了37.5%，相当于6.25亿美元。另外，虽然金属行业巨头（尤其是诺里尔斯克镍业公司和俄罗斯铝业公司）在国际金融危机中首当其冲，于2009年部分撤资或延迟了它们的收购计划。然而，谢韦尔钢铁公司、新利佩茨克钢铁公司和部分其他钢铁公司在海外扩张中则取得了更大的成功。同样取得成功的还有俄罗斯电信行业的跨国公司，如维佩尔通讯公司和俄罗斯移动电信公司，它们在 2009 年还在不断向新兴市场扩张业务。因此，总的来说，国际金融危机对俄罗斯的跨国公司没有产生破坏性的打击（IMEMO – VCC Survey，2009）。可以得出结论，国际金融危机并没有导致俄罗斯跨国公司外国资产的大规模撤资（S. Filippov，2011）。

从短期来看，国际金融危机对俄罗斯的影响并不十分显著，这与其投资的行业多属于基础能源行业有关，危机由普通消费品到要素市场的传导需要一段时间。基于 2008 年甚至 2009 年的数据得出乐观的结论似乎有些过早。

Dura Codruţa、Drigă Imola（2013）认为，2008 年国际金融危机爆发后，俄罗斯跨国公司的表现是惊人的优异，作者利用 2008—2009 年国际知名机构发布的统计数据分析表明，作为俄罗斯经济发展资源导向型特征的反映，石油、天然气以及冶金行业的公司，正逐步占据主导地位。同时发现，尽管俄罗斯巨头代表了相当多元化的公司类别，然而，它们具有部分共同特征，比如，它们在全球经济舞台上扩张的推进机制（基于本国雄厚的资源基础）、对邻国进行投资的趋势（像独联体国家或东欧国家）和进入模式（通过褐地投资项目）等。

另外，与危机前相比，自 2008 年以来，俄罗斯公司一直致力于寻求更多的海外投资，2008 年国际金融危机看似增强了俄罗斯跨国公司对海外资产的觊觎程度。在投资区位选择上，Amar I. Anwar 和 Mazhar Y. Mughal（2014）的研究表明，在所有因素相当的情况下，俄罗斯跨国公司更希望投资于经济合作与发展组织国家而非独联体国家。这在一定程度上与人们的预期并不一致。

综上所述，俄罗斯的跨国公司已经成为全球外国直接投资市场的重要参与者，俄罗斯的新兴跨国公司虽然受到国际金融危机的拖累，但是，由于俄罗斯政府的推动，新兴的俄罗斯跨国公司已经成功地经受住打击，并提高了其竞争地位和财务绩效。俄罗斯跨国公司的进一步复苏将取决于全球主要经济体的表现和新兴市场的复苏情况,尤其是金砖四国的复苏情况(S. Filippov,2011)。

第四节 俄罗斯政府与跨国公司

政府在促进本国公司从事跨国经营方面的作用是近期理论界密切关注的一个重要议题（例如，Nölke, 2011; Nölke and Taylor, 2010）。整个20世纪90年代，俄罗斯公司寻求国外市场，主要是为了逃避经济动荡和政治不稳定。尤其是那些私营跨国企业，非常注重在海外寻求"安身之地"以躲避国内的各种不确定因素；如今，国有或受国家影响的跨国公司主导了俄罗斯的资本输出，并试图控制其产品的价值链。即使在俄罗斯经济连续多年稳定的情况下，仍有许多俄罗斯企业在寻求海外冒险，以对冲自己可能遇到的潜在政治风险（S. Filippov, 2010）。但不可否认的是，俄罗斯政府在本国公司的国际化活动中已经扮演及持续扮演的角色是非常重要的。贯穿 Andrei Panibratov (2012) 的著作《俄罗斯跨国公司：从地区领导者到全球领先地位》所有章节和案例分析的一条重要"红线"就是政府的作用，著作提供的证据表明：俄罗斯政府及其官员不仅积极参与、支持俄罗斯跨国公司的海外活动，有时还会对影响俄罗斯跨国公司运营的制度壁垒主动进行调整。以政府干预和支持纳米科技行业的发展为例，纳米技术行业通过充分利用与俄罗斯国家的紧密关系，很大程度上获取并保障了其海外项目的开展；再如，俄罗斯政府对俄罗斯天然气工业股份公司国际化战略的关注，使该公司获得了"俄罗斯在海外事务和海外冲突中的强大武器"的声誉。尽管政府的这种支持并不总是较好地符合公司运营的商业逻辑和公司本身的偏好。K. Kalotay 和 A. Sulstarova (2010) 总结认为，20世纪90年代初，主要是私营跨国企业在海外寻求"安身之地"以躲避国内的各种不确定因素，属于"体制逃离"型对外投资，这时政府的作用是消极的，是私营企业躲避的对象；如今，政府与企业是利益同盟关系，国有或受国家影响的跨国公司主导了俄罗斯的资本输出。

Drigă Imola、Dura Codruţa（2013）指出，俄罗斯公司的海外扩张，尤其是向欧洲的扩张，引发了各界对该国公司国际化动机方面的探讨，并在一定程度上已经达成共识：认为这是俄罗斯重获政治霸权地位而非为了纯粹的经济目的而使用的工具。S. Filippov（2010）认为，这种看法一直是俄罗斯跨国公司学术研究上的一个"槛"。不过，俄罗斯政府在支持企业对外投资政策方面的确存在诸多欠缺，尤其是竞争政策方面缺乏深思熟虑。上述政策应在能够系统地支持俄罗斯企业对外直接投资的同时，还能说服潜在的东道主国家，俄罗斯政府将不会对俄罗斯公司的跨国运营进行政治干预。俄罗斯联邦政府也在积极改善自身在这方面的做法，比如梅德韦杰夫任总统时期公布的支持俄罗斯对外投资的政策。如果该政策得以贯彻落实，将推动俄罗斯的对外直接投资并加速俄罗斯企业国际化的进程（A. Panibratov and K. Kalotay，2009）。

在减轻 2008 年国际金融危机的负面影响方面，俄罗斯政府起到了积极的作用。通过国家援助，俄罗斯的部分大型企业和跨国公司的竞争力得以增强。鉴于石油和天然气对俄罗斯的重要战略意义，在该领域国家影响力得以持续推进，在石油和天然气领域的跨国公司，也从这些政策措施中获益匪浅。可以说，在许多情况下，经济危机使俄罗斯政府加强了对国民经济的控制力，这甚至可以被称为柔性的"再国有化"。虽然经济危机已经延缓了俄罗斯民间资本的对外扩张，但国有资本作为投资者的地位却得到了强化。俄罗斯政府在公司（例如天然气工业股份公司、俄罗斯外贸银行、俄罗斯联邦储蓄银行）中持有的控股权继续扩张；国有的"俄罗斯开发银行（VEB）"已经开始在俄罗斯的对外扩张中发挥更为显著的作用（S. Filippov，2011）。

另一个与政府作用相关的议题是，全球范围内各国政府尤其是发达国家与新兴市场国家政府之间的协调，在保护主义抬头的当下变得更加必要，新兴经济体对外直接投资激增，为管制他国到本国投资方面的讨论提供了新维度。与正式的政府规定不同，如开放投资管理机构，许多东道国政府已采取措施强力管制来自新兴经济体的对外直接投资。尽管狭隘的国家利益通常会推动决策的制定，但对于东道国政府来说，更应考虑促进资本流动的更广泛利益以确保经济体长远发展。考虑到新兴经济体对外直接投资与日俱增的重要性，为了更好地服务于投资项目的协商和执行、增加信息流动性，本国和东道国政府应该建立共同且富有特色的合作平台。无论是发展中国家的成员国，还是了解发达国家对外直接投资经验的后发国家，本国和东道国政府都可以在信息更加对称的情况下来探讨相关问题。相比之前在发达国家那里失败的尝试，这些经济体之间达成的共同但宽松的多边投资框架（有灵活调整的空间），在发展中国家当中可以更好地实现。投资者利益仍然是主要推动因素，但任何共同协议都应包含企业社会责任和国家利益这两个元素（Rajah Rasiah，2006）。

第五节　对中国企业赴俄罗斯投资的启示

首先，与俄罗斯企业投资欧美国家时需要打消这些国家的顾虑相似，中资企业同样需要打消俄罗斯政府及各界的顾虑。因为，作为由计划经济向市场经济的转型，是在经济发展相对欧美发达国家已然十分落后的情况下进行的，俄罗斯和中国企业的对外投资往往得到了政府的若干支持，不仅仅是国有企业。这种支持对西方发达国家未必"有害"，但往往被放大成"妖魔鬼兽"，影响了整个行业甚至国家的对外投资形象。解决之道正如 S. Filippov（2010）所分析的那样，应完善相关信息的披露、公开，增强透明度，至少让研究人员能开展学术研究。

其次，中资企业应积极寻求与俄罗斯在油气资源、军工产品之外的高科技领域的技术合作。通过梳理文献我们发现，俄罗斯对外投资的行业非常多元化，比如纳米技术等高科技领域、信息技术、软件领域等，我国对俄罗斯投资可以"投其所好""投其所需"，通过帮助上述领域的俄罗斯企业解决特定环节的特定"瓶颈"问题等合作、投资方式，达到共赢目标。这些高科技企业多分布在莫斯科市和圣彼得堡市两个联邦直辖市。

最后,通过引进俄罗斯投资、加强合作进而间接地向俄罗斯投资。以 2012 年 12 月的数据为例(见表 9-7),俄罗斯对外投资目标国与投资俄罗斯的投资国在相互投资的额度上也具有较大的相似性。可以以俄罗斯高科技企业如从事纳米技术研发的企业为突破口,优化引资措施,然后,再投资俄罗斯进行相关生产,最后利用俄罗斯在西欧的网络进行销售,等等。

表 9-7　　俄罗斯对外国直接投资的目的地与吸引的
外国直接投资来源地分布　　单位:十亿美元、%

	俄罗斯对外国直接投资存量	比重	俄罗斯吸引外国直接投资存量	比重
欧盟 27 国	275	68	345	70
包括塞浦路斯	152	37	150	30
荷兰	65	16	60	12
英国	10	2	7	1
卢森堡	9	2	30	6
德国	9	2	22	4
英属维尔京群岛	47	12	49	10
瑞士	12	3	6	1
美国	11	3	3	1
巴哈马	6	1	29	6
土耳其	6	1	1	0
乌克兰	5	1	0.3	0
泽西岛	5	1	6	1
圣基茨和尼维斯	5	1	7	1
…	…	…	…	…
中国(含中国香港)	0.4	0	3	1
日本	0	0	3	1
其他	39	10	44	9
总计	406	100	496	100

资料来源:Central Bank of Russia 2014.

小　　结

俄罗斯和中国同为新兴经济体，两国对外直接投资有许多共同特点，主要有两点：一是本国政府的推动作用较为明显；二是积极寻求西方发达国家的高新技术溢出、创新溢出。但更多的是两国之间的差异，主要有三点：一是俄罗斯的对外投资政治属性较中国浓郁很多，主导企业主要来自能源行业。二是在传统的投资动机框架下，俄罗斯的主要动机的优先顺序是：首先是市场寻求，其次是资源和技术收购，效率寻求并非主要目的。中国对外直接投主要动机的优先顺序是：战略资产如技术、知识寻求型；然后是市场、资源需求型，效率寻求型居末位，但重要性在上升。尽管具体行业有所不同，但从总体额度和规模上看，这样的判断是没有问题的。三是区位选择上，中国的优先顺序是：欧美、东南亚、中亚、东欧、其他地区；俄罗斯的优先顺序是：北美、西欧、东欧等苏联地区、其他地区。这一比较对中国的对外投资包括对俄罗斯投资具有积极意义，即两国企业应避免恶性竞争，寻求并扩大共同利益交融点，尤其是在"一带一路"倡议与"欧亚经济联盟"对接框架下尤显重要。

最后，基于上述分析提出几点建议：一是从研究俄罗斯对外直接投资的行业选择可知，在纳米等高科技领域，中国应营造微观环境，吸纳俄罗斯对中投资；二是通过研究俄罗斯对外直接投资的区位选择可知，中国在中亚地区，仍然有很大的潜力可以挖掘，应在西北地区创造条件，积极发挥其区位优势，吸纳俄罗斯投资；三是中俄政治互信在增强两国互相投资中具有优先重要性，但需要制度化、利益集团的支持；中国投资俄罗斯需要打消利益集团、地方政府和俄罗斯联邦政府的顾虑。

附 表

附表1　　1996—2014年投资潜力单项指标平均位次

地区	劳动力	消费	生产	财政	制度	创新	基础设施	自然资源	旅游
阿尔泰边疆区	24.3	22.9	31.2	32.6	25.3	23.3	49.3	22.1	24.1
阿穆尔州	55.1	58.4	59.2	57.9	58.3	66.3	65.1	17.2	58.1
阿尔汉格尔斯克州	36.3	37.1	44.6	41.1	44.3	45.7	66.9	18.9	39.9
阿斯特拉罕州	47.5	53.1	58.6	52.6	47.7	56.3	47.3	28.6	64.7
别尔哥罗德州	31.7	30.9	27.2	33.2	33.8	34.7	10.8	7.6	34.9
布良斯克州	43.1	40.8	51.6	47.1	40.9	38.7	12.4	66.8	47.0
弗拉基米尔州	34.9	44.8	40.6	43.3	32.6	20.9	18.7	65.3	17.0
伏尔加格勒州	20.1	19.9	19.5	21.1	19.6	27.7	43.5	30.5	36.0
沃洛格达州	49.5	43.1	25.3	32.3	35.3	50.9	61.8	58.9	17.8
沃罗涅日州	24.4	21.4	30.4	29.3	25.8	15.3	17.0	51.4	34.7
犹太自治州	77.9	78.4	79.1	80.9	77.8	78.2	59.4	42.6	81.0
伊万诺沃州	49.2	60.9	58.8	63.6	53.4	49.3	35.5	80.7	34.8
伊尔库茨克州	19.1	17.3	18.1	16.7	19.2	32.1	75.2	6.7	20.5
卡巴尔达—巴尔卡尔共和国	57.7	64.3	71.5	68.6	69.4	67.9	21.3	46.2	61.0
加里宁格勒州	43.5	55.0	46.3	51.6	21.7	52.4	3.4	41.2	27.4
卡卢加州	42.5	50.3	45.7	50.9	41.2	15.8	15.5	67.9	41.1
堪察加边疆区	65.0	72.4	69.9	68.4	67.6	64.0	69.8	30.6	58.2
卡拉恰伊—切尔克斯共和国	73.5	73.7	75.3	75.9	71.4	72.0	50.7	56.8	54.6
克麦罗沃州	18.6	12.7	13.7	15.2	19.0	34.7	53.4	5.9	31.3
基洛夫州	45.7	42.8	43.3	44.3	43.4	46.4	60.5	56.3	33.5

续表

地区	劳动力	消费	生产	财政	制度	创新	基础设施	自然资源	旅游
科斯特罗马州	62.8	67.3	62.3	66.7	63.3	59.9	57.6	69.2	41.7
克拉斯诺达尔边疆区	11.2	5.2	11.0	9.3	5.4	21.9	7.6	27.1	1.4
克拉斯诺亚尔斯克边疆区	14.6	13.1	10.7	7.8	14.3	22.3	78.6	2.1	9.9
库尔干州	64.9	59.3	62.1	61.5	63.8	46.2	48.9	63.3	70.7
库尔斯克州	44.5	44.2	43.3	44.1	54.8	42.4	6.9	19.2	56.6
列宁格勒州	28.4	32.4	24.5	28.5	24.5	23.4	9.1	49.9	20.4
利佩茨克州	49.3	35.2	27.3	36.5	50.9	58.3	11.0	70.6	58.0
马加丹州	69.4	76.2	72.7	72.8	72.5	63.3	76.5	15.7	78.8
莫斯科市	1.0	1.0	1.0	1.0	1.0	1.1	1.3	86.1	1.8
莫斯科州	2.8	2.4	3.4	3.3	3.4	3.6	3.5	49.2	3.3
摩尔曼斯克州	45.2	42.6	41.4	35.3	48.9	39.4	44.9	11.6	59.6
涅涅茨自治区	83.4	83.2	72.0	77.6	83.3	80.8	85.8	58.6	83.8
下诺夫哥罗德州	14.0	11.9	11.4	13.6	11.1	3.9	31.4	58.8	12.0
诺夫哥罗德州	65.3	63.6	57.7	63.6	55.6	53.6	31.0	76.2	26.4
新西伯利亚州	13.7	16.7	20.5	18.3	12.3	7.6	52.8	37.9	35.9
鄂木斯克州	27.9	22.2	25.0	26.8	22.8	26.5	57.6	44.1	59.2
奥伦堡州	31.0	25.9	22.1	21.7	29.1	45.6	41.7	20.1	38.3
奥廖尔州	57.1	59.3	59.7	60.2	61.5	38.4	21.5	73.7	60.3
奔萨州	36.4	43.5	49.9	49.6	47.1	27.9	37.2	51.1	49.4
彼尔姆州	23.7	12.7	12.0	11.7	16.7	13.1	60.5	4.8	11.3
滨海边疆区	19.4	25.3	29.2	27.4	16.0	30.3	46.0	17.2	16.5
普斯科夫州	66.1	65.6	68.3	68.1	59.2	58.9	15.4	75.2	33.0
阿迪格共和国	70.4	73.1	74.9	75.1	72.7	75.7	22.4	83.0	73.6
阿尔泰共和国	79.2	79.3	81.8	79.9	77.6	78.4	74.5	58.2	48.7
巴什科尔托斯坦共和国	19.0	7.1	8.8	8.2	13.6	13.9	44.8	24.6	6.9
布里亚特共和国	50.6	57.2	63.1	59.1	58.4	61.4	73.4	14.9	21.9
达吉斯坦共和国	28.9	27.9	61.1	34.7	38.3	56.9	38.4	44.0	48.2
印古什共和国	74.4	77.9	82.4	78.1	72.3	83.2	27.7	84.3	78.7
卡尔梅克共和国	75.9	79.1	79.5	78.7	72.1	77.8	71.2	55.9	80.6

续表

地区	劳动力	消费	生产	财政	制度	创新	基础设施	自然资源	旅游
卡累利阿共和国	62.8	61.4	56.7	60.1	50.3	64.4	40.6	33.7	21.7
科米共和国	50.8	34.0	33.6	28.3	45.1	52.1	74.9	20.8	52.0
马里埃尔共和国	64.3	70.7	67.9	71.7	65.6	65.2	50.7	45.2	68.9
莫尔多瓦共和国	57.2	67.0	59.3	61.9	66.3	45.3	31.4	61.4	61.2
萨哈共和国	45.6	40.8	31.4	27.9	48.1	49.7	83.1	1.7	60.1
北奥塞梯共和国	53.3	64.9	73.1	67.6	70.5	69.2	8.4	59.5	62.7
鞑靼斯坦共和国	15.1	7.4	6.3	11.1	7.7	7.6	29.6	39.1	5.9
图瓦共和国	77.3	77.6	81.3	79.4	79.7	76.7	82.7	30.0	73.2
哈卡斯共和国	68.9	71.2	67.1	69.2	72.3	76.8	64.9	30.9	75.5
罗斯托夫州	8.1	7.4	14.3	14.6	5.8	11.7	19.2	30.4	16.6
梁赞州	42.4	48.4	43.7	47.4	45.1	39.3	23.3	53.1	38.5
萨马拉州	6.9	7.7	7.7	8.1	7.6	8.9	19.1	48.3	19.8
圣彼得堡市	2.6	2.8	4.6	4.0	2.0	2.9	1.9	86.4	3.5
萨拉托夫州	16.5	22.4	25.1	24.3	20.9	18.6	27.6	35.0	27.6
萨哈林州	63.6	63.1	44.0	43.4	51.7	65.6	53.7	33.9	70.9
斯维尔德洛夫斯克州	9.5	4.9	4.2	5.1	5.3	5.5	49.2	9.1	6.0
斯摩棱斯克州	46.6	49.4	49.9	54.2	42.7	54.3	16.8	70.1	37.6
斯塔夫罗波尔边疆区	20.9	18.4	28.2	25.6	19.6	40.2	48.4	43.8	13.4
坦波夫州	55.1	42.3	55.9	54.6	59.7	33.6	34.8	64.8	66.4
特维尔州	38.4	37.4	42.4	43.3	40.6	27.9	27.2	59.2	22.8
托木斯克州	35.6	46.7	40.4	39.4	42.6	20.6	78.2	31.0	74.3
图拉州	32.1	29.9	32.3	36.9	32.4	20.7	8.5	61.3	39.3
秋明州	34.1	22.5	28.2	26.0	13.9	31.8	65.4	40.5	35.5
乌德穆尔特共和国	37.0	34.7	31.8	33.6	33.7	32.6	36.7	63.3	49.1
乌里扬诺夫斯克州	40.8	39.3	46.4	47.9	48.5	22.1	36.5	53.7	55.8
哈巴罗夫斯克边疆区	23.7	31.3	31.7	27.7	32.7	46.7	63.6	11.1	33.4
汉特曼西斯克民族自治区	24.3	16.1	3.4	3.2	33.2	47.6	78.2	7.4	47.0
车里雅宾斯克州	42.5	45.2	43.5	41.3	44.8	42.9	40.1	46.1	10.1
车臣共和国	64.1	64.2	68.6	65.2	67.4	70.4	47.4	42.1	79.2

地区	劳动力	消费	生产	财政	制度	创新	基础设施	自然资源	旅游
楚瓦什共和国	43.9	54.0	49.2	53.9	45.2	33.8	21.6	79.6	47.6
楚科奇自治区	82.1	82.1	78.0	77.8	81.2	81.7	74.7	16.2	79.5
亚马尔—涅涅茨民族自治区	59.6	44.5	16.3	15.3	64.4	70.9	79.5	3.6	66.6
雅罗斯拉夫州	33.7	35.2	33.8	36.0	30.4	25.2	25.7	77.3	16.6

注：位次越小即越靠前表示潜力越大；另外，由于指标调整的原因，财政指标、旅游指标的数据分别根据1998—2014年、2005—2014年的位次数据平均计算而得。

资料来源：作者根据俄罗斯评级机构《专家》出版的1996—2014年历年年度报告整理计算而得，网址：http://www.raexpert.ru。

附表2　1996—2014年投资风险单项指标平均位次

地区	社会	经济	财政	治安	生态	行政	政治	法律
阿尔泰边疆区	61.8	51.5	53.7	33.7	45.2	54.8	49.7	25.6
阿穆尔州	49.2	59.1	66.3	41.1	55.5	44.6	63.4	35.9
阿尔汉格尔斯克州	46.4	48.4	39.7	35.0	73.8	34.2	39.2	37.6
阿斯特拉罕州	49.4	33.7	32.1	60.1	42.4	15.2	40.5	28.7
别尔哥罗德州	9.3	6.0	20.3	12.1	19.1	29.7	45.6	43.2
布良斯克州	38.9	60.7	57.2	31.4	64.8	50.6	64.2	35.2
弗拉基米尔州	36.6	35.8	42.7	32.6	9.0	30.2	57.8	45.5
伏尔加格勒州	32.4	49.7	26.8	46.4	39.5	62.8	63.5	27.9
沃洛格达州	28.1	24.0	20.7	32.7	71.3	29.2	18.4	34.6
沃罗涅日州	27.8	46.8	42.5	12.2	31.7	19.4	56.4	35.0
犹太自治州	43.5	76.4	74.5	63.1	28.1	57.2	34.7	44.9
伊万诺沃州	48.3	68.4	68.1	39.1	17.5	31.6	56.8	30.9
伊尔库茨克州	55.6	28.0	25.4	67.1	75.5	63.4	49.3	46.0
卡巴尔达—巴尔卡尔共和国	57.5	50.7	72.3	51.4	10.8	54.0	42.3	25.5
加里宁格勒州	33.2	31.6	26.1	41.8	24.1	20.1	42.4	16.2
卡卢加州	24.0	28.8	21.6	39.9	54.4	23.6	48.2	31.8
堪察加边疆区	70.1	72.2	76.9	54.3	39.7	75.1	50.4	76.9
卡拉恰伊—切尔克斯共和国	61.0	49.5	75.3	51.9	18.6	72.6	84.2	77.2

续表

地区	社会	经济	财政	治安	生态	行政	政治	法律
克麦罗沃州	41.6	32.0	49.6	54.3	75.5	32.8	37.0	36.0
基洛夫州	59.1	62.7	54.2	18.5	32.6	43.8	40.1	36.9
科斯特罗马州	45.0	62.3	54.7	31.4	28.7	77.4	41.9	50.9
克拉斯诺达尔边疆区	24.1	14.3	15.8	25.5	50.1	4.2	41.8	8.8
克拉斯诺亚尔斯克边疆区	49.7	28.2	22.3	58.0	81.8	56.6	46.1	40.9
库尔干州	61.4	73.7	64.2	56.8	21.3	58.3	62.2	58.2
库尔斯克州	28.8	38.4	52.6	23.2	22.3	44.8	56.4	59.7
列宁格勒州	31.8	23.5	11.7	39.1	64.8	27.0	52.4	29.8
利佩茨克州	6.4	15.0	18.8	9.3	63.6	13.4	42.8	25.7
马加丹州	70.6	75.2	72.8	76.2	62.7	57.7	37.3	56.0
莫斯科市	4.6	9.5	2.1	30.7	39.1	56.0	14.2	68.9
莫斯科州	19.3	17.9	14.6	44.1	38.1	35.8	45.5	19.9
摩尔曼斯克州	36.9	44.4	41.4	26.1	79.2	57.2	17.0	47.8
涅涅茨自治区	33.3	23.4	22.4	25.1	74.0	53.9	41.2	62.1
下诺夫哥罗德州	16.3	41.9	21.4	45.4	23.0	33.3	61.1	27.9
诺夫哥罗德州	16.5	21.3	30.9	46.2	23.1	51.2	27.7	13.0
新西伯利亚州	42.3	27.1	18.5	63.6	34.5	56.4	55.3	48.3
鄂木斯克州	44.4	41.8	25.9	49.4	52.8	40.7	50.1	45.9
奥伦堡州	43.8	36.7	25.6	38.1	60.5	45.4	54.3	47.8
奥廖尔州	21.0	33.9	34.4	42.4	53.3	70.7	19.6	38.2
奔萨州	39.7	62.5	51.5	5.6	23.7	46.1	54.2	38.1
彼尔姆州	32.7	34.7	24.6	56.6	59.4	40.0	46.6	43.2
滨海边疆区	49.2	37.7	47.8	65.7	59.2	52.7	64.6	43.5
普斯科夫州	42.2	53.5	49.1	29.8	21.8	65.4	48.8	49.1
阿迪格共和国	52.0	59.0	69.5	15.5	19.2	23.1	43.3	37.8
阿尔泰共和国	59.2	42.3	67.8	55.2	20.9	41.7	69.4	28.2
巴什科尔托斯坦共和国	44.8	10.7	25.4	27.2	48.1	38.7	27.4	31.9
布里亚特共和国	68.3	37.5	59.1	61.0	53.3	55.1	52.5	26.9
达吉斯坦共和国	62.8	45.7	74.1	75.8	21.8	61.9	81.6	53.1
印古什共和国	81.5	71.1	83.5	72.4	8.3	79.7	70.2	73.3

续表

地区	社会	经济	财政	治安	生态	行政	政治	法律
卡尔梅克共和国	73.4	79.4	78.5	58.6	25.7	48.2	16.4	46.7
卡累利阿共和国	52.6	49.8	44.1	46.6	67.6	28.8	31.6	39.9
科米共和国	60.7	47.8	36.1	53.1	80.1	8.1	43.3	31.5
马里埃尔共和国	64.4	59.9	66.7	27.1	18.9	30.9	50.8	33.3
莫尔多瓦共和国	44.7	50.7	59.6	27.0	17.2	20.8	20.5	46.0
萨哈共和国	66.0	49.2	55.8	37.6	64.6	26.8	36.0	56.4
北奥塞梯共和国	46.1	57.5	74.8	69.4	25.0	64.0	69.1	36.6
鞑靼斯坦共和国	24.7	12.1	21.5	33.3	38.0	18.4	2.5	34.8
图瓦共和国	71.7	67.0	83.1	76.2	33.4	80.3	8.4	46.7
哈卡斯共和国	51.1	34.1	48.9	43.8	53.7	65.0	48.9	45.9
罗斯托夫州	31.9	15.6	26.7	23.4	30.7	19.9	33.4	42.2
梁赞州	17.4	52.1	33.2	23.5	56.1	51.1	66.6	56.9
萨马拉州	21.0	25.1	14.5	55.5	57.3	31.4	55.1	36.6
圣彼得堡市	12.6	12.6	2.8	43.3	44.2	30.1	50.9	17.9
萨拉托夫州	30.5	40.4	46.9	24.6	35.9	45.3	24.7	43.0
萨哈林州	63.5	39.6	46.8	59.1	49.5	12.8	72.5	58.8
斯维尔德洛夫斯克州	37.0	35.3	19.6	55.2	65.2	37.2	42.2	62.2
斯摩棱斯克州	36.6	48.3	44.2	52.5	37.1	35.6	67.0	38.9
斯塔夫罗波尔边疆区	32.5	20.3	35.0	45.2	26.0	38.1	78.9	13.2
坦波夫州	34.1	40.4	53.8	15.3	39.6	18.4	63.5	37.6
特维尔州	32.5	60.2	47.5	46.4	10.4	44.8	52.4	29.2
托木斯克州	43.0	22.7	19.4	55.1	52.0	37.1	50.7	22.4
图拉州	29.7	43.8	34.4	29.8	66.4	24.8	48.0	55.8
秋明州	35.7	16.6	22.2	68.3	57.5	50.0	50.1	56.9
乌德穆尔特共和国	57.0	62.7	31.5	38.1	30.8	61.9	49.0	56.9
乌里扬诺夫斯克州	46.6	43.1	43.5	28.3	20.8	33.9	60.0	41.4
哈巴罗夫斯克边疆区	52.8	51.6	46.8	66.1	59.9	30.2	29.7	39.6
汉特曼西斯克民族自治区	31.7	14.7	7.3	68.3	81.5	24.4	8.0	55.0
车里雅宾斯克州	38.2	32.9	26.5	57.1	80.3	34.4	44.4	60.3
车臣共和国	83.0	84.1	85.5	82.2	15.6	67.3	88.9	82.9

续表

地区	社会	经济	财政	治安	生态	行政	政治	法律
楚瓦什共和国	50.1	52.0	37.3	24.2	11.0	16.3	48.7	37.1
楚科奇自治区	62.8	71.3	63.8	38.7	76.6	80.2	3.8	82.9
亚马尔—涅涅茨民族自治区	42.4	28.4	18.6	47.3	85.7	26.8	12.4	55.0
雅罗斯拉夫州	17.6	44.9	29.4	37.4	52.3	14.0	23.3	11.7

注：位次越高表明风险越大；另外，由于指标调整的原因，政治指标、立法指标、行政管理指标及财政指标的数据分别根据 1996—2005 年、1998—2010 年、2006—2014 年、1998—2014 年的位次数据平均计算而得。投资潜力和投资风险的各单项指标涉及地区调整问题的处理方式与综合指标不同，这里将 2008—2014 年外贝加尔边疆区和 1996—2007 年的赤塔州和阿加布里亚特自治区分别单独处理。

资料来源：笔者根据俄罗斯评级机构《专家》出版的 1996—2014 年历年年度报告整理计算而得，网址：http://www.raexpert.ru。

参考文献

[1] Acemoglu, D., "A Simple Model of Inefficient Institutions", *Scandinavian Journal of Economics*, Vol. 108, No. 4, 2006, pp. 515 – 546.

[2] Acemoglu, D., Golosov, M. and Tsyvinski, A., "Power Fluctuations and Political Economy", *Journal of Economic Theory*, Vol. 146, No. 3, 2011, pp. 1009 – 1041.

[3] Acemoglu, D., Johnson, S., Robinson, J. and Yared, P., "Income and Democracy", *American Economic Review*, Vol. 98, No. 3, 2008, pp. 808 – 842.

[4] Acemoglu, D. and Robinson, J., "Persistence of Power, Elites, and Institutions", *American Economic Review*, Vol. 98, No. 1, 2008, pp. 267 – 293.

[5] Akhmedov, A. and Zhuravskaya, E., "Opportunistic Political Cycles: Test in a Young Democracy Setting", *Quarterly Journal of Economics*, Vol. 119, No. 4, 2004, pp. 1301 – 1338.

[6] Alan A. Bevan and Saul Estrin, "The Determinants of Foreign Direct Investment into European Transition Economies", *Journal of Comparative Economics*, Vol. 32, No. 4, 2004, pp. 775 – 787.

[7] Alesina, A., Ozler, S. and Roubini, N. et al., "Political Instability and Economic Growth", *Journal of Economic Growth*, Vol. 1, No. 2, 1996, pp. 189 – 211.

[8] Amiti, M. and Javorcik, B., "Trade Costs and Location of Foreign Firms in China", *Journal of Development Economics*, Vol. 85, No. 1 – 2, 2008, pp. 129 – 149.

[9] Anselin, L., Syabri, I. and Kho, Y. et al., "GeoDa: An Introduction to Spatial Data Analysis", *Geographical Analysis*, Vol. 38, No. 1, 2006, pp. 5 – 22.

[10] Anselin, L., "Local Indicators of Spatial Association – LISA", *Geographical Analysis*, Vol. 27, No2. 1995, pp. 93 – 115.

[11] Anselin, L. and Florx, R., *New Directions in Spatial Econometrics*, Berlin: Springer – Verlag Berlinand Heidelberg GmbH & Co. K, 1995.

[12] Anselin, L., *Spatial Econometrics: Methods and Models*, Dordrecht: Kluwer Academic Publishers, 1988.

[13] Anwar, Amar and Mughal, Mazhar Y., "Why Do Russian Firms Invest Abroad? A Firm Level Analysis" (December 26, 2014, Available at SSRN: http://ssrn.com/abstract = 2557146 (accessed July 10, 2016).

[14] Aoki, M., *Toward a Comparative Institutional Analysis*, Cambridge, MA: MIT Press, 2001.

[15] Arbatli, E., "Economic Policies and FDI Inflows to Emerging Market Economies", *IMF Working Paper* WP/11/192. IMF, Washington, 2011.

[16] Asiedu, E., "Foreign Direct Investment in Africa: The Role of Natural Resources, Market Size, Government Policy, Institutions and Political Instability", *The World Economy*, Vol. 29, No. 1, 2006, pp. 63 – 77.

[17] Assunção, S., Teixeira, A. and Forte, R., 2011, Do Countries' Endowments of Non – Renewable Energy Resources Matter for FDI Attraction? A Cross – country Econometric Analysis. In: *FEP Working Papers*.

[18] Atterby, Johanna and Brilkman Clas, 2011, Determinants of Chinese and Russian Outward Foreign Direct Investments: Evidence from 2007 – 2008. Available at http://www.diva – portal.org/smash/get/

diva2：395294/FULLTEXT01. pdf.

[19] Balkarova, Laura, 2010, "Outward FDI from the Economies in Transition: The Determinants and Policy Implications". Available at https://helda.helsinki.fi/bitstream/handle/10138/18020/abstract-eng.pdf? sequence = 1.

[20] Barro, R., "Democracy and Growth", *Journal of Economic Growth*, Vol. 1, No. 1, 1996, pp. 1 – 27.

[21] Bergstrand, J. and Egger, P., "A Knowledge – and – physical – capital Model of International Trade Flows, Foreign Direct Investment, and Multinational Enterprises", *Journal of International Economics*, Vol. 73, No. 2, 2007, pp. 278 – 308.

[22] Besley, T., Burchardi, K. and Ghatak, M., "Incentives and the De Soto Effect", *Quarterly Journal of Economics*, Vol. 127, No. 1, 2012, pp. 237 – 282.

[23] Blakkisrud, H., "Medvedev's New Governors", *Europe – Asia Studies*, Vol. 63, No. 3, 2011, pp. 367 – 395.

[24] Blanchard, O. and Shleifer, A., "Federalism with and without Political Centralization: China versus Russia", *IMF Staff Papers*, Vol. 48, No. 4, 2000, pp. 171 – 179.

[25] Blonigen, B. and Davies, R. et al., "FDI in Space: Spatial Autoregressive Relationships in Foreign Direct Investment", *European Economic Review*, Vol. 51, No. 5, 2007, pp. 1303 – 1325.

[26] Bobonis, G. and Shatz, H., "Agglomeration, Adjustment, and State Policies in the Location of Foreign Direct Investment in the United States", *The Review of Economics and Statistics*, Vol. 89, No. 1, 2007, pp. 30 – 43.

[27] Briilhart, M. and Sbergami, F., "Agglomeration and Growth: Cross – country Evidence", *Journal of Urban Economics*, Vol. 65, No. 1, 2009, pp. 48 – 63.

[28] Broadman, H. G. and Recanatini, F., Where has all the Foreign Di-

rect Investment Gone in Russia? *World Bank Policy Research Working Paper*, No. 2640.

[29] Brock, G., "Foreign Direct Investment in Russia's Regions 1993 - 95. Why so Little and Where has it Gone?" *Economics of Transition*, Vol. 6, No. 2, 1998, pp. 349 - 360.

[30] Bronzini, R., "FDI Inflows, Agglomeration and Host Country Firms' Size: Evidence from Italy", *Regional Studies*, Vol. 41, No. 7, 2007, pp. 963 - 978.

[31] Brueckner, M., "Natural Resource Dependence, Non - tradables, and Economic Growth", *Journal of Comparative Economics*, Vol. 38, No. 4, 2010, pp. 461 - 471.

[32] Bruno, M. and Sachs, J., "Input Price Shocks and the Slowdown in Economic Growth: The Case of UK Manufacturing", *The Review of Economic Studies*, Vol. 49, No. 5, 1982, pp. 679 - 705.

[33] Campos, N. and Kinoshita, Y., 2003, "Why Does FDI Go Where It Goes? New Evidence from the Transition Economies", *IMF Working Paper* WP/03/228. IMF. Washington.

[34] Castiglione, C. and Gorbunova, Y. et al., "FDI Determinants in an Idiosyncratic Country, A Reappraisal over the Russian Regions during Transition Years", *Communist and Post - Communist Studies*, Vol. 45, No. 1, 2012, pp. 1 - 10.

[35] Corden, W. and Neary, J., "Booming Sector and De - industrialization in a Small Open Economy", *The Economic Journal*, Vol. 92, No. 368, 1982, pp. 825 - 848.

[36] Coughlin, C. and Segev, E., "Foreign Direct Investment in China: A Spatial Econometric Study", *The World Economy*, Vol. 23, No. 1, 2000, pp. 1 - 23.

[37] Črt Kostevc, Tjaša Redek and Andrej Sušjan, "Foreign Direct Investment and Institutional Environment in Transition Economies", *Transition Studies Review*, Vol. 14, No. 1, 2007, pp. 40 - 54.

[38] Dixit, A. and Stiglitz, J., "Monopolistic Competition and Optimum Product Diversity", *The American Economic Review*, Vol. 67, No. 3, 1977, pp. 297 – 308.

[39] Djankov, S., La Porta, R., Lopez – de – Silanes, F. and Shleifer, A., "Regulation of Entry", *Quarterly Journal of Economics*, Vol. 117, No1, 2002, pp. 1 – 37.

[40] Drigă Imola and Dura Codruţa, "Restoring the Economic Power of Russia through OFDI Expansion", *Economia Seria Management*, Vol. 16, No. 2, 2013, pp. 227 – 241.

[41] Dunning, J., "Location and the Multinational Enterprise: A Neglected Factor?", *Journal of International Business Studies*, Vol. 29, No. 1, 2009, pp. 45 – 46.

[42] Dunning, J., "The Eclectic Paradigm as an Envelope for Economic and Business Theories of MNE Activity", *International Business Review*, Vol. 9, No. 2, 2000, pp. 163 – 190.

[43] Dunning, J., *Multinational Enterprises and the Global Economy*, Wokingham: Addison – Wesl, 1993.

[44] Dunning, J., *Trade, Location of Economic Activity and the Multinational Enterprise: A Search for An Eclectic Approach*, London: Macmillan, 1977.

[45] Dura Codruţa and Drigă Imola, "The Amazing Universe of Russian Multinationals: New Insights", *Annals of the University of Petrosani, Economics*, Vol. 13, No. 2, 2013, pp. 51 – 60.

[46] Faccio, M., "Politically Connected Firms", *American Economic Review*, Vol. 96, No. 1, 2006, pp. 369 – 386.

[47] Faeth, I., "Determinants of Foreign Direct Investment: A Tale of Nine Theoretical Models", *Journal of Economic Surveys*, Vol. 23, No. 1, 2008, pp. 165 – 196.

[48] Fatas, A. and Mihov, I., "Policy Volatility, Institutions, and Economic Growth", *Review of Economics and Statistics*, Vol. 95, No. 2,

2013, pp. 362 - 376.

[49] Filippov, S. , "Russian Companies: The Rise of New Multinationals", *International Journal of Emerging Markets*, Vol. 5, No. 3, 4, 2010, pp. 307 - 332.

[50] Filippov, S. , 2011, "Russia's Emerging Multinational Companies amidst the Global Economic Crisis", Maastricht Economic and Social Research and Training Centre on Innovation and Technology, *UNU - MERIT Working Papers Series*, 2011.

[51] Frye, T. , "Capture or Exchange? Business Lobbying in Russia", *Europe - Asia Studies*, Vol. 54, No. 7, 2002, pp. 1017 - 1036.

[52] Frye, T. , "Original Sin, Good Works, and Property Rights in Russia", *World Politics*, Vol. 58, No. 4, 2006, pp. 479 - 504.

[53] Gaffney, N. , Cooper, D. and Kedia, B. L. et al. , "Institutional Transitions, Global Mindset, and EMNE internationalization", *European Management Journal*, Vol. 32, No. 3, 2014, pp. 383 - 391.

[54] Gehlbach, S. , Sonin, K. and Zhuravskaya, E. , "Businessman Candidates", *American Journal of Political Science*, Vol. 54, No. 3, 2010, pp. 718 - 36.

[55] Georgopoulos, A. and Preusse, H. , "Cross - border Acquisitions vs. Greenfield Investment: A Comparative Performance Analysis in Greece", *International Business Review*, Vol. 18, No. 6, 2009, pp. 592 - 605.

[56] Glaeser, E. , La Porta, R. , Lopez - de - Silanes, F. and Shleifer, A. , "Do Institutions Cause Growth?" *Journal of Economic Growth*, Vol. 9, No. 3, 2004, pp. 271 - 303.

[57] Hale, H. , "Explaining Machine Politics in Russia's Regions: Economy, Ethnicity, and Legacy", *Post - Soviet Affairs*, Vol. 19, No. 3, 2003, pp. 228 - 263.

[58] Halvorsen, T. , "Size, Location and Agglomeration of Inward Foreign Direct Investment (FDI) in the United States", *Regional Studies*,

Vol. 46, No. 5, 2012, pp. 669 – 682.

[59] Harris, C., "The, Market as a Factor in the Localization of Industry in the United States", *Annals of the Association of American Geographers*, Vol. 44, No. 4, 1954, pp. 315 – 348.

[60] Harzing, A., "Acquisitions Versus Greenfield Investments: International Strategy and Management of Entry Modes", *Strategic Management Journal*, Vol. 22, No. 3, 2002, pp. 211 – 227.

[61] Head, C., J. Ries and Swenson, D., "Attracting Foreign Manufacturing: Investment Promotion and Agglomeration", *Regional Science and Urban Economics*, Vol. 29, No. 2, 1999, pp. 197 – 218.

[62] Head, K. and Mayer, T., "Market Potential and the Location of Japanese Investment in the European Union", *Review of Economics and Statistics*, Vol. 86, No. 4, 2004, pp. 959 – 972.

[63] Hilber, C. and Voicu, I., "Agglomeration Economies and the Location of Foreign Direct Investment: Empirical Evidence From Romania", *Regional Studies*, Vol. 44, No. 3, 2010, pp. 355 – 371.

[64] Holmstrom, B. and Milgrom, P., "Multitask Principal – agent Analyses: Incentive Contracts, Asset Ownership, and Job Design", *Journal of Law, Economics and Organization*, Vol. 7, No. 1, 1991, pp. 24 – 52.

[65] Iwasaki, I. and Suganuma, K., "Regional Distribution of Foreign Direct Investment in Russia", *Post – Communist Economies*, Vol. 17, No. 2, 2005, pp. 153 – 172.

[66] Jormanainen, I. and Koveshnikov, A., "International Activities of Emerging Market firms: A Critical Assessment of Research in Top International Management Journals", *Management International Review*, Vol 52, No. 5, 2012, pp. 691 – 726.

[67] Kalotay, K., "How to Explain the Foreign Expansion of Russian Firms", *Journal of Financial Transformation*, Vol. 1, No. 24, 2008, pp. 53 – 61.

[68] Kalotay, K. and Sulstarova, A., "Modelling Russian Outward FDI", *Journal of International Management*, Vol. 16, No. 2, 2010, pp. 131–142.

[69] Kapeliushnikov, R., Kuznetsov, A., Demina, N. and Kuznetsova, O., "Threats to Security of Property Rights in a Transition Economy: An Empirical Perspective", *Journal of Comparative Economics*, Vol. 41, No. 1, 2013, pp. 245–264.

[70] Kaufmann, D., Kraay, A. and Mastruzzi, M., *The Worldwide Governance Indicators: Methodology and Analytical Issues*, Washington, DC: Brookings Institution, 2010.

[71] Kogut, B. and Singh, H., "The Effect of National Culture on the Choice of Entry Mode", *Journal of International Business Studies*, Vol. 19, No. 3, 1988, pp. 411–432.

[72] Kolstad, I. and Villanger, E., "Determinants of Foreign Direct Investment in Services", *European Journal of Political Economy*, Vol. 24, No. 2, 2008, pp. 518–533.

[73] Kornai, J., Matyas, L. and Roland, G., *Corruption, Development and Institutional Design*, N. Y.: Palgrave Macmillian, 2009.

[74] Krugman, P., "Increasing Returns and Economic Geography", *Journal of Political Economy*, Vol. 99, No. 3, 1991, pp. 483–499.

[75] Krugman, P., "Space: The Final Frontier", *The Journal of Economic Perspectives*, Vol. 12, No. 2, 1998, pp. 161–174.

[76] Ksenia Gonchar and Philipp Marek, "The Regional Distribution of Foreign Investment in Russia", *Economics of Transition*, Vol. 22, No. 4, 2014, pp. 605–634.

[77] Ksenia, Gonchar and Marek, Philipp, "Natural–Resource or Market–Seeking FDI in Russia? An Empirical Study of Locational Factors Affecting the Regional Distribution of FDI Entries (March 18, 2013)", *Higher School of Economics Research Paper* No. WP BPR 26/EC/2013. Available at SSRN: http://ssrn.com/abstract = 2235042

or http：//dx. doi. org/10. 2139/ssrn. 2235042, 2015. 10. 10.

[78] Larcker, D. F. and Rusticus, T. O., "On the Use of Instrumental Variables in Accounting Research", *Journal of Accounting and Economics*, Vol. 49, No. 3, pp. 186 – 205.

[79] Ledayeva, S., 2007, "Spatial Econometric Analysis of Determinants and Strategies of FDI in Russian Regions in Pre – and Post – 1998 Financial Crisis Period", *BOFIT Discussion Paper* 15/2007.

[80] Ledayeva, S. and Linden, M., 2006, Testing for Foreign Direct Investment Gravity Model for Russian Regions. *Working Paper* No. 32. Department of Business and Economics. University of Joensuu.

[81] Ledyaeva, S., "Spatial Econometric Analysis of Foreign Direct Investment Determinants in Russian Regions", *The World Economy*, Vol. 32, No. 4, 2009, pp. 643 – 666.

[82] Libman, A., Kozlov V. and Schultz, A., "Roving Bandits in Action: Outside Option and Governmental Predation in Autocracies", *Kyklos*, Vol. 65, No. 4, 2012, pp. 526 – 562.

[83] Liuhto, K. and Majuri, S. S., "Outward Foreign Direct Investment from Russia: A Literature Review", *Journal of East – West Business*, No. 20, 2014, pp. 198 – 224.

[84] Lizzeri, A. and Persico, N., "Why Did Elites Extended the Suffrage? Democracy and the Scope of Government, with an Application to Britain's 'Age of Reform'", *Quarterly Journal of Economics*, Vol. 119, No. 2, 2004, pp. 707 – 765.

[85] Lizzeri, A. and Persico, N., "A Drawback of Electoral Competition", *Journal of the European Economic Association*, Vol. 3, No. 6, 2005, pp. 1318 – 1348.

[86] McGuire, M. and Olson, M., "The Economics of Autocracy and Majority Rule: The Invisible Hand and the Use of Force", *Journal of Economic Literature*, Vol. 34, No. 1, 1996, pp. 72 – 96.

[87] Mehlum, H., Moene, K. and Torvik, R., "Institutions and the

Resource Curse", *Economic Journal*, Vol. 116, No. 508, 2006, pp. 1 – 20.

[88] Mihailova, I. and Panibratov, A., "Determinants of Internationalization Strategies of Emerging Market Firms: A Multilevel Approach", *Journal of East – West Business*, Vol. 18, No. 2, 2012, pp. 157 – 184.

[89] Mina, W., "The Location Determinants of FDI in the GCC Countries", *Journal of Multinational Financial Management*, Vol. 17, No. 4, 2007, pp. 336 – 348.

[90] Myagkov, M., Ordeshook, P. and Shakin, D., *The Forensic of Election Fraud*, Russia and Ukraine, N. Y., Cambridge University Press, 2009.

[91] Nye, J. and Vasilyeva, O., 2012, "Does Political Competition Matter for Public Goods Provision? Evidence from Russian Regions", *George Mason University Department of Economics Working Paper*, No. 12 – 55.

[92] OECD, "Main Determinants and Impacts of Foreign Direct Investment on China's Economy", *OECD Working Paper on International Investment*, No. 2000/4, 2000.

[93] Olga Kuzmina, Natalya Volchkova, Tatiana Zueva, "Foreign Direct Investment and Governance Quality in Russia", *Journal of Comparative Economics*, Vol. 42, No. 4, 2014, pp. 874 – 891.

[94] Olson, M., "Dictatorship, Democracy, and Development", *American Political Science Review*, Vol. 87, No. 3, 1993, pp. 567 – 576.

[95] Pakhomov, Alexander, Экспорт прямых инвестиций из России: очерки теории и практики (Direct Investment Outfiow from Russia: Essays of the Theory and Practice) October 15, 2012, IEP Research Papers No. 163. Available at SSRN: http://ssrn.com/abstract = 2170787 (accessed July 9, 2016).

[96] Pelegrín, A. and Bolancé, C., "Regional Foreign Direct Invest-

ment in Manufacturing: Do Agglomeration Economies Matter?" *Regional Studies*, Vol. 42, No. 4, 2008, pp. 505 – 522.

[97] Persson, T. and Tabellini, G., "Democratic Capital: The Nexus of Political and Economic Change", *American Economic Journal: Macroeconomics*, Vol. 1, No. 2, 2009, pp. 88 – 126.

[98] Ploeg F. Van der and Poelhekke, S., "The Pungent Smell of 'Red Herrings': Subsoil Assets, Rents, Volatility and the Resource Curse", *Journal of Environmental Economics and Management*, Vol. 60, No. 1, 2010, pp. 44 – 55.

[99] Polishchuk, L. and Syunyaev, G., 2011, "Taming the (Not So) Stationary Bandit: Turnover of Ruling Elites and Protection of Property Rights", *Center for Institutional Studies Working Paper Series*, WP10/2011/04.

[100] Popov, V., "FDI in Russia: Why Doesn't it Come? Should There Be More of It?", *Canadian Foreign Policy*, Vol. 13, No. 2, 2006, pp. 1 – 18.

[101] Rajah Rasiah, Outward Foreign Direct Investment from Emerging Economies: Trends, Drivers and Firm – driven Home Government Policies. Available at http://gdex.dk/ofdi/66% 20Rasiah% 20Rajah.pdf (accessed July 28, 2014).

[102] Reuter, O. and Robertson, G., "Subnational Appointments in Authoritarian Regimes: Evidence from Russian Gubernatorial Appointments", *Journal of Politics*, Vol. 74, No. 4, 2012, pp. 1023 – 1037.

[103] Saime Suna Kayam, Alexandr Yabrukov, Mehtap Hisarciklil, "What Causes the Regional Disparity of FDI in Russia? A Spatial Analysis", *Transition Studies Review*, Vol. 20, No. 1, 2007, pp. 63 – 78.

[104] Shetinin, O., Zamulin, O., Zhuravskaya, E. and Yakovlev, E., "Monitoring the Administrative Barriers to Small Business De-

velopment in Russia 5th Round", *CEFIR Policy Paper Series*, No. 2005, 22.

[105] Shurchkov, O., "New Elites and Their Influence on Entrepreneurial Activity in Russia", *Journal of Comparative Economics*, Vol. 40, No. 2, 2012, pp. 240 – 255.

[106] Spies, J., "Network and Border Effects: Where do Foreign Multinationals Locate in Germany?", *Regional Science and Urban Economics*, Vol. 40, No. 1, 2010, pp. 20 – 32.

[107] Turovskii, R., "How Russian Governors Are Appointed", *Russian Politics and Law*, Vol. 48, No. 1, 2010, pp. 58 – 79.

[108] UNCTAD, 2011, World Investment Report 2011 – Non – Equity Modes of International Production and Development. In: United Nations Publication.

[109] UNCTAD, 2012, World Investment Report 2012 – Towards a New Generation of Investment Policies. In: United Nations Publication.

[110] Weingast, B., "The Economic Role of Political Institutions: Market – Preserving Federalism and Economic Development", *Journal of Law, Economics and Organisation*, Vol. 11, No. 1, 1995, pp. 1 – 31.

[111] World Bank, 2008, Russia. Regional Development and Growth agglomerations: the Longer Term Challenges of Economic Transition in the Russian Federation, A Country Economic Memorandum for Russia.

[112] Yakovlev, A., 2010, "State – Business Relations in Russia in the 2000s: From the Capture to a Variety of Exchange Models", WP1/2010/04. Higher School of Economics.

[113] Yudong Xu, Xin Zhang and Riming Cui, Factor Analysis of Russia's Regional FDI Inflow and Investment Location Choice. Proceedings of the International Conference on Transnational Corporations and Emerging Markets (Wuhan, China, October 2015): 11 – 20.

[114] Zhuravskaya, E. and Guriev, S., "Rethinking Russia: Why Russia is not South Korea?" *Journal of International Affairs*, Vol. 63, No. 2, 2010, pp. 125 – 139.

[115] Бернштам, Е., Кузнецов, А., 2002а, "Региональное распределение инвестиций в России", *Российский экономическ-ий журнал*, No. 2, 2002, С. 99 – 109.

[116] Бернштам, Е., Кузнецов, А., 2002b, "Региональное распределение инвестиций в России", *Российский экономический журнал*, No. 3, 2002, С. 76 – 83.

[117] Буев, В., Саидуллаев, Ф., Шестоперов, А., 2012, "Индекс развития малого и среднего предпринимательства в регионах России в 2010 году: Информационно – аналитический доклад", /НИСИПП.

[118] Виленский, А., "Парадокс поддержки малого бизнеса: предварительные итоги кризиса", *Вопросы экономики*, №. 6, 2011, С. 149 – 155.

[119] Виленский, А. В., "О передаче контрольных и регулирующих функций государства объединениям малых предпринимателей", *Вопросы экономики*, №. 1, 2003, С. 99 – 109.

[120] Виленский, А. В., "Особенности российского малого предпринимательства", *Экономический журнал ВШЭ.*, №. 2, 2004, С. 246 – 256.

[121] Гришина, И. В., *Анализ и прогнозирование инвестиционных процессов в регионах России*, М., СОПС, 2005.

[122] Де Сото Э., *Загадка капитала. Почему капитализм торжествует на Западе и терпит поражение во всем остальном мире*. М.: Олимп – Бизнес, 2004.

[123] Золотов, М. Муханов, "Позитивная реинтеграция как способ развития малого и среднего предпринимательства", *Вопросы экономики*, №. 6, 2012, С. 83 – 88.

[124] Коломак, Е., "Межрегиональное неравенство в России: экономический и социальный аспекты", *Пространственная экономика*, №. 1, 2010, С. 26 – 5.

[125] Комков, Н. И., Кулакин, Г. К., Мамонтова, Н. Г., "Анализ Состояния Малых Предприятий В Рф И Условий Их Развития", *Проблемы прогнозирования*, №. 2, 2011, С. 124 – 139.

[126] Крылова, Е. Б., "Малое Предпринимательство и Занятость Населения", *Проблемы прогнозирования*, №. 1, 2009, С. 125 – 131.

[127] Кузнецов, А. В., *Интернационализация российской экономики: Инвестиционный аспект*, М.: КомКнига, 2007.

[128] Кузнецова, О., "Пирамида факторов социально – экономического развития регионов", *Вопросы экономики*, №. 2, 2013, С. 121 – 132.

[129] Кузнецова, О. В., Кузнецов, А. В., *Системная диагностика экономики региона*. М.: КомКнига, 2006.

[130] Леонова, Ю. Ю., *Региональные интересы и факторы инвестиционной активности зарубежных компаний в России*. М.: Ленанд, 2015.

[131] May, В., "В ожидании новой модели роста: социально – экономическое развитие России в 2013 году", *Вопросы экономики*, №. 1, 2014, pp. 4 – 32.

[132] Нестерова, Д. В., Мариев, О. С., "Факторы привлечения прямых иностранных инвестиций в российские регионы", *Экономика региона*. №. 4, 2005, С. 57 – 70.

[133] Ольга, К., "Различия в привлекательности российских регионов для отечественных и иностранных инвесторов", *Вопросы экономики*, №. 4, 2016, С. 86 – 102.

[134] Окружко, О. А., "Феномен инвестиционной привлекател-

ьности Калужской области", *Регион: экономика и социология*, №. 2, 2015, С. 224 – 240.

[135] Ореховский, П., Широнин, В., "Малое и среднее предпринимательство в России", *Общество и экономика*, №. 12, 2005, С. 49 – 85.

[136] Панасейкина, В. С., "Оценка инвестиционной привлекательности территориальных образований: основные концепции", *Общество: политика, экономика, право*, №. 2, 2010, С. 27 – 32.

[137] Петров, Н., Титков, А., *Власть, бизнес, общество в регионах: неправильный треугольник*, М: РОССПЭН, 2010.

[138] Полиди, А. А., Сичкар, С. В., "Эконометрическая оценка факторов и динамики прямых иностранных инвестиций в экономику региона", *Экономика и предпринимательство*, №. 9, 2013, С. 234 – 239.

[139] Полищук, Л., "Бизнесмены и филантропы", *Pro et Contra*, №. 1, 2006, С. 59 – 73.

[140] Спасская, Н. В., "Эффективность Механизмов Регионального Стимулирования Субъектов Малого Предпринимательства", *Проблемыпрогнозирования*, №. 5, 2013, С. 62 – 72.

[141] Сюняев, Г., Полищук, Л., "Инвестиционный климат и сменяемость власти в российских регионах", *Вопросы экономики*, №. 2, 2014, С. 88 – 117.

[142] Унтура, Г. А., "Анализ статистических связей между рейтингами инвестиционного климата и фактическими инвестициями в регионах России", *Регион: экономика и социология*, №. 1, 2004, С. 200 – 210.

[143] Чепуренко, А. Ю., "Предпринимательство как сфера социальных исследований: россия и международный опыт",

Социологические исследования, No. 9, 2013, С. 32 – 42.

[144] Ясин, Е., Чепуренко, А., Буев, В., Шестоперов О., *Малое предпринимательство в Российской Федерации: прошлое, настоящее и будущее*. М.: Новое изд-во, 2004.

[145] ［俄］奥丽娅:《俄罗斯经济特区发展研究》，博士学位论文，哈尔滨工业大学，2013年。

[146] 曹志宏:《俄罗斯投资环境及中国对俄直接投资问题研究》，《西伯利亚研究》2011年第5期。

[147] 陈良玺、陈正、金玺等:《俄罗斯联邦矿业投资环境分析》，《中国矿业》2013年第7期。

[148] 陈强:《高级计量经济学及Stata应用》，高等教育出版社2013年版。

[149] 陈青青、龙志和、林光平等:《空间滞后模型的空间相关性稳健检验》，《管理工程学报》2014年第2期。

[150] ［俄］С. 比留科夫、肖辉忠:《俄罗斯伏尔加联邦区社会经济发展的现状与前景》，《俄罗斯研究》2017年第5期。

[151] 董欣:《新形势下俄罗斯投资环境评估》，《北方经贸》2014年第1期。

[152] 冯方、许升辉、许敏等:《俄罗斯油气工业上游合作项目投资环境及潜力分析》，《石油科技论坛》2010年第1期。

[153] 付岱山、宋海冰:《俄罗斯中小企业发展的政策措施对我国的启示》，《商业经济》2004年第5期。

[154] 高潮:《中俄托木斯克木材工贸区:林业资源开发潜力巨大》，《中国对外贸易》2012年第7期。

[155] 高欣:《中国企业对俄直接投资的现状调查与战略对策》，《欧亚经济》2015年第1期。

[156] 高云山:《俄罗斯投资环境与日俄经济交流》，《西伯利亚研究》2002年第1期。

[157] 顾春太:《深化山东对俄罗斯投资合作的对策研究》，《经济研究参考》2014年第41期。

[158] 顾小存:《俄罗斯的投资环境》,《当代世界》2002 年第 12 期。

[159] 郭晓琼:《俄罗斯经济增长动力与未来发展道路》,《俄罗斯研究》2014 年第 4 期。

[160] 何波、安海忠、方伟等:《全球油气资源投资环境的评价与优选》,《资源与产业》2013 年第 6 期。

[161] 何金祥:《俄罗斯矿产工业与矿业投资环境》,《国土资源情报》2015 年第 9 期。

[162] 贺建清:《经济开放、市场化与入境旅游发展——基于空间计量模型的分析》,《暨南学报》(哲学社会科学版) 2015 年第 10 期。

[163] 贺中辉:《俄罗斯投资环境分析》,《中国经贸》2015 年第 1 期。

[164] 赫胜彬、杨开忠:《京津冀区域经济空间差异研究》,《统计与决策》2016 年第 11 期。

[165] 胡杰、鹿爱莉:《俄罗斯矿产资源开发利用及矿业投资环境》,《资源与产业》2006 年第 6 期。

[166] 胡仁霞、赵东波:《俄罗斯转轨以来投资环境分析》,《俄罗斯中亚东欧市场》2004 年第 4 期。

[167] 黄飞、曹家和:《基于空间权重矩阵变化下 Moran's I 检验研究》,《统计与决策》2014 年第 20 期。

[168] 黄海南、唐五湘:《外商在华直接投资区域决定因素——中国 25 城市面板数据分析》,《工业技术经济》2006 年第 1 期。

[169] 黄益平:《对外直接投资的"中国故事"》,《国际经济评论》2013 年第 1 期。

[170] 吉亚辉、王凡:《空间经济学视角下的我国 FDI 区位选择——空间计量分析》,《西南民族大学学报》(人文社会科学版) 2012 年第 8 期。

[171] 纪玉俊、李超:《我国金融产业集聚与地区经济增长——基于 225 个城市面板数据的空间计量检验》,《产业经济评论》

2015 年第 6 期。

[172] 蒋永雷、吕靖、李晶等：《产业转型下上海新进外资企业空间分布分析》，《世界地理研究》2015 年第 1 期。

[173] 矫萍、姜明辉：《生产性服务业 FDI 空间集聚的影响因素研究——基于空间计量的分析》，《预测》2015 年第 2 期。

[174] 揭昊：《俄罗斯区域投资潜力分析》，《欧亚经济》2014 年第 3 期。

[175] 金江：《交通基础设施与经济增长——基于珠三角地区的空间计量分析》，《华南师范大学学报》（社会科学版）2012 年第 1 期。

[176] 靳会新：《俄罗斯改善引资环境促进外资加快增长》，《西伯利亚研究》2004 年第 1 期。

[177] 景维民：《了解俄罗斯中小企业的钥匙——评〈俄罗斯中小企业发展研究〉》，《俄罗斯中亚东欧研究》2011 年第 4 期。

[178] 李传勋：《俄罗斯投资环境与对俄投资策略研究》，《东北亚论坛》2004 年第 4 期。

[179] 李红娟：《俄罗斯投资环境研究》，博士学位论文，黑龙江大学，2010 年。

[180] 李萍：《俄罗斯与捷克的投资环境分析比较》，《现代企业》2005 年第 7 期。

[181] 李蓉：《俄罗斯克拉斯诺亚尔斯克边疆区的投资环境》，《西伯利亚研究》2001 年第 4 期。

[182] 李蓉：《俄罗斯远东吸引外资状况分析》，《西伯利亚研究》2009 年第 5 期。

[183] 李蓉：《俄远东地区投资环境与黑龙江省对俄投资策略》，《西伯利亚研究》2011 年第 4 期。

[184] 李淑华：《新时期中俄林业经贸合作问题研究》，博士学位论文，东北林业大学，2006 年。

[185] 李晓嘉，刘鹏：《韩国、俄罗斯、澳大利亚三国 FDI 税收激励政策介绍及借鉴》，《涉外税务》2010 年第 3 期。

[186] 李晓欣：《基于空间计量模型的地区财政教育支出对经济增长影响研究》，《天津大学学报》（社会科学版）2014年第1期。

[187] 李新、蒋君仙：《俄罗斯投资环境：现状与改善措施》，《学习与探索》2013年第2期。

[188] 李振超：《俄罗斯矿产资源勘查开发投资环境分析》，《中国矿业》2013年第4期。

[189] 刘丁毓：《俄罗斯远东地区投资环境的SWOT分析》，《对外经贸》2014年第6期。

[190] 吕雪涵：《我国对俄罗斯直接投资影响因素的实证分析》，《对外经贸》2015年第8期。

[191] 罗佐县、杨峰、张礼貌等：《俄罗斯油气投资环境与中俄油气合作潜力分析》，《中外能源》2010年第7期。

[192] 骆永民、伍文中：《基础设施投资效率对FDI影响力的空间计量分析》，《广东商学院学报》2010年第2期。

[193] 马丽：《中国新疆与俄罗斯贸易关系的现状、问题及对策研究》，博士学位论文，吉林财经大学，2011年。

[194] 米军：《试析俄罗斯吸引外资的特点及其启示》，《理论学刊》2004年第10期。

[195] 戚文海：《转轨时期俄罗斯政府在技术创新中的地位与作用》，《中国软科学》2005年第11期。

[196] 戚文海：《俄罗斯关键技术产业的创新发展战略评价》，《俄罗斯中亚东欧市场》2010年第4期。

[197] 戚文海：《论俄罗斯中小企业在技术创新中的地位与作用》，《东北亚论坛》2008年第5期。

[198] 乔霞：《基于贸易可持续发展的中国对俄林业产业直接投资研究》，博士学位论文，东北林业大学，2010年。

[199] 任英华、游万海：《一种新的空间权重矩阵选择方法》，《统计研究》2012年第6期。

[200] 宋魁、宋晓松：《俄罗斯投资环境分析》，《俄罗斯中亚东欧市场》2011年第8期。

[201] 宋勇超:《FDI、产业集聚与经济发展方式——基于面板数据空间计量模型的研究》,《商业经济研究》2016 年第 14 期。

[202] 谭蓉娟、李新:《俄罗斯 FDI 区位选择影响因素实证分析》,《东北亚论坛》2008 年第 9 期。

[203] 唐朱昌:《俄罗斯中小企业发展相对缓慢的原因——基于制度层面的分析》,《俄罗斯中亚东欧研究》2012 年第 2 期。

[204] 田刚、韩璐、张思思:《俄罗斯森林资源现状与供给特征分析》,《中国林业经济》2015 年第 5 期。

[205] 王红亮、胡伟平、吴驰等:《空间权重矩阵对空间自相关的影响分析——以湖南省城乡收入差距为例》,《华南师范大学学报》(自然科学版)2010 年第 1 期。

[206] 王辉耀:《中国企业国际化报告 2014 年》,社会科学文献出版社,2014 年版。

[207] 王劲峰、廖一兰、刘鑫:《空间数据分析教程》,科学出版社 2010 年版。

[208] 王立平、彭继年、任志安等:《我国 FDI 区域分布的区位条件及其地理溢出程度的经验研究》,《经济地理》2006 年第 2 期。

[209] 王琦琦:《俄滨海边疆区改善投资环境对策及成效分析》,《西伯利亚研究》2015 年第 6 期。

[210] 王树河:《俄罗斯远东地区投资环境分析》,《对外经贸》2012 年第 8 期。

[211] 王岩松、赵永:《河南省经济发展的空间相关性及尺度效应》,《地理与地理信息科学》2015 年第 5 期。

[212] 王远飞、何洪林:《空间数据分析方法》,科学出版社 2007 年版。

[213] 文余源:《基于空间计量经济的中国 FDI 区位分布决定因素研究》,《统计与决策》2009 年第 7 期。

[214] 冼国明、杨长志:《中国外商直接投资的区位决定——基于地区数据的空间计量分析》,《世界经济研究》2009 年第 1 期。

[215] 徐坡岭:《试析俄罗斯经济持续增长的制度基础》,《俄罗斯研

究》2006 年第 4 期。

[216] 徐昱东、包艳：《中俄汇率改革背景下的汇率变动对国内消费者价格传递效应的比较分析》，《金融理论与实践》2015 年第 10 期。

[217] 徐昱东、崔日明、包艳：《俄罗斯地区营商环境的哪些因素提升了 FDI 流入水平：基于系统 GMM 估计的动态面板分析》，《国际商务》（对外经济贸易大学学报）2015 年第 6 期。

[218] 徐昱东、崔日明：《提升我国出口贸易定价话语权的策略研究——基于全球价值链视角的分析》，《价格理论与实践》2015 年第 11 期。

[219] 徐昱东、邱爱莲、柳玉青等：《新时期行政管理体制改革问题分析——基于与区域经济一体化互动的视角》，《沈阳工业大学学报》（社会科学版）2015 年第 2 期。

[220] 徐昱东、徐坡岭：《俄罗斯非银行小额信贷的经验与启示》，《俄罗斯中亚东欧市场》2010 年第 8 期。

[221] 徐昱东、徐坡岭：《俄罗斯投资区位选择及其影响因素分析——基于俄各地区中小企业发展水平的视角》，《俄罗斯研究》2014 年第 4 期。

[222] 徐昱东、徐坡岭：《俄罗斯中小企业发展的地区差异实证分析》，《俄罗斯中亚东欧市场》2009 年第 10 期。

[223] 徐昱东、徐坡岭：《俄罗斯中小企业发展分析——基于集体行动的视角》，《经济与管理》2010 年第 1 期。

[224] 徐昱东、徐坡岭：《汇率变动对国内消费者价格传递效应的中俄比较》，《首都经济贸易大学学报》2015 年第 3 期。

[225] 徐昱东、于娟：《俄罗斯经济增长透视：基于中小企业的视角》，《俄罗斯研究》2008 年第 2 期。

[226] 徐昱东：《俄罗斯各地区投资环境评价及投资区位选择分析》，《俄罗斯研究》2015 年第 1 期。

[227] 徐昱东：《俄罗斯中小企业发展研究》，中国社会科学出版社 2010 年版。

[228] 徐昱东：《卢布汇率传递效应与转型国家汇率制度改革》，《欧亚经济》2016 年第 1 期。

[229] 徐昱东：《俄罗斯对外直接投资对中国的启示：基于文献综述的视角》，《欧亚经济》2018 年第 2 期。

[230] 徐昱东：《全球价值链视角下俄罗斯进口替代战略评析》，《欧亚经济》2018 年第 1 期。

[231] 许倩倩：《转型国家制度因素对 FDI 影响的实证分析——以俄罗斯为例》，《现代管理科学》2013 年第 5 期。

[232] 阎洪菊：《2004 年俄罗斯地区投资环境评定及排行》，《俄罗斯中亚东欧市场》2005 年第 5 期。

[233] 颜琼、胡从坤：《国内空间计量经济学最新进展综述》，《科技创新与应用》2015 年第 11 期。

[234] 杨宝君、龚健：《俄罗斯投资环境评价研究》，《外国经济与管理》2002 年第 5 期。

[235] 杨学峰：《俄罗斯投资环境分析》，《商业经济》2012 年第 22 期。

[236] 虞义华：《空间计量经济学理论及其在中国的实践应用》，经济科学出版社 2015 年版。

[237] ［美］詹姆斯·勒沙杰、［美］R. 凯利·佩斯：《空间计量经济学导论》，北京大学出版社 2014 年版。

[238] 张家滋、吕浩然、刘程军等：《中国人力资本对外直接投资的吸引机制与地区经济发展差异》，《中国科技论坛》2015 年第 4 期。

[239] 张嘉为、陈曦、汪寿阳等：《新的空间权重矩阵及其在中国省域对外贸易中的应用》，《系统工程理论与实践》2009 年第 11 期。

[240] 张进峰、方颖：《空间滞后模型的稳健检验》，《系统工程理论与实践》2012 年第 1 期。

[241] 张文武、熊俊：《外资集聚、技术创新与地区经济增长——基于省级面板数据的空间计量分析》，《华东经济管理》2013 年

第 7 期。

[242] 张新国:《俄罗斯市场投资环境研究》,博士学位论文,黑龙江大学,2012 年。

[243] 张英婕:《投资环境因素与 FDI 流入关系研究综述》,《生产力研究》2007 年第 1 期。

[244] 张友志、顾红春:《江苏省县域创新产出的空间关联与时空演化》,《地域研究与开发》2013 年第 6 期。

[245] 赵彤宇:《中俄木材加工及贸易合作状况分析》,博士学位论文,黑龙江大学,2011 年。

[246] 赵忠孝、梁水源:《俄罗斯建材投资环境观察与借鉴》,《管理观察》2015 年第 29 期。

[247] 郑雪平:《中国企业对俄直接投资的风险及其防范》,《西伯利亚研究》2010 年第 5 期。

[248] 周庆芳:《浅析俄罗斯投资环境》,《北方经贸》2014 年第 3 期。

[249] 邹秀婷、[俄] D. B. 苏斯洛夫:《中俄在远东地区的经济合作》,《西伯利亚研究》2017 年第 4 期。

后　记

　　读者看到的这本书，是在我博士后出站报告基础上完善而成的。总体上看，俄罗斯地区营商环境的每种评价方式都有这样或那样的局限性，地区只是一个地理空间存在单元，地理位置只是分工协作涉及的一个方面，更多因素的考量需要与投资者关心的行业、产业甚至产品的特点结合起来。在"一带一路"倡议不断推进的背景下，对那些期望投资俄罗斯的中国投资者而言，他们急切地想知道俄罗斯地区层面的情况，又苦于资金和时间的限制无法得到有效信息。我们的工作或许能够提供一点线索。总之，希望我们的分析能为不同类型的投资者在地理选择决策时提供些许借鉴和参考，吾愿足矣。

　　回想博士后出站报告准备完毕的那天中午，心情甚是欢愉，烟台的冬雨正在簌簌地飘落，初冬的海风飘到地处山洼的校园里，银杏树叶子也落满了一地，驱车而过都有点舍不得。辽宁大学的银杏树叶子早已落尽了吧。几次重返母校都是在夜色尚未褪尽的凌晨踏入校园，静静地迎接我的就是这美丽的银杏树。同样，在这银杏树最为曼妙的季节，首先要感谢的是我的博士后合作导师崔日明教授。

　　2013年10月，我怀着忐忑的心情给崔老师打电话，唯恐崔老师不同意做我的导师，没想到，崔老师竟然很痛快地答应了。在站的两年，崔老师给予了我多方面的指导，从进站后的选题到日常学术科研工作的指导、督促；从教书育人的敬业精神到学术团队意识的培养；让我认识到积极参加学术会议的重要性，认识到学术团队的重要性，让我的学术生命得以延续。

　　早在2005年在一次旁听国际贸易学硕士毕业论文答辩的时候就认识了崔老师，屈指算来已十四年有余矣。其间，崔老师作为我硕士、博士学位论文毕业论文答辩委员会主席或成员，为我的学术成长提出了许多宝贵的建议，谆谆教诲。斗转星移，尤其是在站的两年，崔老师更是给我了无私的提携和帮助，让我的学术科研能力上了一个大的台阶。尽管尚不及老师期冀之万一。

　　曾经的点点滴滴将化作我继续前进的动力。记得进站后第一次见到崔老师是在辽宁大学蕙星楼的办公室，记忆中有些昏暗的灯光下，崔老师正在伏案办公。这一次，老师跟我谈了进站后的方向就是东北亚、东亚甚至亚洲的一体化问题；老师要求我多同师兄师弟师姐师妹们学习，尤其是先进的计量方法；老师要求我多联系多请教在山东的辽大人……我则在本子上记录着唯恐遗漏掉一个字。

　　还记得，进站后第一次参加国际贸易学科协作组年会的情景，会议最后一天，我因为订的机票是当天下午的，上午在会议之前就得往机场赶；跟老师道别时，老师跟我提出要关注贸易便利化、负面清单和准入前国民待遇等有关自贸区的最新进展，并就我提前离场委婉地提出了批评。作为导师都坚持在一线，何况我乎？惭愧至极。自此，广东外语外贸大学的校园，路边是高大的棕榈树，崔老师身着夹克装，朝会议室急匆匆赶路的形象就定格在我脑海深处。

　　还记得2014年3月，辽宁大学博远楼会议室内团队成员在崔老师的带领下一字一句地讨论国家重点课题的申请书提纲的情景，崔老师一边服药片，一边坚持讨论，正是这种精神感染和鼓舞了团队的每一位成员。

　　还记得，中央财经大学校门前的谆谆教诲；还记得，乘车去哈工大威海分校时在车后座上的讨论；还记得东北财经大学召开年会之余的忘我放歌……

　　太多感动，太多感恩，无法在此用文字描述。在感动和感恩之余对老师的愧疚也难以言表。崔老师每次的教诲我都记在心头，但总是不能很好地完成，正是老师的宽宥和包容让我没有受到任何责备；崔老师每次给的任务，做完后，我自己都感觉不满意，老师却给出了真诚的褒扬；就连博士后出站报告也与初始的设想和选题大相径庭，老师依然支持我的选择。在此还能说些什么呢。每每遇到挫折，每每感觉劳累想好好休息一下时，崔老师的教诲、宽容、睿智都能给我深深的启迪。我想，过去十余年一直是老师照顾我帮助我提携我的十年，未来我期望能为老师做点什么。也许，有这种想法对老师也是一种慰藉吧。上帝保佑我达成心愿。

在本书付梓之际，真诚地感谢我的博士导师徐坡岭教授。在进站前后的科研工作中，徐老师给予了我无私的帮助和关怀，对我继续从事感兴趣的俄罗斯经济领域的研究给予了莫大的鼓舞和支持。同时，感谢国际关系学院刘洪钟教授、国际贸易系主任王厚双教授、新华国际商学院副院长刘钧霆教授，他们就我的研究给出了无私的建议和指正，感谢他们让我再次聆听到老师们的教诲。感谢东北大学杜晓君教授、吉林大学丁一兵教授等评审专家，有了你们的宝贵建议，才使本研究更加完善。感谢我的同事亓朋副教授，由他召集的学术沙龙总是让我获益良多，感谢刘婧老师、姜娟老师、邓丽娜老师对我英语阅读、翻译方面给予的帮助。

同时，感谢辽宁大学研究生院的郑淑婷老师、经济学院的王璐老师。当我每每就琐碎事务咨询他们时，他们总能耐心地给予解答。特别需要感谢的还有李丹教授、张志明老师、包艳老师，郑州大学的张婷玉老师，以及在我博士后工作期间给予无私帮助的其他队友们、同学们，在这里不再一一列出他们的名字。

著作的顺利出版有赖于鲁东大学商学院马文军院长、孟祥华书记的鼎力支持和帮助；同时，再次感谢中国社会科学出版社卢小生老师的大力支持。

最后要感谢的是我的妻子和儿子。正是有了你们的支持，才使我能躲在书房一门心思地做研究。你们的支持是我前进的重要动力。在站的两年正是儿子从两岁上亲子园到四岁上中班的阶段，少了些陪伴，多了些遗憾，但愿未来能够弥补一些。

感谢总是虔诚的，未来总是满怀期待的，愿这份虔诚和期待能够使我未来的工作和学习生活更精彩一点，更绚烂一点。

徐昱东
2019年6月于烟台